四省藏区多维贫困及其治理对策研究

庄天慧 等 著

科学出版社
北京

内 容 简 介

本书从深度贫困地区、民族地区多维贫困治理角度，以四省藏区为研究对象，深入探讨藏区多维贫困及其治理问题。本书的主要研究内容包括四个部分：四省藏区多维贫困治理理论研究、四省藏区多维贫困现状分析、四省藏区多维贫困治理分析、四省藏区多维贫困治理的政策建议。这四个部分既有理论梳理，也有实证分析，还有政策探讨，理论与现实紧密结合。

本书可供农村经济和贫困研究领域的本科生、研究生学习使用，也可供相关科研院所、政府部门借鉴、参考。

图书在版编目(CIP)数据

四省藏区多维贫困及其治理对策研究 / 庄天慧等著. — 北京：科学出版社，2018.10（2019.9 重印）
ISBN 978-7-03-057218-9

Ⅰ.①四… Ⅱ.①庄… Ⅲ.①藏族-民族地区-贫困问题-研究-中国 ②藏族-民族地区-扶贫-研究-中国 Ⅳ.①F127.8

中国版本图书馆 CIP 数据核字（2018）第 077117 号

责任编辑：张 展 孟 锐 / 责任校对：莫永国
责任印制：罗 科 / 封面设计：墨创文化

科 学 出 版 社 出版
北京东黄城根北街16号
邮政编码：100717
http://www.sciencep.com

成都锦瑞印刷有限责任公司 印刷
科学出版社发行 各地新华书店经销

*

2018 年 10 月第 一 版 开本：B5（720×1000）
2019 年 9 月第二次印刷 印张：14.5
字数：230 000
定价：80.00 元
（如有印装质量问题，我社负责调换）

参与编写者

庄天慧　杨　浩　蓝红星
杨　帆　张海霞　曾维忠　胡　海

序　言

消除贫困是人类发展的共同愿景和使命。2015 年，联合国通过《变革我们的世界：2030 年可持续发展议程》，确立了在 2030 年时消除极端贫困的目标。在全球还面临流行病、气候变化、难民和饥荒冲击的背景下，实现这一目标还面临着不少困难与挑战。联合国发布的报告《新的征程和行动——面向 2030》指出：当世界开始落实 2015 年通过的可持续发展议程及其 17 项目标时，全世界仍有 13%的人口生活在极度贫困中，有 800 万人在忍饥挨饿，还有 24 亿人没能用上改善过的厕所。改善贫困人口的生活质量，破解消除贫困难题，既需要实践的智慧，也需要理论的创新。

中国近年来扶贫实践与理论创新成果丰硕。党的十八大以来，以习近平同志为核心的党中央高度重视扶贫开发工作，把扶贫开发摆到治国理政的重要位置，上升到事关全面建成小康社会、实现第一个百年奋斗目标的新高度。2013 年习近平总书记提出了"实事求是、因地制宜、分类指导、精准扶贫"的重要指示，2015 年习近平总书记强调扶贫开发"贵在精准，重在精准，成败之举在于精准"的"精准扶贫"思想。在习近平总书记扶贫思想指导下，中国以精准扶贫作为扶贫开发新战略，将以往的"粗放漫灌"模式转变为"精准滴灌"模式，形成了精准识别、精准扶持、精准管理的系统化、多维度贫困治理模式。

四省藏区在中国扶贫区域中有着特殊意义。四省藏区即四川、云南、甘肃、青海四个省的藏族聚居区，在中央第五次西藏工作座谈会上，四省藏区被纳入西藏工作的范畴，为新时期我国 14 个集中连片特殊困难地区之一，77 个县全部是少数民族县，其中 69 个县为牧业、半牧业县，是中国农村扶贫开发的主战场。四省藏区集政治地理上的敏感性、经济地理上的边缘性、社会地理上的复杂性、自然地理上的脆弱性于一体，解决好这些地区的贫困问题，对于新形势下政治稳定、民族团结、社会和谐、生态安全都具有特殊及重要的意义。

多维贫困特征下，四省藏区常规的贫困治理方式面临挑战。近年来四省藏区贫困人口大幅减少，但区域性整体贫困依然突出，藏区贫困人口自我发展能力依然较低，且贫困现象呈现新的特征，多维贫困问题凸显，以提高农牧民人均纯收入等经济指标为目标的贫困治理模式与政策，难以应对藏区剩余贫困人口以能力提升为核心的多维减贫需求。

2020年全面建成小康社会，扶贫开发仍然是"短板"，藏区脱贫是重中之重、难中之难。为此，西南减贫与发展研究中心庄天慧教授依托国家社会科学基金西部项目"四省藏区多维贫困及其治理对策研究"，运用贫困治理理论和多维贫困理论，以四省藏区为研究对象，深入探讨四省藏区多维贫困治理对策。

《四省藏区多维贫困及其治理对策研究》的主要研究内容包括四个部分：四省藏区多维贫困治理理论研究、四省藏区多维贫困现状分析、四省藏区多维贫困治理分析、四省藏区多维贫困治理的政策建议。这四个部分既有理论梳理，也有实证分析，还有政策探讨，理论与现实紧密结合。

在理论方面，该书深入分析了多维贫困、贫困治理和精准扶贫的关系，并运用多维贫困理论，采取规范与实证等方法，从区域到农牧户，再到特殊群体，从宏观到微观对四省藏区多维贫困的特征进行了多角度描述，对其影响因素进行了深入剖析。在政策方面，该书在对四省藏区教育、生态、经济等维度的主要贫困治理政策措施进行全面梳理的基础上，对区域整体贫困、区域经济发展、农牧民生活条件、基础设施等方面的治理成效进行了定量评价，并通过贫困人口的感知分析，对四省藏区贫困治理成效进行了主观和客观两方面的评价。最后从区域自身文化、社会、环境等因素和藏区贫困农牧民个体的角度，分析了贫困治理成效关键性影响因素。在梳理现有贫困治理模式的基础上，该书通过对多维贫困致贫机理的分析，立足四省藏区实际，探讨贫困治理的有效模式。

该书是深度贫困地区和少数民族地区多维贫困治理研究领域的新力作，值得农村经济和贫困研究领域的本科生、研究生学习使用，也可供相关科研院所、政府部门等机构的专家、学者借鉴、参考。

汪三贵

2017 年 10 月

于中国人民大学明德楼

前　言

党的十八大以来，以习近平同志为核心的党中央高度重视扶贫开发工作，始终关注贫困地区发展，深情牵挂贫困群众生活。党的十九大报告指出要"重点攻克深度贫困地区脱贫任务，确保到二〇二〇年我国现行标准下农村贫困人口实现脱贫，贫困县全部摘帽，解决区域性整体贫困，做到脱真贫、真脱贫"。随着脱贫攻坚工作的深入推进，集中连片贫困地区、民族地区等区域的深度贫困问题愈发突出。集中连片贫困地区、民族地区的脱贫成为确保全面建成小康社会和实现精准扶贫精准脱贫工作的重中之重。

多年来，四川省高等学校人文社科重点研究基地——西南减贫与发展研究中心，以及四川省社会科学高水平研究团队——农村精准扶贫研究团队的研究人员通过大量实地调研，对西南民族地区农村反贫困问题进行了深入考察和研究。本书的出版是本书对应研究团队在对民族地区农村贫困问题长期研究的基础上，形成的藏区扶贫系列研究的阶段性成果，并得到了国家社会科学基金项目(14XMZ006)、"四川农村精准扶贫创新研究团队"资助。

从实地调研、数据整理、研究报告从开始撰写到形成书稿，经历了多次修改。调研和撰写的主要参与研究人员有：西南减贫与发展研究中心庄天慧教授、杨浩副教授、蓝红星教授、张海霞讲师、曾维忠教授，西南减贫与发展研究中心杨帆博士、胡海博士、耿宝江博士、骆希博士，硕士研究生陈凌珠、傅雪梅、王俊，以及中国农业大学陈光燕博士、西南财经大学卢冲博士。

感谢藏区扶贫干部和藏族群众！正是因为藏区扶贫干部、乡镇工作人员以及贫困群众的大力支持和帮助，才使得调研在语言不通、交通崎岖、高海拔缺氧的艰难条件下如期、顺利完成。同时，也感谢科学出版社编辑团队对本书出版编辑的辛勤付出。

书稿完成了，但收笔那一刻，调研翻过的雪山、走过的草原、穿过的江河依旧历历在目，藏区同胞那温暖而淳朴的笑容依然难忘。扶贫工作是艰苦而美好的，每一次调研，看到贫困群众生产、生活条件明显改善，听到他们满足的话语，倍感欣慰。祝福民族地区贫困群众早日实现脱贫奔康！

目　录

第1章　引言 ... 1
1.1　研究背景与意义 ... 1
1.1.1　研究背景 ... 1
1.1.2　研究意义 ... 3
1.2　研究内容与目标 ... 3
1.2.1　研究内容 ... 3
1.2.2　研究目标 ... 5
1.3　研究思路与创新 ... 6
1.3.1　研究思路 ... 6
1.3.2　研究创新 ... 6
1.4　研究方法与数据来源 ... 8
1.4.1　研究方法 ... 8
1.4.2　数据来源 ... 9

第2章　多维贫困与贫困治理理论动态 ... 10
2.1　多维贫困理论的演进 ... 10
2.1.1　国外多维贫困研究 ... 11
2.1.2　国内多维贫困研究 ... 13
2.1.3　多维贫困与精准扶贫 ... 14
2.2　贫困治理理论演进 ... 18
2.2.1　国内外贫困治理理论 ... 19
2.2.2　贫困治理与精准扶贫 ... 30

第3章　四省藏区多维贫困现状 ... 34
3.1　四省藏区区域概况 ... 34
3.1.1　区域划分 ... 35
3.1.2　地理环境 ... 36
3.1.3　自然资源 ... 36
3.1.4　民族与宗教 ... 37
3.1.5　生态环境 ... 38
3.1.6　经济社会发展 ... 41

3.2 四省藏区多维贫困概况 ·· 43
   3.2.1 四省藏区整体贫困现状 ·· 43
   3.2.2 与全国集中连片特困地区对比分析 ·· 45
3.3 四省藏区多维贫困分省对比分析 ··· 50

第4章 四省藏区农牧户多维贫困测度 ·· 55
4.1 农牧户多维贫困测度方法 ··· 55
   4.1.1 多维贫困指标选取与定义 ·· 55
   4.1.2 多维贫困测度方法 ·· 57
4.2 多维贫困测度 ·· 60
   4.2.1 样本描述 ··· 60
   4.2.2 单维贫困测量 ··· 61
   4.2.3 多维贫困测量 ··· 62
   4.2.4 贫困维度分解 ··· 63
4.3 结论与启示 ·· 65

第5章 四省藏区特殊群体多维贫困分析 ·· 69
5.1 妇女多维贫困研究 ·· 70
   5.1.1 定量分析 ··· 71
   5.1.2 案例分析 ··· 75
5.2 儿童多维贫困研究 ·· 80
   5.2.1 定量分析 ··· 81
   5.2.2 案例分析 ··· 85
5.3 老年人多维贫困研究 ·· 91
   5.3.1 定量分析 ··· 91
   5.3.2 案例分析 ··· 96

第6章 四省藏区多维贫困治理措施分析 ··· 101
6.1 生态扶贫 ·· 101
   6.1.1 生态扶贫内涵 ·· 101
   6.1.2 生态扶贫措施 ·· 102
   6.1.3 典型案例——甘南州"生态立州"战略 ·· 107
   6.1.4 典型案例延伸阅读：班玛县"两域三线格局，凸显特色产业"
         战略 ··· 109
6.2 电商扶贫 ·· 112
   6.2.1 电商扶贫的内涵 ··· 112
   6.2.2 电商扶贫的主要政策措施 ··· 113

6.2.3 典型案例——乌兰县茶卡镇"互联网+电商"开辟精准扶贫新模式 ················ 120
6.3 公共服务扶贫 ·· 124
6.3.1 教育扶贫 ·· 124
6.3.2 医疗卫生扶贫 ··· 128
6.3.3 健康扶贫 ·· 130
6.3.4 典型案例——"9+3"免费教育计划 ···································· 135
6.3.5 典型案例——《云南省健康扶贫30条措施》 ···························· 137
6.4 旅游扶贫 ··· 140
6.4.1 旅游扶贫的内涵 ··· 140
6.4.2 旅游扶贫的主要政策措施 ··· 141
6.4.3 典型案例——乡村旅游扶贫 ·· 144
6.5 对口支援 ··· 145
6.5.1 对口支援内涵 ··· 145
6.5.2 对口支援主要内容 ··· 146
6.5.3 典型案例——天津对口支援海南州 ·································· 149

第7章 四省藏区多维贫困治理成效分析 ··································· 151
7.1 四省藏区多维贫困治理成效概况 ·· 151
7.2 基于客观视角下贫困治理成效分析 ······································ 153
7.2.1 评价指标构建 ··· 153
7.2.2 评价结果 ··· 155
7.2.3 结论和启示 ··· 159
7.3 基于感知视角下多维贫困治理成效分析 ·································· 160
7.3.1 多维贫困治理成效感知的特征分析 ·································· 161
7.3.2 多维贫困治理成效感知的内在关系分析 ······························ 163
7.4 多维贫困治理成效影响因素分析 ·· 171
7.4.1 指数测算 ··· 172
7.4.2 实证研究 ··· 175
7.4.3 结论与启示 ··· 180

第8章 四省藏区多维贫困治理模式与保障体系研究 ·························· 183
8.1 国内多维贫困治理模式 ··· 183
8.1.1 "双轮驱动"治理模式 ··· 183
8.1.2 "三位一体"治理模式 ··· 184
8.1.3 "多元化发展"治理模式 ·· 186

ix

8.2　四省藏区多维贫困治理模式构建·····························187
　　　　8.2.1　"协同治理"模式·····································187
　　　　8.2.2　"相机治理"模式·····································190
　　8.3　四省藏区多维贫困治理保障体系研究·······················195
　　　　8.3.1　强化机制保障···195
　　　　8.3.2　强化组织保障···196
　　　　8.3.3　强化资金保障···197
　　　　8.3.4　强化服务保障···197
　　　　8.3.5　强化产业保障···198
第9章　结论与展望··200
　　9.1　结论···200
　　9.2　展望···204
参考文献··206

第1章 引　　言

1.1 研究背景与意义

1.1.1 研究背景

贫困治理是人类可持续发展过程中面临的世界性难题。在2000年联合国千年首脑会议上，世界各国领导人就消除贫穷、饥饿、疾病、文盲、环境恶化等问题确定了千年发展目标，并签署《千年宣言》。联合国成员国矢志在21世纪建设一个更加美好的世界，重誓承诺，团结起来努力实现共同的愿景：消除极端贫困和饥饿。2015年，联合国通过《变革我们的世界：2030年可持续发展议程》，确立了在2030年时消除极端贫困的目标。消除贫困是世界各国尤其是发展中国家面临的艰巨任务。联合国《2016年人类发展报告》指出"按照人类发展指数衡量，全球所有地区的平均人类发展水平在1990至2015年间取得显著进步，但仍有部分人口生活在低人类发展水平"。从全球范围看，特别是在撒哈拉以南非洲、中东地区、印度和拉美等国家和地区，极度贫困问题仍旧比较突出，种族冲突、战乱、疾病、自然灾害等问题不断影响、冲击着贫困地区，解决贫困问题任重而道远，迫切需要全球各国共同携手予以破解。

中国政府一直致力于消除贫困，并取得举世瞩目的成就。但2020年全面建成小康社会，扶贫开发仍然是"短板"。数据显示，按照农民年人均纯收入2300元的标准（2010年不变价），农村贫困人口从1978年的7.7亿减少到2015年的约0.558亿，减幅达92.8%[①]，为全球减贫发展做出了中国贡献，也为全球贫困治理提供了经验参考。党的十八大

---

① 数据来源：《中国扶贫开发报告(2016)》，社会科学文献出版社出版，2016年12月。

以来，以习近平同志为核心的党中央把脱贫攻坚摆到治国理政突出位置，将精准扶贫、精准脱贫作为新阶段我国扶贫开发新方略，中共十八届五中全会明确提出到2020年实现7017万贫困人口脱贫，这与联合国2015年后全球发展议程确立的减贫目标高度契合。党的十九大报告指出"让贫困人口和贫困地区同全国一道进入全面小康社会是我们党的庄严承诺"。为消除一切形式的极端贫困，实现可持续发展，并为所有人构建稳定繁荣的生存基础，是我国全面建成小康社会的现实需要，更是为全球减贫事业做出新贡献的必然要求。

深度贫困地区是扶贫重点瞄准区域，是贫困治理的"硬骨头"。习近平同志一再强调"脱贫攻坚本来就是一场硬仗，深度贫困地区脱贫攻坚更是这场硬仗中的硬仗，必须给予更加集中的支持，采取更加有效的举措，开展更加有力的工作"。从贫困人口分布来看，深度贫困地区集中了大量贫困人口，是精准扶贫、精准脱贫的重点瞄准区域。从贫困程度来看，深度贫困地区往往地理位置偏远，贫困发生率高，基础条件较差，致贫原因复杂，比一般贫困地区扶贫成本更高，扶贫攻坚拉锯战时间更长，脱贫难度更大。随着脱贫攻坚的深入，一般地区的贫困人口已经大量退出，深度贫困地区的贫困人口将成为剩存贫困中的"硬骨头"，继续强化和调整对深度贫困地区精准扶贫的人力、物力投入和政策保障体系，是确保我国打赢脱贫攻坚战的关键。

四省藏区是典型深度贫困地区，常规贫困治理方式面临挑战。四省藏区既是我国集中连片贫困地区，也是典型少数民族地区，与其他十三个连片特困地区和西藏自治区相比，四省藏区的贫困及其治理有其特殊性，在致贫原因和扶贫方式上呈现异质性。与其他集中连片特困地区相比，四省藏区的民族文化独特、宗教文化影响深远、非正式制度作用巨大，致贫原因复杂；与西藏相比，四省藏区地处省际毗邻区，远离交易中心且市场分割较为严重，贫困治理难度大且协作能力要求较高。另外，四省藏区集少数民族地区、连片特困地区、农牧区于一体，且大多属于国家主体功能区分类中的限制开发区和禁止开发区，生态脆弱与贫困问题高度耦合，常规的贫困治理方式与政策面临严峻挑战。

1.1.2 研究意义

(1)对民族地区如期脱贫和可持续发展具有多重现实意义和政策启示价值。四省藏区集政治地理上的敏感性、经济地理上的边缘性、社会地理上的复杂性、自然地理上的脆弱性于一体，解决好这些地区的贫困问题，对新形势下国家的政治稳定、民族团结、社会和谐、生态安全具有特殊及重要的现实意义。四省藏区是深度贫困地区，同时也是致贫因素复杂、交织的区域，是脱贫攻坚的"硬骨头"，四省藏区的脱贫是确保全面建成小康社会和实现精准扶贫、精准脱贫的重中之重。因此，深入研究四省藏区多维贫困及其治理问题，多维度探究四省藏区贫困治理模式及路径，对于当前深入推进藏区精准扶贫、精准脱贫工作，有效提升藏区贫困治理成效，具有十分重要的政策含义和启示价值；对进一步完善深度贫困地区精准扶贫、精准脱贫政策，确保实现 2020 年全面建成小康社会目标，具有重要意义。

(2)对多维贫困视角下的少数民族贫困研究具有一定学术启示价值。以特殊类型地区为样本，从多维贫困角度分析贫困治理问题，对研究少数民族地区多维贫困治理有重要学术价值。目前，学术界对于多维贫困问题的研究已经较为成熟，在多维贫困的测度方法等方面的研究较为完善，同时在贫困治理方面也有一些学术探索。但是，从多维贫困角度对少数民族贫困地区，特别是对四省藏区贫困治理成效与模式等开展的实证研究还较为缺乏，需要理论上的拓展和完善。从多维贫困视角厘清四省藏区致贫机理，构建四省藏区多维贫困测度指标体系，探究四省藏区贫困治理的模式，对于研究少数民族地区贫困治理具有重要启示意义。

1.2 研究内容与目标

1.2.1 研究内容

本书在梳理国内外贫困治理理论研究基础上，以四省藏区为研究对象，采取规范研究与实证研究的方法，重点研究了五个问题。

(1) 四省藏区多维贫困现状及测量。首先，本书对四省藏区多维贫困整体情况进行分析，并通过对与全国其他集中连片特困地区的对比分析，以及对四省藏区内部的比较分析，得出四省藏区多维贫困现实表征的定性结果。其次，采用多维贫困理论，定义贫困维度，选择贫困衡量指标，利用公开统计资料、课题开展的村庄和农(牧)户典型抽样调查资料，对区域整体贫困和农牧民的经济贫困、能力贫困、社会排斥、生态贫困等状况进行分析评价。最后，对四省藏区贫困治理现状进行分析。传统的贫困治理偏重经济贫困的单向维度，忽视以能力提升为核心的多维治理。对于扶贫开发中如何更好尊重主体性、保护贫困农牧民激励性(incentive)等问题还需要深入探讨。通过总结反思现有贫困治理状况，提出以能力提升为核心的多维贫困治理思路。

(2) 四省藏区特殊群体多维贫困分析。通过调研农牧户获得一手微观数据，对四省藏区的妇女、儿童、老年人群体多维贫困进行定量分析。构建四省藏区特殊群体多维贫困测量指标，通过指标分解，对特殊群体多维贫困状况进行量化分析。通过对调研案例资料的分析，对四省藏区特殊群体多维贫困致贫原因进行深入剖析，结合常规致贫原因和藏区特殊致贫原因，从贫困治理视角，厘清特殊群体贫困恶性循环的关键因素，探讨针对四省藏区特殊群体贫困进行有效治理的施策方向和施策着力点。

(3) 四省藏区多维贫困治理措施及成效分析。首先，对四省藏区在教育、生态、经济等维度的主要贫困治理措施、政策进行全面梳理。其次，采用多维贫困理论，构建贫困治理成效评价指标体系，利用公开统计资料、村庄和农牧户典型抽样调查资料，对区域整体贫困和农牧民的经济发展、生活条件、基础设施等方面的治理成效进行定量评价，并通过贫困人口的感知分析，对四省藏区贫困治理成效进行主观和客观的评价。

(4) 四省藏区多维贫困治理成效的影响因素分析。构建贫困治理成效关键性影响因素的衡量指标，利用描述性统计、主成分分析和回归分析法，从区域自身文化、社会、环境等因素和藏区贫困农牧民个体的角度，找出影响贫困治理效果的因素及关键性的影响因素，为藏区多维贫困治理政策制定提供更加科学的依据。

(5) 四省藏区多维贫困治理模式及保障体系构建。本书在梳理现有贫困治理模式的基础上，通过对多维贫困致贫机理的分析，立足四省藏区实际，探讨贫困治理的有效模式。在宏观层面，从扶贫主体协作参与视角构建多主体协同治理模式，在微观层面，从农牧户家庭生产、消费视角构建贫困的相机治理模式，以"标本兼治"的方式，打破农牧户贫困恶性循环。在四省藏区多维贫困治理的保障体系研究中，结合规范研究和实证研究的结果，充分考虑四省藏区在历史、文化、区位、经济和农牧民观念等多方面的独特性，针对研究发现的问题，提出治理多维贫困需要从哪些政策方面进行强化和保障。

1.2.2 研究目标

本书研究目标为提升四省藏区贫困治理成效，从治本源头有效解决贫困农牧民自我发展能力不足问题，实现贫困地区、贫困农牧民稳定脱贫，为确保打赢精准扶贫攻坚战提供具有科学性、前瞻性和应用性的对策建议。本书运用贫困治理理论，采取规范研究与实证分析的方法，力求重点解决以下问题。

(1) 四省藏区多维贫困表征是什么，四省藏区特殊类型群体多维贫困的异质性如何？

(2) 四省藏区贫困治理中典型的有效举措有哪些，如何构建科学合理的指标体系对藏区贫困治理成效进行系统性评价？

(3) 影响四省藏区多维贫困治理成效的因素有哪些，如何瞄准贫困治理关键因素，进一步提升治理成效？

(4) 如何瞄准精准脱贫的核心要素，构建适用于四省藏区宏观、微观层面的贫困治理模式，从而有效破解四省藏区贫困恶性循环？

1.3 研究思路与创新

1.3.1 研究思路

本书紧紧围绕服务"全面建成小康社会"的战略目标，立足于"贫困人口显著减少"和"基本消除绝对贫困现象"的具体目标，以四省藏区为研究对象，将历史文献回顾、宏观社会经济统计、微观抽样调查数据分析和案例研讨相结合，遵循"理论研究—现实依据—实证研究与规范研究—模式分析与路径探讨"和"宏观分析—微观考察—个案解析"的研究思路，深入探讨藏区多维贫困及其治理问题。研究技术路线如图 1-1 所示。

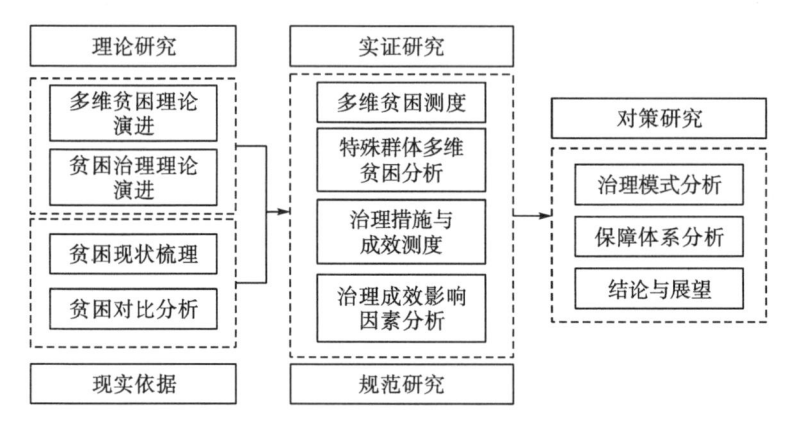

图 1-1 技术路线图

1.3.2 研究创新

与当前国内同类研究综合比较，本书在研究思路、学科交叉、多重视角集成、系统性方面独具特色，其创新性、先进性集中体现在三个方面。

1. 多重视角、多学科交叉分析，创新了研究思路

紧紧围绕四省藏区贫困治理的理论与实践问题，运用民族学、发展经济学、社会学、统计学等多学科方法，采取"理论研究—现状分析—实证分析与规范分析—模式分析与路径探讨"和"宏观分析—微观考察—个案解析"的研究思路，以贫困治理为主题，以多维贫困与贫困治理辩证关系为主线，将贫困表征研究、贫困治理"治本"分析与精准扶贫、精准脱贫研究有机结合，为成果创新提供了多重研究视角、多学科交叉和多种研究方法集成基础，避免了单一视角研究的局限，丰富和拓展了少数民族地区贫困治理与精准扶贫、精准脱贫研究的视野。

2. 创新性构建了少数民族地区贫困治理双重评价及因素分析框架

在深化对四省藏区贫困表征认识的基础上，以及精准扶贫、精准脱贫的实践背景下，本书创新性地构建了四省藏区多维贫困治理的客观与主观双重评价指标体系，拓展了少数民族地区贫困治理研究方法，并在该评价体系分析框架指导下，通过调研数据实证分析了影响四省藏区贫困治理成效的因素，对于深化相关研究，深度提炼四省藏区贫困治理成效的提升路径，进一步强化精准扶贫、精准脱贫过程中藏区农牧民脱贫稳定性与脱贫获得感具有开拓之功。

3. 从宏观与微观双重角度，率先构建了多维贫困治理模式，富有独到性

结合前沿研究，本书通过深度厘清四省藏区贫困成因与循环机理，从宏观和微观双重角度，针对四省藏区贫困"治标"与"治本"问题，着眼于面向 2020 年全面建成小康社会和后小康时代稳定脱贫，从近期和长期双重视角，瞄准宏观的区域层面和微观的农牧户层面，对四省藏区多维贫困的治理模式进行深入的研究，并率先构建了多维贫困协同治理模式和相机治理模式，不乏独到且具有启发性的新观点、新思维与研究结论。

1.4 研究方法与数据来源

1.4.1 研究方法

本书坚持理论与实践相结合的原则,将国内外关于贫困治理的理论和四省藏区的实践相结合,实证分析与规范研究相结合,定性分析与定量分析相结合,主要采用了以下研究方法。

(1)规范分析法:通过梳理贫困和贫困治理的基本理论,构建课题研究的理论分析框架,通过对四省藏区多维贫困现状及治理经验的归纳、总结,研判四省藏区多维贫困治理态势,提炼出多维贫困治理的模式,构建多维贫困治理路径。

(2)实证分析法:①比较分析法,此方法贯穿于本书研究的诸多部分,如在藏区区域整体贫困研究中,采用的就是与其他连片特困地区比较、与相邻非藏区比较的方法,还包括对四省藏区内部差异的比较分析。②田野调查法,课题组深入四省藏区调研,与政府、NGO(non-governmental organizations,非政府组织)等相关部门负责人座谈交流,焦点式访谈;分层抽样,开展村庄和入户调查,收集第一手资料。③个案分析法,选取不同地区、典型模式、关键环节进行专题调查研究,通过典型案例,分析不同贫困治理模式的特征、运行机制与效能。④计量分析法,利用 A-F 测度法、回归分析法,对多维贫困程度、贫困治理成效等进行实证分析。

(3)文献研究法:搜集多维贫困与贫困治理的文献研究资料,并在此基础上,通过了解学者现有相关研究中提出的理论、事实和实践内容,对多维贫困与贫困治理的研究成果、历程及进展进行系统、全面的述评,提纲挈领,突出重点。运用多维贫困治理等理论,结合现有文献,分析多维贫困治理的经验和实践模式。

1.4.2 数据来源

1. 公开数据

本书采用的公开数据主要包括：《中国农村贫困监测报告(2015)》《中国农村贫困监测报告(2016)》《中国统计年鉴(2015)》《中国统计年鉴(2016)》《中国区域经济统计年鉴(2015)》《中国区域经济统计年鉴(2016)》《四川统计年鉴(2015)》《青海统计年鉴(2015)》《甘肃统计年鉴(2015)》《云南统计年鉴(2015)》《中国扶贫开发报告(2016)》及中国西部民族经济研究中心民族经济数据库。

2. 课题调研数据

课题组于2015～2016年组织调研人员在四川、云南、青海、甘肃藏区进行入村、入户调研。本书研究的样本数据由西南减贫与发展研究中心对甘肃、云南、青海和四川四省藏区实地调研获得。其中，青海藏区主要是对玉树市相关资料的搜集和访谈；甘肃藏区样本农户主要涉及甘南藏族自治州的合作市、舟曲县、卓尼县、临潭县、迭部县、夏河县和碌曲县，以及武威市天祝藏族自治县；云南藏区样本农户主要涉及迪庆藏族自治州的香格里拉市、德钦县和维西傈僳族自治县；四川藏区样本农户主要涉及甘孜藏族自治州的理塘县、阿坝藏族羌族自治州的理县，具有较好的代表性。本次调查采用问卷和访谈的形式，共收到有效问卷484份。调查和访谈的主要内容包括：家庭成员基本情况、家庭住房情况、家庭水电路和通信等基础设施使用情况、家庭主要收入和支出、家庭教育和食物消费情况、宗教消费和建房支出等开支情况、家庭借贷情况、家庭决策模式、家庭社会关系、扶贫成效感知等方面，对典型的贫困妇女、老人、儿童进行了案例访谈，并对村庄人口与资源环境、贫困整体情况和扶贫项目投入等进行了调查。

第 2 章　多维贫困与贫困治理理论动态

贫困的内涵是随着社会发展而不断深入和拓宽的，起初对贫困的定义是"吃不饱、穿不暖"，主要通过收入来加以衡量，即个人或家庭的收入无法保障其基本生活则视为贫困。随着扶贫实践和理论研究工作的深入推进，以收入界定贫困的局限性逐渐显露，比如，难以获取精确的收入情况，忽略了真实消费需求等。在此基础上，广义的多维度的人文贫困（human poverty）逐渐取代狭义的单维度的收入贫困，成为人们对贫困更全面、更科学的界定与认知。随着对贫困研究的深入，对贫困治理的研究也随之深入。

2.1　多维贫困理论的演进

从理论视角来看，福利理论是人们最早用来定义和界定贫困概念的，是一种简单的一维方式，即用收入或资源占有量来衡量贫困，简单地指收入或消费低于某个预设的贫困线则被视为贫困。但贫困问题往往是多维度的，它不仅仅局限于经济问题，还可能涉及社会、文化等方面的问题。同时，贫困状态并不是一成不变的，它会随着时间的推移而不断地变化。因此，对贫困问题的研究逐渐由静态的、单维的探究演变成为动态的、多维的深入研究，并不断地完善和发展。贫困问题是全球性的，它不仅存在于不发达国家或发展中国家，而且在发达国家也同样存在，只是贫困的性质会有所差异。中国的多维贫困研究大多是在借鉴和学习国外理论，并不断总结自身经验中发展起来的，因此本章将多维贫困的研究脉络分为国内和国外，并从维度的逻辑上来梳理其演进与发展，从而为本书奠定理论基础。

2.1.1 国外多维贫困研究

1. 多维贫困理论的提出

"可行能力"理论是多维贫困理论提出的基础。虽然福利经济学家坎南、庇古等在其研究福利问题和贫困问题时就发现这些问题仅用经济指标来描述是不够的，但遗憾的是他们并没有明确地提出相关的理论。而阿马蒂亚·森则从"可行能力"理论提出了从多维角度来认识和研究贫困问题的思想。同时，基于能力贫困的理念，人们认识到贫困不仅是一个人生存需求的不足，还应包括其自身发展需求的不足。1973年，阿马蒂亚·森在其代表作《贫困与饥荒——论权利与剥夺》一书中首先提出了"能力贫困"的概念，阐述了贫困的本质，此概念是对以往收入贫困概念的深入和拓展，从社会环境和福利资源分配维度来分析贫困。

"可行能力"理论从贫困发生机理角度拓宽了贫困分析的维度。具体而言，功能是对生活中各种状态的反映。实现功能的重要条件就是物质基础，人们往往会通过自身的能力将物质转化为实际的某种功能。具体而言，能力是实现各种功能的组合，也是人们完成若干任务的组合。个人在组合中进行选择的自由度是能力的反映，即能力代表了个人在不同的生活中做出选择的自由。人的各种能力是阿马蒂亚·森的能力观点所强调的。这种观点包括用货币来衡量的指标，还有非货币性的指标。对于有能力的个体来说，自身的能力是获得收入的资本，从而摆脱贫困，但是不具有能力的个体，不论是否拥有一定的收入，都很难确保以后不陷入贫困的状态。阿马蒂亚·森的多维贫困理论为世界各国多维贫困理论的研究发展开辟了一条新路、一种新思维、一个新视角，为一国制定反贫困的战略提供了重要的理论依据。

2. 多维贫困理论的发展

最早继承和发展阿马蒂亚·森的多维贫困理论的是 Hagenaars (1987)，他在维度指标的选取上突破了一维束缚，选用了收入和闲暇这两个创新的维度来分析贫困,并提出了贫困测度的 H-M 指数,为后续研究多维贫困指数构建的学者奠定了基础。同时期的学者 Townsend(1993)从需求的角度指出,在现代社会中个人的需求除了考虑基本营养外,还要考虑个人对教育、居住和安全的需要,虽然他并没有直接地研究多维贫困的识别或测度理论,但却间接地为以测度理论对贫困多维度进行研究提供了新的参考依据。1995 年,《哥本哈根宣言》从健康、教育、医疗、住房、安全、社会排斥与歧视、社会文化生活决策过程中的参与度等更加多维而全面的视角解释了贫困(United Nations,1995)。这不仅丰富了贫困的研究维度,其中提到的社会歧视与排斥也为之后的学者在此基础上探究家庭贫困脆弱性的问题、权利贫困等新概念的提出奠定了理论基础。2007 年 5 月,由阿马蒂亚·森发起的研究团队对其理论进行了深入的发展,且创立了牛津贫困与人类发展中心(Oxford Poverty and Human Development Initiative,OPHI),之后萨宾娜·阿尔基尔也建立了研究团队,对阿马蒂亚·森的理论继续进行研究和发展。

国际性机构在实际操作中发展了多维贫困理论。联合国开发计划署(The United Nations Development Programme,UNDP)基于阿马蒂亚·森的学术理论以及经济学家阿尔基尔和福斯特的贫困测量方法,首次公布了全球 104 个国家和地区的多维贫困指数(吴孙沛璟 等,2016)。UNDP 开发并推出了"多维贫困指数"(multidimensional poverty index,MPI),以 3 个维度 10 个指标来衡量贫困(UNDP,2010)。与人类发展指数相比,UNDP-MPI 虽然维度没变,但用于测量各个维度的指标数从 3 个增加到10 个。

再次回到需求层面,亚洲开发银行将贫困划分为三个需求层次,即生存层次(营养、健康、饮用水/卫生设施)、安全层次(工作/收入、住所、和平)及能力层次(教育、参与权、社会心理)(Asian Development Bank,1999)。对不同层次的贫困给予不同的援助方式,使援助分层次、分领域,从而更加精确地实施帮扶,提高减贫效率。例如,结合当下精准扶贫"两不愁、三保障"的扶贫基本原则来看,此原则正是三个需求层次的反映，即"不愁吃、不愁穿"对应生存需求、"基本医疗、基本教育、安全住房"对应安全需求和能力需求。

2.1.2 国内多维贫困研究

1. 多维贫困理论的引入

国内最早运用多维贫困概念的是国际扶贫中心的王小林等(2009)，采用 Alkire 和 Foster 提出的多维贫困测量方法，并利用"中国健康与营养调查"2006 年的数据[包含 4468 户(19000 人)样本数]，深入分析了我国城市和农村的多维贫困情况，并且依据结论对样本地区提出了发展建议，并以小见大提出了中国下一个十年(2011~2020 年)的扶贫要从多维度识别和瞄准的建议。此后，多维贫困的研究逐渐兴起。

2. 多维贫困理论的应用

国内学者在多维贫困运用方面已经比较成熟。早期，胡鞍钢在 2008 年"减贫与发展论坛"中强调了贫困的多维性，并将其分为收入贫困、人类贫困、知识贫困、生态贫困。在全国性的测算中，蒋翠侠等(2011)利用中国健康与营养调查数据库，考察了国内多维贫困的动态变化。在 MPI 指数运用中，郭建宇等(2012)研究了多维贫困户与收入贫困户之间的覆盖率和漏人率等。在软件运用中，王艳慧等(2015)利用 GIS(geographic information system，地理信息系统)技术，研发了测量多维贫困的 GIS 软件。

多维贫困研究的深入对我国减贫工作的开展起到很大的推动作用。但从另一方面而言，在看到多维贫困研究发展的学术意义及现实意义的同时，国内有些学者也提出了多维贫困研究的不足，正如李飞等(2013)在其文献评述中提出的多维贫困研究的"内卷化"和"学徒陷阱"，他们强调了人文主义方法论在多维贫困研究中的不可或缺性，激励学者们在研究贫困时要尽量摆脱"边缘人"处境的角色，最后还强调了以动态和分层分类视角来研究贫困的重要性。而这些视角在今天看来，对于贫困的研究仍具有重要的意义和启示。

2.1.3 多维贫困与精准扶贫

1. 多维特征是现实依据

从脱贫路径来看，贫困多维特征是精准扶贫方略产生的现实基础。目前，学者对多维贫困的研究主要集中在贫困测度方面，通过定量测度能够为贫困的识别提供参考。现在扶贫工作中的首要要求就是精准识别，正是多维贫困测度方法在精准扶贫工作中的应用体现。多维贫困的测度是从多维度衡量贫困，这正是精准扶贫中精准识别的重要前提，只有精准识别出贫困地区、贫困村、贫困人口，才能进一步开展精准帮扶，才能全程化精准管理和提升扶贫成效。基于多维框架下的精准扶贫，其贫困对象的界定具有复杂性，但却能将贫困"分门别类"，通过不断完善的多维测度方法，精确地识别贫困对象，从而有利于国家更加全面、精准地制定扶贫政策。

一方面，多维贫困从理念上延伸了扶贫的宽度。从宏观层面来看，人们将贫困的研究分为政治、经济、社会三个视角，在不同的领域中，从整体上把握贫困。从微观层面来看，对贫困的界定不再只是以单一的贫困线为标准，还要综合考虑教育、医疗的获得性和基础设施的建设情况等。例如，四川省在精准扶贫工作实施中考虑了多维度的致贫因素，全面地制定了对应的脱贫标准：贫困户的脱贫标准为"1超6有"，即年人均纯收入稳定超过国家扶贫标准且吃穿不愁，有义务教育保障、有基本医疗保障、有住房安全保障、有安全饮用水、有生活用电、有广播电视；贫困村为"1低5有"，即贫困发生率低于3%，有集体经济收入、有硬化路、有卫生室、有文化室、有通信网络。

另一方面，在不同时期，贫困状况会有所不同，多维贫困的治理则会表现出不足之处，因此从一定程度而言，精准扶贫是有效缓解和消除多维贫困的必然选择。因此，为如期实现贫困人口的脱贫，贫困县全部摘帽，在扶贫方式上不再是"大水漫灌"而是"精准滴灌"，不再是单方面的"输血"而是在"输血"的同时更加注重增强贫困群体自身"造血"能力,不再只是注重 GDP 而是注重脱贫成效,注重解决好"扶持谁""谁来扶""怎么扶"的问题,精准扶贫工作在多维贫困理念的指导下,对不同维度的贫困问题,有针对性地实施了相关政策措施。

(1)在"扶持谁"的问题上,精准扶贫工作逐步建立起"贫困区域—贫困县—贫困村—贫困户"由上而下的贫困识别体系,实现了涵盖区域和贫困人口贫困信息的多维立体档案体系。例如,对贫困人口采取"建档立卡"的办法,在考察贫困人口收入的基础上,综合考察其教育保障、健康状况、住房条件等。对贫困户的详细信息进行纸质登记和大数据录入,实际上就是多维贫困理论中的测度方法在中国的实践。

(2)在"谁来扶"的问题上,以多维理念为基础,在精准扶贫中,我国将扶贫治理主体分为三大类:专项扶贫、行业扶贫和社会扶贫,从宏观的三大维度对不同地区、不同贫困对象给予相应的扶贫措施。例如,对于少数民族地区和革命老区,主要实施专项扶贫,重在加大政府的支持与政策倾斜;而对于自然条件优越、资源较为丰富的地区,则重在行业扶贫,鼓励各行业在贫困地区发展项目,以带动当地的经济发展,促进扶贫工作的开展;社会扶贫则是将社会各界力量整合到扶贫各环节当中,整合的范围包括企业和非政府组织等。精准扶贫中的"谁来扶"就是将多维贫困理论从宏观的视角加以运用,从多维的视角界定扶贫的主体。

(3)在"怎么扶"的问题上,精准扶贫工作的基本方略按照不同地区和贫困人口的具体情况,基于不同维度、不同致贫原因,制定和实施"五个一批"工程:发展生产脱贫一批,主要是通过政府的引导和支持,使有劳动能力的贫困户实现就近就业,就地脱贫;易地扶贫搬迁脱贫一批,是对在当地发展困难、发展条件受外部客观因素限制、需要通过搬迁解决发展环境问题的贫困人口进行搬迁式帮扶;生态补偿脱贫一批,主要通过生态区的转移支付功能,让有劳动力的贫困人口就地转成护林员等生态保护员,国家给予补偿,以增加其收入;发展教育脱贫一批,通过国家政策和财政的倾斜，解决因学致贫的贫困问题，同时改善贫困地区的办学条件，提高教育质量；社会保障兜底一批，主要通过医疗保险和医疗救助来帮助贫困人口中完全或部分丧失劳动力的人。

2. 精准扶贫是必然选择

精准扶贫是多维度缓解贫困的必然选择。精准扶贫要求贫困治理要做到"精准滴灌"，实施精细化的扶贫方式，在扶贫机制上由主要依赖经济增长的"涓滴效应"转向更加注重"靶向性"地对目标人群直接加以扶贫干预的动态调整。因此，我国政府依据以往经验和贫困现状，提出了"六个精准"的精准扶贫方略，不仅拓宽了多维贫困的宽度，使多维贫困在贫困治理中"全面化"地体现出来，还加深了深度，即在全面考虑维度的基础上，对各个维度的治理提出严格、精准化的要求。"六个精准"的提出集中体现了从多维度有效缓解贫困的优势，特别是在六个方面。

（1）"对象精准"，即多维贫困识别维度的精准。庄天慧等（2016）分析精准扶贫与精准脱贫间的辩证关系时，对于精准识别就曾提到在识别维度上需要达到需求全面性和代表性均衡，需要用创新的方法和程序将贫困人口识别出来。在前文提到过，对于贫困对象的精准识别，我国政府不仅通过多维贫困理论的测度方法，精确地识别和界定贫困对象，还明确要求建立"户有卡、村有册、乡镇有簿、县有档、省市有信息平台"的多维立体档案体系。例如，向贫困户发放的"扶贫手册"中，对其家庭基本情况、致贫原因、具体实施的帮扶措施等都有详细的记录，不仅从维度上把握了贫困，而且做到了各个维度的精准化。因此，多维贫困的测度是将贫困对象精准地识别出来，而精准扶贫是在此基础上更加细致、精准地瞄准和掌握贫困对象的信息。

（2）"项目安排精准"，即依据贫困地区的资源优势、自然条件等因素，根据不同维度的致贫原因给予适合的项目安排。因此，需要根据具体情况精准施策。例如，被全国荒漠化地区扶贫工作座谈会树为典型的"库布其治沙生态扶贫模式"，当地没有把沙漠当作一文不值的不毛之地，而是充分挖掘沙漠地区特有的沙草、种质、旅游等资源，充分发挥亿利资源集团等龙头企业的产业带动作用，为农牧民精心安排了沙漠种树、树木养护、药材种植、沙漠旅游、以沙漠入股企业等项目，农牧民家庭一般同时参与多个项目，年均收入可达 10 万～20 万元[①]。可见，因地制宜、因项目致富是重要的脱贫路径之一。

(3) "资金使用精准"，扶贫资金是核心的扶贫资源，是精准扶贫的物质基础和核心要素。庄天慧等(2010)以四川少数民族地区为研究对象，具体分析了扶贫资金的投入对反贫困的影响。在精准扶贫工作开展初期，资金的使用中出现了诸如分配不合理、效率不高、资金挪作他用、管理不到位等问题，我国政府总结以往经验，依据多维贫困的特征，分别在教育、医疗、卫生、基础设施建设等方面投入专项资金，以保障每个维度的贫困都能得到扶持和帮助。例如，在教育方面，由中央专项资金支持的"农村义务教育薄弱学校改造计划"，为无数师生改善了教学条件和学校生活设施，提高了贫困生入学率、教学质量及贫困地区的义务教育水平。

(4) "措施到户精准"，在精准扶贫工作中，曾出现过扶持措施不当，导致资源浪费和扶贫效率不高的现象。例如，在发展产业扶贫时，当地政府直接向贫困户送钱、送物、送树苗、送猪崽、送羔羊等，旨在使贫困户通过养殖实现短期脱贫，但最终发现大多数贫困户的鸡、鸭、猪、羊，要么死了，要么就自己吃了，年年扶贫年年贫，根本没有起到扶贫的作用。因此，政府修正了扶贫的政策，针对多维贫困复杂的致贫原因，强调要因人、因户施策，做到"缺啥补啥""一户一策、一户一方案"，用好建档立卡的成果，使措施到户精准，扶贫工作扶到根子上、帮到点子上。庄天慧(2016)针对四川藏区农牧民收入水平、结构以及差距进行了考察研究，发现虽然农牧民收入有大幅提升，但内部差距却在不断扩大，庄天慧由此提出了具体的种植生产建议，对于缩小四川藏区农牧民的收入差距做出精准的安排，防止"表面性"的收入成效。

---

① http://www.jxyanshan.gov.cn/doc/2016/10/09/126952.shtml

(5)"因村派人精准",即从多维贫困能力维度上切入,统筹帮扶力量,在基层落地落实精准扶贫、精准脱贫方略,提高贫困人口脱贫能力,带领贫困群众脱贫致富。精准扶贫基于多维度的贫困原因,在实践中探索、创新了一条新路,把干部驻村帮扶作为精准扶贫的"滴灌漏斗",沉下来,融进去。例如,广元青川县在精准扶贫工作中探索的"四步两公开""五个一""六个到户"等做法,引起了国务院扶贫开发领导小组办公室(简称国务院扶贫办)的关注。其中"五个一"就是因村派人精准化的体现,主要包括:"一名县级领导干部""一个帮扶单位""一个驻村工作组""一名'第一书记'""一名农技员"。通过靶向瞄准贫困村和贫困户,驻村干部帮助贫困群众引进项目、提供技术支持、引导生产、鼓励建设新农村等,从收入、教育、健康、医疗、卫生、文化、基础设施等维度帮助贫困户脱贫致富。

(6)"脱贫成效精准",不搞"假脱贫"和"数字脱贫"是精准扶贫工作的基本要求,贫困的退出要求在各个维度都达到最低标准,按照程序退出,才能视作脱贫。例如,一些地方官员急功近利,为追求脱贫进度,不顾贫困户的切身利益,使许多贫困群众出现"被脱贫"的现象,造成在大多数已脱贫的贫困户中,又出现返贫的情况。因此,我们应该做到的是当扶贫工作再次"回头看"时,那部分重新被评估出来的贫困户应该是当年新增的贫困户,或是少部分因特殊原因而返贫的贫困户,而不是那些当地干部为了达到目标而"被脱贫"的贫困户。"脱贫成效精准"不仅可以保障我们按时按目标地完成脱贫任务,还可以使资源得到充分利用,发挥最大的效用。

2.2 贫困治理理论演进

为更好地开展贫困治理工作,厘清贫困治理理论的历史演进、了解贫困治理与当前精准扶贫的关系,对我国当前精准扶贫工作提出更加有效的政策和对策具有重大意义。为构建一个较为清晰的贫困治理理论框架,本节将围绕传统治理理论,从贫困治理的范式和体系的演进上来探讨贫困治理与精准扶贫的关系。

2.2.1 国内外贫困治理理论

1. 贫困治理概念的提出

贫困问题一直都存在，并且在学术界内达成这样一种共识：贫困只能减缓，不可能完全被消除，不管在何种体制、何种发达的社会，都会存在贫困，只是贫困的内涵会有所不同。"治理"一词是20世纪末兴起的一个新概念。贫困治理则是基于"治理"理念提出来的一个解决贫困问题的新概念。从减贫角度来看，贫困治理是通过外在力量有组织、有计划地影响，持续性地阻止或减缓贫困的过程。从实践来看，"反贫困""扶贫""减贫"等词语往往容易在研究中被当作相同或相似的词语来使用。事实上，"贫困治理"与"扶贫"等概念是有一定差异的，贫困治理涵盖了非政府组织的作用，更加强调扶贫对象的参与性和制度的作用，同时更强调扶贫、脱贫的持续性，更注重对贫困的"治本"效果。而我国对"贫困治理"这一概念的提法却是在近几年才开始的。目前，学术界对治理理论的兴起较为认同的是世界银行1989年发表的报告《南撒哈拉非洲：从危机走向可持续增长》中首次使用了"治理危机"一词，并于1992年将其年度报告称为《治理与发展》，此后"治理"一词便在国际上流行开来，一开始只在政治学领域使用，但随着内涵的拓宽，治理便迅速扩展到各个领域。当然，在不同的领域，"治理"的内涵有所不同。它可以是更广泛含义的组成部分之一，还可以是宏观层面和微观层面治理的手段，也可以是不同领域、不同关系的实践方式。

提到"治理"一词，人们总会将它与"统治"联系起来，并加以比较和区分。罗西瑙作为最先分析二者关系的代表之一，在代表作《没有政府的治理》中详细地指出了"治理"与"统治"的区别。他指出二者的相同点在于都涉及目的性行为和目标导向的活动和规则体系，但"统治"给人的直观感受是"强硬"，因为它有强有力的权利支持和力量支持。如政策和军队，而这两种支持可以很好地帮助其统治；

而"治理"不同的是，其主体相比于"统治"是多元的，包括政府、非正式组织、非政府机制等（汪乃澄，2010）。"治理"的原意是控制、引导和操纵，指的是在特定范围内行使权力。它隐含着一个政治进程，即在众多不同利益共同发挥作用的领域建立一致或取得认同，以便实施某项计划。1990年以后，随着社会自治组织力量的不断壮大，例如志愿团体、慈善组织、社区组织、民间互助组织等，它们的影响不断扩大，使得学者们重新审视两种关系，即政府与市场、政府与社会的关系。因此，相比"统治"，学者们意识到贫困的问题运用"治理"来解决更为恰当和高效。

2. 治理理论的发展

治理理论的兴起，进一步拓展了政府改革的视角，它对现实问题的处理涉及政治、经济、社会、文化等诸多领域，成为引领公共管理未来发展的潮流。从最初的政治治理发展到现在，学者们更愿意也更倾向于用"社会治理"一词来谈论当前的政府政策和社会问题。从治理理论兴起的直接原因来看，主要是由于社会资源的配置中存在着"市场失灵"或"政府失灵"，而治理则恰好能解决这些问题。但治理同时也会存在失效的困境，因此不少学者和国际组织提出"善治"的概念。"善治"是使公共利益最大化的社会管理过程。它的本质特征在于政府与公民对公共生活的合作管理。它强调政府与公民的良好合作以及公民的积极参与，实现管理的民主化。世界银行指出善治被普遍认为是减缓贫困的一个关键因素。善治不仅成为减少贫困的当务之急，也成为发展的当务之急。

贫困被看作是一个复杂而又重要的社会问题，一直备受各界关注。从治理这一概念的引入开始，有的学者在治理理论的框架下构建了新的理论，有的在各实践领域中从治理的角度探索出新的治理理念与思想。当然，在贫困领域中也逐渐兴起"贫困治理"思想，开始出现"贫困治理"这一概念和提法，并形成丰富的贫困治理理论。从"减贫"到"反贫困"，从"扶贫"到"贫困治理"，虽然大体内涵、对象大致是相同的，但在手段、目标和主体上却有不同之处，主要体现为：①贫困治理的核心特征，即贫困治理不是一时或短暂的活动，而是一个过程；②治理的建立不以支配为基础，而以调和为基础；③治理同时涉及公、私部门；④治理并不意味着一种正式制度，而确实有赖于持续的相互作用(俞可平，2000)。这些变化不仅体现在政策的制定和实践的指导上，同时从国内外贫困治理理论的梳理上，我们也能清楚地看到这一进步与发展。

3. 国内外不同视角下的治理理论

1) 政治学视角下的贫困治理理论

(1) 马克思制度贫困治理理论。马克思的制度贫困治理理论是政治学中关于贫困理论的典型代表。马克思通过对工业革命时期资本主义国家中的贫困问题进行大量考证得出：在一定制度的前提下，贫困群体要摆脱贫困、增加本身收入，只有推翻和消灭剥削。从其所在的政治立场来看，马克思的制度贫困治理理论只涉及资本主义国家无产阶级的贫困问题，但他对无产阶级作为一个阶层的贫困状态的关注对我们当前进行的研究具有重要意义。在他的视野下，贫困绝不是源于工人阶级的懒惰或无能，而在于资本对劳动的剥削，在于资本主义制度本身。因此，在马克思看来，彻底地消除贫困比依靠发展资本主义生产更具有现实意义。受马克思思想的影响，在借鉴其思想的基础上，我国各届领导人依据国情形成了自己的治理理论。

(2) 毛泽东等领导人的贫困治理理论。毛泽东认为，贫困的主要成因是落后的生产力不能满足农民的基本生活需求，当时的贫困主要表现为绝对贫困，主要瞄准解决农民的温饱问题，贫困治理的关键和手段在于解放和发展生产力。因此，毛泽东提出土地改革、走合作化道路、成立人民公社、"吃大锅饭"等治贫措施。虽然其中也有不合理的措施，但总体上为当时的减贫做出了巨大的贡献。邓小平在继承和总结国家治理与发展经验的基础上，针对国家整体性贫困难题，提出了具体的解决思路，即"让一部分地区、一部分人先富起来，再逐步实现共同富裕"。这与国外学者的

"中心—外围"思想颇为相似,只不过邓小平是主张将一些贫困地区发展为"中心",然后通过溢出效应来带动周围贫困地区的发展。江泽民则提出应把消除贫困当作党的根本宗旨,把扶贫工作放在心上、做到实处,当作党的一件重要事情来对待。多年的扶贫经验告诉我们,必须把贫困治理工作当作国家的大事来看待,不容忽视。贫困问题不仅关乎社会的稳定,更关乎一个国家的发展与强盛。胡锦涛提出贫困治理应当以人为本、注重社会扶贫和走可持续发展道路,逐步提高贫困人口的生活质量和全面素质。此时的贫困治理工作更加倾向于从微观的视角来关注贫困问题,将贫困问题落到实处,落到个体来研究和治理。

(3)习近平的精准扶贫贫困治理理论。习近平的贫困治理理论是马克思主义贫困治理理论与时俱进的最新成果,是马克思主义贫困治理理论中国化的最新发展。习近平指出,贫困的治理要以制度的变革为重要前提,以党的领导为坚强保证,以人民群众为主体力量,以解放和发展生产力为根本途径,以共同富裕和人的全面发展为最终的价值归属。在具体扶贫举措上,习近平明确提出了"精准"决定着扶贫工作的成与败,"对的路子、好的机制"是扶贫工作的关键,我们的精准扶贫工作要求出实招、下实功、见实效,不搞"虚假数字""假动作"。扶贫的领导要找准自己的位置,明白自己的责任;基层要积极配合工作,听从组织安排;外界的社会力量要注重融合,形成合力等思想。这些思想体系为新时期贫困治理提供了极为重要的指导。自精准扶贫工作开展以来,我国的扶贫工作取得巨大的成就,在当下脱贫攻坚的重要时刻,更应该坚持以精准扶贫理论为基础、为指导、为核心,才能最终实现全面脱贫、全面小康的宏伟目标。

2)经济学视角下的贫困治理理论

(1)大推进平衡增长理论。1943年,英国伦敦大学教授保罗·罗森斯坦·罗丹提出了"大推进的平衡增长"理论。他认为,经济生产各部门是相互联系、依存、相互影响的,如果只对工业部门投资而不对其他部门投资,就不可能使单项工业的投资真正实现,更不可能形成大规模的投资市场和利益。因此，针对发展中国家，他主张大力发展工业，实现工业化，才有可能冲破贫困的恶性循环。同样，1949 年，普雷维什在《拉丁美洲的经济发展及其主要问题》中，详细阐述了"中心—外围"理论，在世界资本主义体系中，存在"中心"与"外围"两个部分，且他认为二者之间存在不平等的经济关系，要想摆脱不平等，则要消除技术进步成果分享上的不平等、贸易比价的不合理及收入水平的不均衡等。这是主张从经济发展或经济发展中的关系来治理贫困。他们从经济资本和经济不平衡的角度探析贫困，认为经济的发展和经济机会不平等的减少是解决贫困问题的关键所在。

(2) 贫困恶性循环理论。1953 年，美国哥伦比亚大学教授罗格纳·纳克斯出版了《不发达国家的资本形成问题》一书，系统地提出了贫困恶循环理论。纳克斯认为，发展中国家之所以贫困，不是因为这些国家国内资源不足，而是因为他们人均收入水平低、生活贫困，并形成"贫困的恶性循环"。只有打破这种循环，才能走出贫困。1955 年，法国经济学家弗朗索瓦·佩鲁在"略论'发展极'的概念"一文中，首先提出了"发展极"的概念和理论。佩鲁认为增长的发生时间和地点具有任意性，强度也有所不同，促使增长会通过不同渠道扩散，而且最终对整个经济产生不同的终极影响。当增长极发展到一定时期后，会出现资本、技术和劳动力等生产要素向周围地区流动而产生一种辐射影响，增长极周围地区经济发展的现象。1956 年，美国经济学家纳尔逊发表了"不发达国家的一种低水平均衡陷阱理论"一文，进一步解释纳克斯的"贫困恶循环"理论。纳尔逊从人均资本、人口和国民收入三种要素增长与人均收入关系的角度出发，分析了贫困自我循环的机制和过程。纳尔逊认为发展中国家必须进行大规模的资本投资，使投资和产出的增长超过人口增长，才可能冲出"低水平均衡陷阱"。1958 年，针对平衡增长理论模型的缺陷及其运用在发展中国家经济发展中所面临的一系列难以克服的困难和障碍，美国经济学家艾伯特·赫希曼在《经济发展战略》一书中，着重从现有资源的稀缺和企业家的缺乏等方面，对平衡增长理论进行了批评，并提出不平衡增长理论。发展中国家应把资源投放到主导产业上，先发展一部分先导产业，使国民经济各部门出现不平衡，以此为动力逐步扩大对其他产业的投资，这样投资可以通过"连锁效应"带动其他部门的投资和发展，最终使发展中国家摆脱经济落后的贫穷状态。

(3)循环积累因果关系理论。瑞典经济学家冈纳·缪尔达尔在其代表作《亚洲的戏剧：南亚国家的贫困问题研究》和《富国与穷国》中，详细地阐述了"循环积累因果关系"的贫困理论。与纳克斯的"贫困恶性循环"理论不同，缪尔达尔认为，在一个动态的社会经济发展过程中，贫困不仅是资本稀缺，还是社会、经济、政治、制度等方面的诸多因素的综合结果，并呈"循环积累"发展态势，每个循环结果不管是良性或恶性，均会对下一个循环起到"积累效应"。1969年，希腊著名的马克思主义经济学家伊曼纽尔在《不平等交换——对帝国主义贸易的研究》中，提出了"不平等交换"理论。伊曼纽尔以马克思的劳动价值论和价值转化为生产价格的理论为基础，对国际价格制度和国际生产价格形成问题进行了分析，并从国际贸易角度抨击发达资本主义国家对发展中国家的剥削和掠夺行为，揭示和论证了西方发达资本主义国家通过不平等交换对欠发达的发展中国家的国际剥削，指出发展中国家的国际贸易是一种不平等交换。萨米尔·阿明在《世界规模的积累》《不平等的发展》等书中，都对依附理论做了颇有见地的阐述。他认为，世界资本主义再生产是由出口部门、群众消费部门、奢侈消费部门和设备部门组成，其中群众消费部门与设备部门居再生产的中心，这两个部门是再生产的基本动力。因此，阿明主张，应加强发展中国家间的合作，同时要实行工业化并努力使收入尽量平均化。

(4)益贫式增长理论。多年的实践经验形成了一个共识：单一地追求经济增长只能在贫困治理之初表现出较为良好的效果，之后便呈现边际效益递减的趋势。随着贫困问题研究的深入，贫困群体的生活会表现出一种更加困难的状况，即当下我们所提到的"深度贫困"问题。在攻坚克难时期，剩存的深度贫困群体由于生活条件、所处的地理位置等因素，其脱贫面临更大的挑战和困难，同时，对扶贫的政策和手段也提出了更高的要求和挑战。因此，人们开始重新审视经济增长对减贫的效果，提出了益贫式的增长理论。该理论强调公平的经济增长模式，体现了基于提高人的能力、消除社会排斥为主要手段的贫困治理理念，可以有效地防止我国经济陷入有增长无发展的"陷阱"。

(5) 包容性增长理论。"包容性增长"这一概念最早由亚洲开发银行在2007年提出。该理论运用于贫困的治理中，主要是通过调节机会的不平等，让弱势群体得到保护，从而促进贫困的减少。它涉及平等与公平的问题，包括可衡量的标准和更多的无形因素。而所谓包容性增长，寻求的应是社会和经济协调发展、可持续发展，与单纯追求经济增长相对立。社会排斥理论就曾提到，贫困群体之所以贫困，是因为他们被排除在一个能公平享受资源的环境之外，无法公平地获得教育机会、就业机会等。因此，包容性增长理论提倡消除社会排斥，使贫困群体能自由、公平地获得资源共享机会，从而摆脱贫困，同时也有助于社会的稳定。这一治理理论，不仅只是单一地瞄准贫困群体的治理，而是以更为开阔的视野审视整个社会，治理社会问题。若能较好地治理这些社会问题，作为社会问题的其中一部分——贫困，就会迎刃而解了。

3) 基于社会视角的贫困治理理论

(1) 贫困文化理论。贫困文化理论形成的背景在于物质扶贫逐渐呈现低效性和无法再用纯粹的经济学理论解释贫困现象，1960年，美国经济学家刘易斯提出该理论，将贫困视为由穷人自身的贫困文化所导致的社会现象。刘易斯在1959年出版的《贫困文化：墨西哥五个家庭一日生活的实录》一书中首次提出贫困文化的概念，在刘易斯看来，"贫困文化"是一个特定的概念模型的标签，是一个拥有自己的结构与理性的社会亚文化，是穷人"在既定的历史和社会的脉络中所共享的有别于主流文化的一种生活方式，也是穷人在阶层化、高度个人化的社会里，对其边缘地位的适应或反应"。他认为，所谓"贫困文化"，就是贫困阶层所具有的"一种独特的生活方式，是长期生活在贫困之中的一群人的行为方式、习惯、风俗、心理定式、生活态度和价值观等非物质形式"，即由物质扶贫转向精神扶贫,更注重在提升个体或家庭对贫困的认识和摆脱贫困的思想上加以引导。以往单一的物质扶贫容易造成"扶贫—脱贫—返贫"的局面,而贫困文化理论则从精神上加以引导,增强其内生动力和"造血"功能,使贫困群体不仅从行动上参与扶贫,更从思想上参与和推进扶贫。

(2)权利贫困理论。权利贫困是指社会上的部分人群(一般是社会弱者)在政治、经济、社会和文化权利等方面享有不足的状态,即从这四个方面将贫困分类。制度设计或安排的缺陷是权利贫困的本质特征(文建龙,2007)。权利贫困意味着资源占有或分配的分化,而分化的基本功能在于对机体的消解作用于对社会秩序的破坏作用,对社会具有一定程度的危害性。权利贫困在社会发展中的出现具有必然性与普遍性的特征,若放任其发展,则将造成贫富分化加剧、社会结构失衡、社会关系冲突等严重后果。权利贫困理论认为,贫困的形成并不是主观因素造成的,而主要是客观社会环境所导致的获取社会权利的机会、渠道及机会不公的结果。

阿马蒂亚·森在《贫穷与饥荒》一书中将贫困与权利联系在一起。人在社会中凭借一切权利和机会所能够支配的商品组合即为权利。个人的禀赋和交换权利能决定其拥有权利的多少。交换权利包括:①以贸易为基础的权利,一个人有权拥有通过自愿交易所得到的东西;②以生产为基础的权利,一个人有权拥有用自己的资源或在自愿的基础上使用雇佣来的资源所生产出来的东西;③自己劳动的权利,一个人有权拥有自己劳动的能力,并进而有权拥有与自己的劳动能力相关的以贸易为基础的权利;④继承和转移的权利,一个人有权拥有他人自愿赠予的东西,但后者对这些东西的所有权必须是合法的(张培刚 等,2009)。

一个人免于饥饿的权利依赖于:①政治体系即政府能否提供明确的产权保护;②经济体系即微观上是否有充分竞争的市场秩序,宏观上能否维持稳定的经济环境;③社会体系包括家庭内部的分工、传统观念中对交换权利和互惠权利的规定等。这些都会影响权利的分配,并决定着不同的群体在面对饥饿和饥荒时的不同命运(阿马蒂亚·森,2001)。贫困的产生归根结底是交换权利的恶化。贫困的表现在于人与物的关系，但是根源在于人与人的关系。个人可以通过生产、劳动获得收入；收入通过贸易可获得商品；由社会保障体系获得救济。而就业机会、商品价格等的变化将影响交换权利，从而对贫困产生影响。

4) 基于个体发展视角下的贫困治理理论

(1) 能力贫困理论。印度经济学家阿马蒂亚·森以能力方法作为基础创立了多维贫困理论。他指出，能力的缺乏是家庭贫困的根源，收入贫困只是能力贫困的外在表现(Sen，1999)。能力，是一个人能够实现的各种功能的组合，也是人们能够做到的一系列活动项目所组成的组合。个人在组合中进行选择的自由度是能力大小的反映，即能力代表了个人在不同的生活中做出选择的自由。人类的发展是由免受营养不良、过早死亡、饥饿、疾病等一系列功能性活动构成的基本可行能力所决定的。衡量发展的指标包括每个个体在社会上所实现的客观福利，也包括每个人对于自己所处的生活环境的主观评价。人的各种能力是阿马蒂亚·森的能力观点所强调的。这种观点包括用货币来衡量的指标，还有非货币性的指标。对于有能力的个体来说，自身的能力是获得收入的资本，能使其摆脱贫困，但是不具有能力的个体，不论是否拥有一定的收入，都很难确保以后不陷入贫困的状态。从这一角度来看，能力是一种自由，能够过有价值生活的实质自由。

(2) 贫困代际传递理论。"贫困代际传递"的概念是 1960 年由美国经济学家提出来的，它是指贫困以及导致贫困的相关条件和因素，在家庭内部由父母传递给子女，使子女在成年后重复父母的境遇——继承父母的贫困和不利因素并将贫困和不利因素传递给后代这样一种恶性遗传链；也指在一定的社区或阶层范围内贫困以及导致贫困的相关条件和因素在代际延续，使后代重复前代的贫困境遇(李晓明，2006)。人们常说"穷不过三代，富不过三代"，虽然是一种经验的累积，但其含义包含了贫困和富裕在代际传递的关系。因此，此理论强调贫困的治理要从贫困人口本身出发，提高自身的发展能力，改变外部和内生影响因素，从而阻断无限的代际传递,摆脱贫困困境。

(3)生命周期理论。Garcia等(2003)认为,生命周期中的关联性主要表现为一些特定阶段的问题会在后一阶段重新出现,并影响其后续阶段的机会。基于生命周期理论,我们可以大致将人的一生分为:儿童时期、成年期和老年期三个阶段。此理论的核心为:对一个贫困家庭或个人而言,假若在儿童时期,由于个人或家庭的原因而缺乏受教育的机会、营养不良而影响健康等,当他进入成年时期后,就会因为儿童时期的影响而难以获得较高报酬的工作机会,身体、心理素质都相对较弱,这样低水平的生活若保持到老年期,劳动能力缺乏、收入来源缺乏等原因将使得他更容易陷入贫困。生命周期理论可以看作是代际传递理论的一个"缩影",将贫困的传递性或影响性放在一个微观的视野来探讨,具有独特和创新的意义。该理论的贫困治理理念也在于瞄准个人发展问题,从解决个人本质发展动力的视角出发,分阶段地针对贫困对象进行贫困治理,既阻断了贫困在阶段间的蔓延,又能将贫困"分门别类"地"对症下药",具有重要的可持续脱贫意义。

(4)主观贫困理论。主观贫困理论来自最初的主观贫困线,对于贫困的界定和测量,我们通常从客观的视角来进行。Townsend就曾提出,传统的客观贫困线难以对基本需求的定义尤其是非食物需求有一个理想的标准。Van Praag也指出,客观贫困线有一种"家长式作风",即个人或家庭是否贫困全由政府或专家来判定。主观贫困理论从另一层面来讲,实质上可以看作是"赋权"的思想,将是否贫困的认定权利交给大众来感知,从而设定相应的主观贫困线。学者们认为,虽然主观贫困线的贫困标准对于不同的个体可能呈现巨大的差异性,而且研究者本身提问方式的不同,得到的结果可能也截然不同(Garner et al.,2003)。但其具备的优点可以很好地弥补客观贫困线的不足之处,例如:客观的贫困线往往是对普遍的、共性的贫困特征进行分析,一定程度上并不具有准确性。而主观贫困线是依据贫困者本身的判断和诉求,只有自己最了解自己的情况,因此在贫困测量上,主观贫困可以更加准确。虽然主观贫困线并未成为当下贫困测量和界定的主要方法,但主观贫困理论的形成，为后来"大众参与式"扶贫奠定了良好的基础。类似的"赋权式"理论还有社区主导发展理论，该理论也强调由贫困群体自身来表达诉求和发展需要，不过该理论是基于社区更大的层面来统筹和实施，掌握控制权和决策权，在贫困瞄准、减贫、提高福利水平和改善公共服务可获得性等方面都有积极的影响。

(5) 人力资本理论。20 世纪 60 年代，美国经济学家舒尔茨和贝克尔创立人力资本理论，开辟了关于人类生产能力的探究的新视角。"人力资本"理论被看作是贫困治理理论从经济学研究到社会学研究的过渡。舒尔茨认为，一国的经济增长是由其物质资本的增加和劳动力增加的共同作用结果，但此理论在现行的经济体制下已不再适合。对于现代经济来说，人的知识、能力、健康等人力资本的提高，对经济增长的贡献远比物质资本、劳动力数量的增加更加重要。他认为贫困的根源在于人力资本的质量而非数量。所以，要摆脱贫困，必须提高人口质量，提高知识技能和人口素质。这一治理理论强调从人本身出发，将其视为治理主体之一参与到贫困治理之中。教育和医疗被视为贫困治理中极其重要的手段之一，因此人力资本的提升从长期来看，有助于实现可持续脱贫。

(6) 社会资本理论。1990 年以来，社会资本理论逐渐成为学界关注的前沿和焦点，贫困研究学者将其运用到农村问题的研究之中。研究发现，社会资本与贫困之间存在密切的关系，在市场经济和贫富差距拉大的背景下，农村的人际关系观念逐渐淡薄，交流与互相帮助越来越少，社会资本不断流失，对于贫困群体而言非常不利，成为难以摆脱贫困的重要因素之一。因此，学界开始主张培育和扶持个人或家庭的社会资本，消除社会排斥带来的负面影响，在小范围内构建个人或家庭的社会资本网络，以更好地帮助其摆脱贫困。社会资本理论的提出，不仅有助于解决贫困问题，也有利于减少农村问题和社会问题。因此，贫困治理与社会治理之间其实是一种相互的关系。一方面，贫困治理好了有助于社会的稳定和谐；另一方面，社会治理好了，贫困问题自然就会得以缓减。

(7) 社会排斥理论。社会排斥理论指的是某些人或地区遇到诸如失业、技能缺乏、收入低下、住房困难、罪案高发环境、丧失健康以及家庭破裂等交织在一起的综合性问题时所发生的现象。社会排斥在社会学研究中经常用来表示社会的主导群体对其他群体的排斥或者歧视(马广海，2004)。法国的拉诺尔是最早使用社会排斥理论的学者。拉诺尔用遭受社会排斥者来指代没有受到社会保障保护以及精神和身体残疾者、自杀者、老年患病者、受虐儿童等被贴上社会问题标签的人。

斯尔维分析总结美国和西欧有关社会排斥理论文献后，概括了被公认为对社会排斥理论具有重要贡献的范式，即团结范式、专业化范式、垄断范式等三个关于社会排斥理论的著名范式。其中的团结范式强调，社会排斥理论是个人和社会间的社会纽带的中断；专业化范式强调社会排斥是社会分化、劳动分工以及领域的分割等专门化的结果；垄断范式强调社会排斥是社会上形成垄断群体的结果。三种不同的范式分别表示造成不同的社会排斥的不同原因(Silver, 1994)。

社会排斥理论主要体现在五个维度：经济排斥维度、政治排斥维度、文化排斥维度、关系排斥维度、制度排斥维度。经济排斥是指个人和家庭未能有效参与生产、交换和消费等经济活动。政治排斥是指人和团体被排斥出政治决策过程，没有基本的参与权利，因此不会得到对应的利益。文化排斥是指社会中存在着一些"既定的"和"默认的"规则和观念习惯，那些"特立独行"不同于常规的人便会受到排斥。在关系排斥维度上，社会排斥是一个"关系"概念，意味着个人和群体在社会地位上被排斥出其他个人、群体乃至整个社会。在制度排斥维度上，亦有一些学者从社会福利制度的角度来论述社会排斥的制度层面。福利制度排斥是指个人和团体不具有公民资格而无法享有社会权利，或者即使其具有公民资格也被排斥在某些国家福利制度之外。

2.2.2 贫困治理与精准扶贫

1. 主体的关系

贫困治理主体经历了从民间慈善为主，到多维主体共同治理的过程

(刘敏，2009)。早期的治贫主体是民间组织，政府并不参与，因为在当时的政府看来，大多数的贫困是贫困者自身的懒惰造成的，因此政府对他们并不会进行救助，甚至是排斥的。然而，后来人们开始认识到贫困问题并非简单的个人或家庭问题，而是已经演变为一个复杂而又重要的社会问题，如果不加以治理，将严重影响社会的稳定和国家的治理。因此，政府开始有所行动，但主要采取的治贫措施是通过建立福利制度来直接救助贫困群体，在当时起到一定的积极作用，但在随后经历的经济改革与社会转型中，福利救助出现了一些弊端。例如，政府的财政支出负担加大、大多数被救助对象出现消极等待救助等现象，使得单靠福利制度来治理贫困的政府逐渐退出治理主体的角色。庄天慧等(2015)在探讨精准扶贫主体行为逻辑时提出"政府-市场-社会-社区-农户"五位一体的贫困治理模式，与当下我国正在实施的精准扶贫战略，治贫主体包括政府、企业、社会和贫困人群本身是一致的。宏观上大的主体并没有改变，但从微观层面来看，各个主体的责任更加明确了。治贫主体的细化和多元化使帮扶的手段措施更能"因村施策""因户施策"。因此，从主体上来看，精准扶贫是贫困治理多年实践探索和经验积累的结果，是贫困治理最完善的体现。

2. 对象的关系

在治理对象上，贫困治理经历了从宏观到微观的两次演变过程。早期，国外以马克思的制度贫困治理等理论为代表，其针对的对象是当时的资本主义制度；而国内则以毛泽东的土地制度改革的贫困治理思想等为代表，针对的是当时使农民致贫的土地制度。二者都是从国家制度、社会改造、区域经济发展等宏观层面看待贫困治理问题。随着贫困研究的深入，国内外都开始从微观的角度来治理贫困，学者开始将贫困治理的研究对象转向微观个体，开始关注其基本生活需求的满足、基本能力的获得以及基本权利的享有等，即大致可分为以下两类贫困治理对象：①最初因收入不足而导致的贫困群体，主要是通过划定的贫困线来界定贫困对象；②由多种因素造成的，被阿马蒂亚·森称为多维贫困的贫困群体,不仅包括收入贫困,还包括了教育、医疗、健康、基础设施建设等微观维度。实质上,精准扶贫和贫困治理在对象上是一致的。精准扶贫不断精准细化到人,实际上也是从宏观到微观细化的过程,从划定连片特困地区,到界定国家级、省级贫困县,再到瞄准贫困村、贫困户,将贫困治理对象的精细化程度提到了新的高度。

3. 方式的关系

在贫困治理的方式上,国内外都经历了从强调物质救助到能力开发的过程。在早期的扶贫过程中,注重的是简单物质帮扶。这种只强调从单一的经济维度来扶贫的方式就是传统的救助式扶贫,或称为"输血式"扶贫,其弊端在于不能真正地深入根源解决贫困问题,仅仅解决的是贫困人口的表面问题,达到暂时的脱贫,一旦国家和社会停止对其救助,大多数贫困人口就会立即返贫。随着贫困外延的拓宽,人们对于贫困的界定更加多维化。人们逐渐认识到贫困产生的原因不仅仅是物质方面,还包括人力资本等方面,因此需要在健康、教育上进行投资和积累。由此看来,贫困的治理方式由救助式转向了开发式。开发式的贫困治理方式将扶贫方式的维度拓宽,不再只是瞄准贫困群体的经济收入,而是注重将资源投入到促进教育发展、拓宽贫困群体就业面、提高贫困人口劳动技能以及低成本、高效益的社会项目上,增强其"造血功能",即依靠自身脱贫的能力,以减少脱贫又返贫现象的发生。20世纪80年代后,治理方式开始强调参与和责任。而精准扶贫则是参与式贫困治理精细化的体现,精准扶贫更加强调各个贫困治理主体的广泛参与、共同治理。例如,在精准扶贫工作中将贫困群体也纳入贫困治理的主体当中,放大他们在脱贫工作中的主体性、重要性,让其切实参与到脱贫工作中,并认识到脱贫工作不仅是"要我发展",而应是"我要发展"。

4. 目标的关系

明确的目标是行动的前提,精准扶贫和贫困治理的核心目标都是瞄准改善贫困地区、贫困人口的生活福祉，并顺利按期实现全面脱贫的目标。而精准扶贫工作的开展是当下最全面的多维度贫困治理，是贫困治理理论发展的最新成果。无论是在贫困区域、贫困县，还是贫困村和贫困户，国家的扶贫策略都更加细致了，真正做到了因地、因户、因人施策；并且针对扶贫过程中出现的问题及时出台相应的政策，如针对贫困户和贫困县出现的不愿意"摘掉贫困帽"的现象，制定了脱贫不脱策的政策，即国家对已经脱贫的贫困户和贫困县，在其退出后至2020年全面脱贫时都将继续给予政策上的支持，以防止返贫。其最终目标不仅是将贫困群体拉出贫困边缘并走向小康生活，而且是治理好整个社会的秩序，保持稳定，使国家安定、繁荣、富强，共同发展、共同进步。

第3章 四省藏区多维贫困现状

由于藏区生态环境、自然资源和文化习俗的独特性，其贫困表征的维度和深度具有一定特点。本章将四省藏区与全国集中连片特困地区在贫困深度、经济发展、基础设施、生活标准和医疗教育五个维度进行分析，发现四省藏区存在贫困程度深、经济贫困突出、信息贫困严重、生活水平低下、医疗教育水平落后且差距较大等问题；将四省藏区内部多维贫困进行对比分析，发现四省藏区各省经济水平差距大，甘肃藏区整体实力较弱，云南藏区城乡贫困差距大，四川藏区在广播电视公共服务方面发展较弱，青海藏区社会发展滞后。

3.1 四省藏区区域概况

受自然、社会等多方面限制因素的影响，总体来看，四省藏区社会发展水平仍然很低，基础设施不完善，贫困面积大、程度深，人口多，实现全面建成小康社会的目标依然艰巨。为了加快四省藏区的经济与社会建设，确保与全国各族人民共同实现全面小康，2011年，中共中央、国务院印发了《中国农村扶贫开发纲要(2011—2020年)》，明确提出将四省藏区纳入全国十四个集中连片特困地区。四省藏区作为全国深度贫困地区之一，如何实现按期脱贫，需要更加细心的"绣花"功夫。

四省藏区作为集中连片特困地区和藏族聚居地，其特殊的自然地理环境、人文风俗、宗教信仰，导致贫困产生的原因和治理路径具有差异性，在对四省藏区进行多维贫困研究时，首先需要对四省藏区的自然、社会环境进行深入探讨。

3.1.1 区域划分

青藏高原面积辽阔、地势险峻，古时候，交通的不便限制了人们的交流，因此不同的区域形成了各自独特、封闭的藏文化。依据不同的自然条件、地形特征以及文化风俗，对藏区的划分也各有不同。其中，四省藏区的范围主要集中在康巴和安多。从目前的行政区划来看，四省藏区共有 77 个县，其中青海省有 33 个县，四川省有 32 个县，云南省有 3 个县，甘肃省有 9 个县(表 3-1)，77 个县人口全部是以少数民族为主，其中有 69 个牧业、半牧业县。

表 3-1 四省藏区 77 个县各省分布情况

省份	州(市)	覆盖县数	名称
青海 (33)	海北藏族自治州	4	海晏县、祁连县、刚察县、门源回族自治县
	黄南藏族自治州	4	同仁县、尖扎县、泽库县、河南蒙古族自治县
	海南藏族自治州	5	共和县、贵德县、贵南县、同德县、兴海县
	果洛藏族自治州	6	玛沁县、班玛县、甘德县、达日县、久治县、玛多县
	玉树藏族自治州	6	玉树市、称多县、囊谦县、杂多县、治多县、曲麻莱县
	海西蒙古族藏族自治州	8	德令哈市、格尔木市、天峻县、都兰县、乌兰县、冷湖行政区、大柴旦行政区、茫崖行政区
四川 (32)	阿坝藏族羌族自治州	13	马尔康市、金川县、小金县、阿坝县、若尔盖县、红原县、壤塘县、汶川县、理县、茂县、松潘县、九寨沟县、黑水县
	甘孜藏族自治州	18	康定市、泸定县、丹巴县、九龙县、雅江县、道孚县、炉霍县、甘孜县、新龙县、德格县、白玉县、石渠县、色达县、理塘县、巴塘县、乡城县、稻城县、得荣县
	凉山彝族自治州	1	木里藏族自治县
云南 (3)	迪庆藏族自治州	3	香格里拉市、德钦县、维西傈僳族自治县
甘肃 (9)	甘南藏族自治州	8	合作市、舟曲县、卓尼县、临潭县、迭部县、夏河县、碌曲县、玛曲县
	武威市	1	天祝藏族自治县

3.1.2 地理环境

四省藏区面积辽阔,位于我国西部,地跨北纬 26°00′～39°02′、东经 90°06′～103°46′,东西长约 1431.9 公里,南北宽约 1394.0 公里,面积约为 102.8 万平方公里,与我国东部地区 11 省(区、市)[①]的面积(104.17 万平方公里)相当,约占中国陆地总面积的 1/9,在全国 14 个集中连片特困地区中面积仅次于西藏(122.8 万平方公里),是全国第二大集中连片特困地区。

四省藏区具有空气稀薄、日照长、太阳辐射强等特点,年平均气温在-0.9～9℃,干旱、冰雹、霜冻、风雪等自然灾害易发多发,极不利于人类生存。青海藏区以高原大陆性气候为主,冬寒夏凉;四川藏区以大陆高原性气候为主,四季气温差别不大;甘肃藏区以青藏高原气候为主;云南藏区属于温带-寒温带气候。

总体来看,四省藏区与其他集中连片特困地区相比,其地势险峻、气候恶劣,自然灾害易发多发,同时又面积辽阔。虽然面积较大,但自然环境不利于农业生产,工业发展也面临诸多局限,在区域经济发展方面,受到先天性限制。

3.1.3 自然资源

四省藏区自然资源较为丰富。青海藏区境内柴达木盆地西北部,共发现 16 个油田、6 个气田,是全国四大气区之一。境内蕴藏着极为丰富的光能资源,是仅次于西藏的全国第二大太阳能资源分布地。四川藏区的水能资源、旅游资源丰富;境内拥有我国在建的藏区综合规模最大的水电站工程雅砻江两河口水电站;拥有九寨沟、黄龙等世界级风景名胜区。甘肃藏区药材资源十分丰富,藏药材产量占全国总产量的 60%以上。云南藏区拥有丰富的水能资源,金沙江、澜沧江、怒江上游皆穿过

---

① 东部地区包括:北京、天津、河北、辽宁、上海、江苏、浙江、福建、山东、广东和海南 11 省(区、市)。

该区域，水能蕴藏量达到1650万千瓦。

总体来看，四省藏区拥有丰富的自然资源，开发应用前景广阔，但是就目前而言，四省藏区资源分布不均，且开发不足，受益人口有限，仅依靠开发自然资源并不能解决四省藏区的贫困问题。

3.1.4 民族与宗教

四省藏区是全国第二大藏族聚居地，藏族人口数量占全国藏族人口数量的49%左右。截至2015年末，四省藏区共有户籍人口545.48万人，藏族人口为304.45万人，占总人口的比例为55.81%。青海藏区2015年有户籍人口200.23万人，其中农业人口为144万人，非农业人口为56.23万人，藏族人口为98.50万人，占总人口的49.19%。四川藏区2015年有户籍人口214.23万，其中农业人口为173.93万人，非农业人口为40.3万人，藏族人口为143.65万人，占总人口的67.05%。云南藏区2015年有户籍人口37.00万人，其中农业人口为291866人，非农业人口为78134人，藏族人口为13.80万人，占总人口的37.30%。甘肃藏区2015年有户籍人口94.02万人，其中农业人口为67.58万人，非农业人口为26.44万人，藏族人口为48.50万人，占总人口的51.58%(表3-2)。

表3-2 2015年四省藏区人口构成基本情况

地区	户籍人口/万人	城镇化率/%	藏族人口/万人	藏族人口比例/%
四省藏区	545.48	26.87	304.45	55.81
青海藏区	200.23	28.12	98.50	49.19
四川藏区	214.23	20.81	143.65	67.05
云南藏区	37.00	29.44	13.80	37.30
甘肃藏区	94.02	29.12	48.50	51.58

四省藏区藏族人民几乎人人信教，宗教教义对于藏族人民的影响是深远的。其中影响最大的是苯教和佛教，公元2世纪佛教传入藏区，公元7世纪藏传佛教开始在各藏区广泛传播，并逐渐与苯教相融合，形成

了藏区特有的藏传佛教,之后又逐渐分化为宁玛派、噶举派、萨迦派三个大的分支,在不同的具体区域,不同藏传佛教分支影响不同。

3.1.5 生态环境

四省藏区生态较为脆弱。为了保护好生态,在全国的主体功能规划中,将四省藏区的 350 处纳入禁止开发区域,限制开发区域面积达到 61.58 万平方公里。青海藏区 33 个县、市共有禁止开发区域 239 处,共计 22.54 万平方公里,限制开发区域面积为 40.82 平方公里。四川藏区 98.12%的面积属于限制或者禁止开发区域,27 个县、市共有禁止开发区域 73 处,共计 7.18 万平方公里,限制开发区域面积为 17.40 万平方公里。云南藏区基本上全境为限制或禁止开发区域,3 个县、市有禁止开发区域 9 处,面积共计约 1.4 万平方公里,限制开发区域面积为 1.01 万平方公里(表 3-3 和表 3-4)甘肃藏区共有 29 处禁止开发区域,分布在 7 个县、市,面积共计约 1.7 万平方公里。

表 3-3 四省藏区禁止开发区域名录

地区	属性	名称	面积/平方公里	具体分布
		总计 350 处	327809.92	70 县有分布
青海藏区	国家级自然保护区	青海湖自然保护区等,共计 5 处	206085.91	刚察、海晏、共和等 16 个县(市)
	国家级风景名胜区	青海湖国家级风景名胜区	4583.00	刚察、海晏、共和
	国家森林公园	青海坎布拉、仙米、哈里哈图、麦秀国家森林公园	1699.78	尖扎、门源、乌兰、泽库
	国家地质公园	青海尖扎坎布拉、久治年宝玉则、格尔木昆仑山、贵德国家地质公园	5126.00	尖扎、久治、贵德及格尔木
	国际重要湿地	青海湖鸟岛、扎棱湖、鄂陵湖湿地	1672.80	刚察、海晏、共和、玛多
	国家湿地公园	贵德黄河清、洮河源国家湿地公园	429.09	贵德、河南
	国家重要湿地	冬给措纳湖等,共计 15 处	19669.37	玛多、玉树等 11 县(市)

第3章 四省藏区多维贫困现状

续表

地区	属性	名称	面积/平方公里	具体分布
青海藏区	省级文物保护单位	曲沟古城等，共计138处	—	共和等县(市)
	省级自然保护区	青海格尔木胡杨林等，共计4处	10316.00	德令哈、都兰等7县(市)
	省级风景名胜区	贵德黄河等，共计10处	2031.00	贵德、尖扎等10个县(市)
	省级森林公园	青海黄河等，共计3处	453.16	贵德、祁连、德令哈
	省级地质公园	青海柏树山省级地质公园	779.00	德令哈
	城市主要水源地	海晏三角城等，共计39处	200.97	海晏等33县(市)
	国家级文物保护单位	西海郡等，共计10处	—	海晏等6县(市)
		总计239处	225415.17	33县均有分布
四川藏区	国家级自然保护	四川卧龙、九寨沟等，共计10处	4868.68	汶川、九寨沟等11县
	世界自然文化遗产	九寨沟、黄龙、大熊猫栖息地	10665.0	阿坝、甘孜
	国家森林公园	海螺沟、九寨、夹金山、措普、雅克夏、荷花海	2422.36	泸定、九寨沟、小金、巴塘、黑水、康定
	国家地质公园	海螺沟、九寨沟、黄龙、四姑娘山	2219.90	泸定、九寨沟、松潘、小金
	国家重要湿地	若尔盖高原沼泽区、九寨沟湿地	10600.00	若尔盖、红原、阿坝、松潘、九寨沟
	国家级风景名胜区	九寨沟、黄龙、贡嘎山、四姑娘山	14730.00	九寨沟、松潘、泸定、康定、九龙、小金
	国家湿地公园	若尔盖湿地公园	26.63	若尔盖
	省级自然保护区	湾坝、白河等，共计28处	20221.24	九龙、木里等23县(市)
	省级森林公园	二郎山、土地岭、庆达沟	316.15	泸定、茂县、雅江
	省级地质公园	乡城乡巴拉七湖省级地质公园	174.00	乡城
	省级湿地公园	莲宝叶则省级湿地公园	36.68	阿坝

续表

地区	属性	名称	面积/平方公里	具体分布
四川藏区	省级风景名胜区	卡龙沟—达古冰川、亚丁等，共计 10 处	8021.00	黑水、稻城等 8 县
	总计 73 处		71795.64	总计 27 个县(市)
云南藏区	国家级自然保护区	白马雪山	2816.40	德钦、维西
	世界文化自然遗产	云南三江并流保护区	17097.30	迪庆(部分)
	国家级风景名胜区	三江并流风景区	9650.10	香格里拉
	国家森林公园	飞来寺	34.31	德钦
	省级自然保护区	碧塔海、哈巴雪山、纳帕海	384.41	香格里拉
	城市饮用水水源保护区	龙潭、桑那水库	23.64	香格里拉
	总计 9 处		13908.86	总计 3 个县(市)
甘肃藏区	国家级自然保护区	甘肃洮河自然保护区	2877.59	卓尼等 4 县
	国家级森林公园	天祝三峡等，共计 6 处	3434.53	天祝、卓尼、迭部、舟曲等
	国家湿地级湿地公园	尕海—则岔国家自然保护区	2474.31	碌曲
	省级自然保护区	插岗梁等，共计 5 处	6631.49	舟曲、迭部、玛曲
	省级风景名胜区	天祝马牙雪山天池等，共计 3 处	—	天祝、碌曲、临潭
	省级森林公园	车巴森林公园等，共计 7 处	897.33	卓尼、临潭、天祝等 6 县
	省级地质公园	洮河大峡谷地质公园等，共计 5 处	—	卓尼、碌曲等 5 县
	省级湿地级湿地公园	黄河首曲省级自然保护区	375.00	玛曲
	总计 29 处		16690.25	总计 7 个县

注：①表中数据来源于全国及各地区主体功能区规划；②表中汇总的四省藏区禁止开发区域总面积，是除去了部分区域与文化自然遗产、自然保护区、地质公园、森林公园重叠的面积。

表 3-4　四省藏区限制开发区域面积汇总

区域	范围	人口 绝对数/万人	人口 限制开发区人口占总人口的比例/%	面积 绝对数/km²	面积 限制开发区面积占总面积的比例/%
四省藏区	77个县	401.46	73.60	615800	59.90
青海藏区	玉树州	40.05	6.93	197953.70	27.59
	果洛州	19.20	3.32	76442.38	10.56
	黄南州	14.20	2.45	13244.60	1.84
	海南州	3.55	3.55	17369.59	2.42
	海西州	6.01	1.04	300051.85	41.82
	海北州	26.98	4.67	28519.26	3.97
	总计：33个县(市)	109.99	3.66	408200.00	58.19
四川藏区	阿坝州	89.90	97.51	83015.00	98.57
	甘孜州	106.00	91.85	149600.00	97.78
	木里县	13.40	97.81	13223.00	99.78
	总计：32个县(市)	209.20	95.72	174000.00	69.46
云南藏区	迪庆州	40.00	40.00	24000.00	100.00
	总计：3个县(市)	40.00	100.00	10100.00	42.08
甘肃藏区	甘南州	42.17	57.76	33031.24	82.17
	天祝县	—	—	7100.00	99.31
	总计：9个县(市)	42.17	57.76	23400.00	45.00

注：①表中数据来源于全国及各地区主体功能区规划；②表中汇总的四省藏区限制开发区域总面积，是减去了禁止开发区域的面积；③其中人口数据来源于2010年人口普查数据。

3.1.6　经济社会发展

四省藏区区域发展水平和全国平均水平相比，还有一定差距(表3-5)。2015年，四省藏区全年GDP仅1609.16亿元(人均GDP为29499.89元，仅为全国平均水平的 58.00%），77 个县（市）平均 GDP 为 21.75 亿元，其中青海藏区格尔木市的 GDP 最高，为 285.24 亿元，GDP 最低为青海藏区玛多县 2.32 亿元。2015 年，四省藏区全年公共财政收入为 136.52 亿元，77 个县（市）平均公共财政收入为 1.87 亿元，其中格尔木市实现公共财政收入 20.95 亿元，排名第一，四川藏区壤塘县实现公共财政收入 0.2 亿元，排名最后。此外，2015 年全国共有 134 个县（市）公共财政收入低于 1 亿元，其中四省藏区有 37 个；2015 年四省藏区居民存款余额为 1016.73 亿元，77 个县（市）平均居民存款余额为 13.74 亿元，其中格尔木市居民存款余额为 107.73 亿元，位居第一；青海玛多县居民存款余额为 1.48 亿元，排名最后。

表 3-5　2015 年四省藏区经济发展基本情况

地区	GDP 总量/亿元	人均 GDP/元	公共财政收入总量/亿元	人均公共财政收入/元	居民存款余额/亿元	人均居民存款余额/元
四省藏区	1609.16	29499.89	136.52	2502.75	1016.73	18639.18
甘肃藏区	171.63	18254.63	11.79	1253.99	171.83	18275.90
青海藏区	772.85	38598.11	71.99	3595.37	375.39	18747.94
四川藏区	503.71	23512.58	42.72	1994.12	385.47	177993.28
云南藏区	160.97	43505.41	10.02	2708.11	84.03	22710.81

注：此表数据根据《中国县域统计年鉴 2016（县市卷）》整理得到。

总体来看，四省藏区经济发展存在两大差距。仅从 GDP、公共财政收入、居民存款余额来看：一方面，四省藏区与全国其他地区差距巨大，公共财政收入低于 1 亿元的 134 个县（市），四省藏区占了近 1/3；另一方面，四省藏区内部也存在巨大差距，2015 年 GDP 总量排名第一的县（市）是排名最后的县（市）的 122.95 倍，公共财政收入排名第一的县（市）是排名最后的县（市）的 104.75 倍，居民存款余额排名第一的县（市）是排名最后的县（市）的 72.8 倍。

3.2 四省藏区多维贫困概况

3.2.1 四省藏区整体贫困现状

1. 致贫原因异质性与贫困多维性交织

致贫的原因既涉及自然、社会方面，也涉及民族、宗教、历史、政治和体制等方面。四省藏区的致贫原因不是以单维度形态独立存在的，它是互为因果、相互交织、累积循环的。从自然环境看，四省藏区自然条件较为恶劣，灾害频发，交通偏远，处于不太适合人居住的高寒、干旱区域，生态环境较为脆弱；从社会发展看，四省藏区是从奴隶社会直接进入社会主义社会的"直过区"，社会发育程度低，另一方面，基础设施滞后、交通不便，导致资本、人才、技术难以引进，制约了经济发展；从民族宗教看，四省藏区藏民全民信教，农户收入往宗教转移，陷入贫困；从历史政治看，受地理偏远、交通不便、语言障碍等限制，农户与外界联系少，价值观念和生活方式受传统文化限制，对贫困产生不可忽视的长期影响，另一方面，历史政治原因造成的贫困不是短期内能消除的。四省藏区的贫困表现在自然、经济、社会、资本、教育等多方面，具有多维的特性，造成了四省藏区贫困成因的异质性与贫困表现的多维性相互交织，陷入贫困恶性循环（图3-1）。

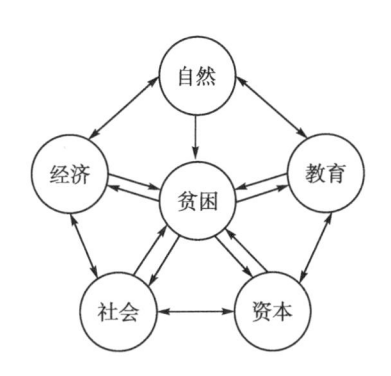

图 3-1　致贫因素多维性和交织性表现图

2. 贫困程度深，陷入脱贫"死库容"

四省藏区贫困人口多、贫困面积广且贫困发生率高，容易出现陷入深度贫困陷阱、脱贫"死库容"的现象。四省藏区农村贫困人口从 2011 年的 206 万人下降到 2015 年的 88 万人，下降幅度达到 57.28%，农村贫困发生率逐年下降，从 2011 年的 42.8%下降到 2015 年的 16.5%；从贫困人口减少数量来看，2012 年和 2013 年分别减少了 45 万人和 44 万人，但 2014 年和 2015 年仅分别减少了 14 万人和 15 万人，这也说明减贫速度有所下降，减贫难度有所增加。总体上减贫取得了一定成果，贫困人口总量大幅减少，但是深度贫困人口依旧是"硬骨头"。2015 年四省藏区与全国、全部集中连片特困地区相比较，人均可支配收入仅为全国与全部集中连片特困地区的 29.40%和 85.81%，经济贫困突出。同时，剩余的 88 万贫困人口是四省藏区脱贫攻坚工作中最穷、最难脱贫的"死库容"，他们若不能实现"两不愁、三保障"的标准，四省藏区扶贫工作就不算完成(表 3-6)。

表 3-6　2011~2015 年四省藏区贫困情况

	农村贫困人口/万人	贫困人口减少数量/万人	农村贫困发生率/%
2011 年	206	—	42.8
2012 年	161	45	38.6
2013 年	117	44	27.6
2014 年	103	14	24.2
2015 年	88	15	16.5

3. 贫困代际传递突出，慢性贫困严重

在贫困的家庭中，父母往往容易将贫困的条件和状态传递给子女，使后代重蹈前代覆辙，陷入一种恶性循环，这就是贫困的代际传递。在一般地区，贫困大多是暂时性和阶段性的，通过常规扶贫政策就能缓解，但在四省藏区，贫困具有很强的持续性、代际性和传递性，这也是四省藏区贫困程度深的原因之一。父辈对贫困认同、屈从的价值观和态度，

对教育的不重视，家庭内部资本、资金、技术的缺失，社会外部环境恶劣等一系列因素都将传递给下一代，成为制约发展的瓶颈，导致子辈陷入贫困，出现代际传递。

四省藏区中慢性贫困问题日趋严重，特殊贫困现象凸显，大大增加了稳定脱贫的难度。慢性贫困是指个体经历五年及以上的能力剥夺，处于贫困的状态较为长久。如若原生家庭处于贫困状态，那后辈家庭会有很大概率陷入慢性贫困，如若原生家庭并非贫困家庭，那即使后辈家庭陷入贫困，也往往是暂时的。因此，慢性贫困具有代际传递效应，而四省藏区许多贫困户属于慢性贫困家庭，未来稳定脱贫难度大，增加了四省藏区贫困深度。

3.2.2 与全国集中连片特困地区对比分析

全国集中连片特困地区贫困人口较为集中，大多自然环境恶劣、基础条件落后、扶贫难度较大，2015年片区内贫困发生率比全国平均水平高出8.2个百分点，是全国扶贫的重点和难点。

同时，四省藏区有着众多的特殊性，集藏族聚居地、生态环境恶劣、地理上处西南边疆、属于农牧民区等特点于一体，在政治上有敏感性、经济上有落后性、社会上有复杂性、生态上有脆弱性，总体来看，经济发展水平低、贫困面大且程度深。四省藏区区域内生态脆弱与贫困问题高度耦合，具有一般经济增长不能带动、普通扶贫手段不易起效、扶贫开发时期长的特点。通过四省藏区和全国连片特困地区多维贫困的对比分析，发现四省藏区存在贫困程度深、经济贫困突出、信息贫困严重、生活水平低下、医疗教育水平落后且差距较大等问题。

1. 贫困面广人多，贫困程度深

2015年，四省藏区拥有贫困人口88万人，占全部连片特困地区总人口的3.06%，较上一年减少贫困人口15万人，下降幅度为14.6%，低于全国片区下降幅度3.7个百分点，从数据上看，减贫成效远远落后于其他连片特困地区，尤其是罗霄山区、秦巴山区、西藏区、大兴安岭南

麓山区和武陵山区,其贫困人口下降幅度均超过20%,减贫成果显著。四省藏区贫困发生率达16.5%,位列第三,仅次于西藏区的18.6%和乌蒙山区18.5%,高于全国片区2.6个百分点,但是四省藏区贫困发生率较2014年下降了7.7个百分点,是全国片区中下降比例最高的,这说明四省藏区总体贫困面积较广,贫困程度依旧很深(表3-7)。

表3-7 2015年全国连片特困地区贫困深度情况

片区名称	贫困人口 数量/万人	下降/万人	下降幅度/%	贫困发生率 水平/%	较2014年下降百分点/个
四省藏区	88	15	14.6	16.5	7.7
六盘山区	280	69	19.8	16.2	3.0
秦巴山区	346	98	22.1	12.3	4.1
武陵山区	379	96	20.2	12.9	4.0
乌蒙山区	373	69	15.6	18.5	3.0
滇黔贵石漠化区	398	90	18.4	15.1	3.4
滇西边境山区	192	48	20.0	15.5	3.6
大兴安岭南麓山区	59	15	20.3	11.1	2.9
燕山—太行山区	122	28	18.7	13.5	3.3
吕梁山区	57	10	14.9	16.4	3.1
大别山区	341	51	13.0	10.4	1.6
罗霄山区	102	32	23.9	10.4	3.9
西藏区	48	13	21.3	18.6	5.1
南疆三地州	90	9	9.1	15.7	3.1
全国片区	2875	643	18.3	13.9	3.2

2. 经济贫困突出,与其他连片特困地区经济发展比较差距大

从收入来看,四省藏区人均可支配收入为6457元,仅高于六盘山区的6371元和吕梁山区的6317元,同时与全国片区人均可支配收入相差1068元,名义增速为12.8%,高于全国片区的11.9%;从消费来看,四省藏区人均消费支出为5437元,仅高于南疆三地州,人均消费支出的名义增速为 8.5%，与其他连片特困地区相差甚远。总的来看，四省藏区人民收入水平提高较快，但消费能力依旧较低，由于经济发展基础条件差、底子薄，与其他连片特困地区差距仍比较大，经济贫困突出(表 3-8)。

表 3-8　2015 年全国连片特困地区经济发展情况

片区名称	可支配收入 人均/元	可支配收入 名义增速/%	消费支出 人均/元	消费支出 名义增速/%
四省藏区	6457	12.8	5437	8.5
六盘山区	6371	13.4	5875	9.6
秦巴山区	7967	12.9	7057	13.3
武陵山区	7579	12.4	6994	10.1
乌蒙山区	6992	14.4	6077	14.7
滇黔贵石漠化区	7485	12.7	6508	12.4
滇西边境山区	6943	7.3	5848	14.0
大兴安岭南麓山区	7484	10.0	6373	7.0
燕山—太行山区	7164	14.4	6538	5.8
吕梁山区	6317	13.0	5800	9.1
大别山区	9029	9.6	7631	12.2
罗霄山区	7700	13.6	6909	12.5
西藏区	8244	12.0	5580	15.7
南疆三地州	7053	10.2	5207	3.5
全国片区	7525	11.9	6573	11.4

3. 信息贫困严重，基础设施亟待改善

2015 年，四省藏区通电的自然村比例为 90.7%，是 14 个片区中最低的且远远低于全国片区的 99.7%，通电话的自然村比例和通宽带的自然村比例分别为 90.9%和 25.5%，仅高于西藏区，而滇西边境山区的电话实现了全覆盖，大兴安岭南麓山区的通宽带自然村比例达到了 82.4%，四省藏区用电难、电话普及率不高、网络覆盖面不广的问题十分突出。

在交通方面，四省藏区主干道路经过硬化处理的自然村比例为61.4%，低于全国片区比例10.3个百分点，通客运班车的自然村比例为43.5%，是所有连片特困地区中比例较低的，交通建设水平较差，居民出行难。整体来看，四省藏区信息设备滞后，基础设施建设水平较低，减少了信息传播渠道，减缓了信息传递速度，信息处理加工手段落后，存在严重的信息贫困问题(表3-9)。

表3-9 2015年全国连片特困地区基础设施情况(%)

片区名称	通电的自然村比例	通电话的自然村比例	通宽带的自然村比例	主干道路经过硬化处理的自然村比例	通客运班车的自然村比例
四省藏区	90.7	90.9	25.5	61.4	43.5
六盘山区	99.6	99.5	52.6	77.2	70.7
秦巴山区	99.6	98.8	55.4	74.1	49.0
武陵山区	100.0	96.5	50.1	71.7	50.1
乌蒙山区	99.2	95.9	31.1	57.0	48.0
滇黔贵石漠化区	99.9	95.2	34.4	67.7	42.7
滇西边境山区	99.9	100.0	41.3	61.9	39.5
大兴安岭南麓山区	99.3	99.2	82.4	85.4	72.8
燕山—太行山区	100.0	99.3	69.8	79.4	65.7
吕梁山区	100.0	96.8	53.4	86.3	64.4
大别山区	100.0	99.5	78.8	80.3	38.1
罗霄山区	99.9	98.3	73.7	78.9	54.6
西藏区	92.1	89.5	8.5	57.7	29.1
南疆三地州	99.9	99.9	50.1	88.1	88.9
全国片区	99.7	97.7	53.2	71.7	47.5

4. 生活水平低下，农户基本生活标准有待提高

在住房条件方面，四省藏区仍有9.5%的农户居住在竹草土坯房中，高于全国片区的6.1%，居住环境没有得到安全保障；在用电方面，仍有8%的农户不能使用照明电，除西藏区外，其余12个片区基本实现全覆盖，农户全部使用照明电；在饮水方面，76.9%的农户饮水无困难，仅高于西藏区的65.8%和乌蒙山区的76.2%，低于全国片区7.1个百分点，

农户饮水问题依旧严峻；在厕所使用方面，78.4%的农户使用了独用厕所，占比相对较低，绝大部分连片特困地区使用独用厕所农户比例都超过了89.0%，四省藏区农户的卫生设施有待改善；在做饭燃料方面，有50.6%的农户在使用柴草，较其他连片特困地区占比相对较低，也低于全国片区比例。从五组生活标准数据来看，四省藏区农户生活水平整体质量不高，部分农户基本生活得不到保障(表3-10)。

表3-10 2015年全国连片特困地区生活标准情况(%)

片区名称	居住竹草土坯房的农户比例	使用照明电农户比例	饮水无困难的农户比例	独用厕所的农户比例	炊用柴草的农户比例
四省藏区	9.5	92.0	76.9	78.4	50.6
六盘山区	9.9	99.9	81.4	98.9	40.2
秦巴山区	11.6	99.9	80.6	97.5	68.5
武陵山区	2.6	99.9	84.6	97.6	58.5
乌蒙山区	6.2	99.9	76.2	89.7	28.4
滇黔贵石漠化区	1.7	99.9	82.7	92.7	49.4
滇西边境山区	4.7	99.9	75.5	73.7	65.3
大兴安岭南麓山区	17.5	99.9	91.1	98.9	96.8
燕山—太行山区	12.0	99.9	91.2	98.6	46.6
吕梁山区	3.5	99.9	78.1	89.1	25.6
大别山区	1.3	99.9	94.7	94.0	64.6
罗霄山区	2.8	99.9	94.5	89.0	57.6
西藏区	2.5	93.8	65.8	71.5	64.9
南疆三地州	15.1	99.8	85.4	97.7	63.1
全国片区	6.1	99.8	84.0	93.0	55.5

5. 医疗保障不足且差距较大，教育水平亟待提高

从医疗硬件来看，除四省藏区和西藏区外，其余连片特困地区有卫生站(室)的行政村比例均达到了80.0%以上，而四省藏区为78.0%，西藏区为69.6%；从医疗人员来看，四省藏区拥有合法行医证医生/卫生员的行政村比例为76.5%，远远低于全国片区的90.8%，和最高的大别山区相差了22.7个百分点；四省藏区在医疗方面，整体水平落后且与其

他连片特困地区差距较大。从学前教育来看，四省藏区有幼儿园或学前班的行政村比例位于全部连片特困地区末位，仅有30.5%，低于全国片区 26.6 个百分点；从小学教育来看，四省藏区有小学且就学便利的行政村比例为35.4%，也落后于全国片区水平和其他连片特困地区；四省藏区的教育面临的问题十分突出，硬件设施滞后，覆盖范围小，整体资源薄弱(表3-11)。

表3-11 2015年全国连片特困地区医疗教育情况(%)

片区名称	有卫生站(室)的行政村比例	拥有合法行医证医生/卫生员的行政村比例	有幼儿园或学前班的行政村比例	有小学且就学便利的行政村比例
四省藏区	78.0	76.5	30.5	35.4
六盘山区	96.1	92.5	51.4	74.4
秦巴山区	96.3	90.0	52.7	55.0
武陵山区	91.5	88.7	45.8	50.7
乌蒙山区	93.7	89.4	58.7	74.5
滇黔贵石漠化区	97.6	87.7	69.7	78.8
滇西边境山区	98.2	96.4	63.1	78.4
大兴安岭南麓山区	89.5	96.0	38.3	41.4
燕山—太行山区	97.6	96.6	62.2	45.2
吕梁山区	92.3	77.1	37.7	39.5
大别山区	99.0	99.2	70.8	77.8
罗霄山区	97.1	94.8	74.4	82.1
西藏区	69.6	73.1	38.3	27.9
南疆三地州	83.4	68.2	78.5	79.8
全国片区	95.5	90.8	57.1	66.2

3.3 四省藏区多维贫困分省对比分析

自然资源的稀缺性、生态环境的脆弱性、民族文化的独特性、致贫原因的异质性和贫困程度的深沉性是四省藏区特殊于其他贫困地区的主要原因。四省藏区在贫困深度和人口、经济发展、收入、医疗教育、基础设施与社会保障等贫困维度方面表现出差异性，对四省藏区多维贫困进行分省对比分析，能更直观、有效地凸显四大藏区各自薄弱的贫困维度，利于提高四省藏区贫困治理的针对性。具体对比分析如下。

(1)云南藏区贫困规模大，藏族人口就业问题突出。从贫困程度来看，2015年云南藏区贫困发生率最高，达到30.81%，其次为青海藏区(17.28%)、甘肃藏区(15.36%)和四川藏区(13.86%)，四省藏区各省贫困发生率整体都高，但是云南藏区贫困程度尤其深，且和其他藏区差距大。在人口密度方面，四大藏区人口均属于低密度区，最高的甘肃藏区每平方公里拥有19.03人，其次为云南藏区、四川藏区和青海藏区，其中青海藏区每平方公里仅有2.60人，与最高者相差较大；从人口自然增长率来看，2015年青海藏区达到了9.87‰，位于四大藏区之首，最低的为云南藏区，仅为4.52‰，且低于2015年全国人口自然增长率的4.96‰；从藏族人口比例来看，四川藏区藏族人口占比高达76.05%，云南藏区仅为35.90%，这主要是因为云南藏区由多民族组成，少数民族种类多达25个。相较而言，云南藏区贫困深度尤其值得重视，缓解贫困状况，高比例藏族人口的青海藏区、四川藏区、甘肃藏区，以及多民族的云南藏区，要合理调节少数民族劳动力的转移和配置，重视其就业问题，以实现稳定脱贫(表3-12)。

表3-12　2015年四大藏区贫困发生率和人口情况

	青海藏区	四川藏区	云南藏区	甘肃藏区
贫困发生率/%	17.28	13.86	30.81	15.36
人口密度/(人/平方公里)	2.60	8.90	17.60	19.03
人口自然增长率/‰	9.87	6.32	4.52	7.66
藏族人口比例/%	49.19	76.05	35.90	51.57

(2)各省藏区经济水平差距大，甘肃藏区整体实力较弱。在人均地区生产总值方面，青海藏区以41663元位列四大藏区之首，从高到低，依次为云南藏区39495元，四川藏区22698元和甘肃藏区19435元，其中甘肃藏区最低且其人均地区生产总值相当于青海藏区的46.65%，四省藏区各省差距较大。财政自给率能够反映一个城市是否健康发展，四

大藏区财政自给率只有青海藏区超过了 20.00%，为 20.74%，甘肃藏区财政自给率仅为 7.36%，四川和云南藏区也徘徊在 10% 左右，从数据来看，四大藏区自我供给和发展能力较差，其中青海藏区情况相对较好。在城镇化率方面，青海、云南、甘肃藏区水平相差不大，都在 29.00% 左右，四川藏区稍低，仅为 20.81%，四省藏区整体城镇化质量不高，且城镇化率均未超过 2015 年全国城镇化率水平(56.10%)（表 3-13）。

表 3-13　2015 年四大藏区经济发展情况

	青海藏区	四川藏区	云南藏区	甘肃藏区
人均地区生产总值/元	41663	22698	39495	19435
财政自给率/%	20.74	12.33	14.06	7.36
城镇化率/%	28.12	20.81	29.44	29.12

（3）云南藏区城乡贫富差距大，四川、青海藏区居民整体收入水平较好。云南藏区收入水平最高，但城乡收入差距较大，达到了 4.18∶1；甘肃藏区的居民收入水平还比较低，其农村居民人均可支配收入仅为 5927 元，远远落后于其他藏区；从人均居民储蓄存款余额来看，云南和甘肃藏区人均居民储蓄存款余额较高，分别达到了 20596 元和 20734 元，青海藏区仅为 8474 元，四川藏区为 17301 元。整体来看，储蓄仍是藏区较为主流的理财选择，云南和甘肃藏区居民城乡贫富差距较大且偏好储蓄，四川和青海藏区居民整体收入水平较好（表 3-14）。

表 3-14　2015 年四省藏区收入情况

	青海藏区	四川藏区	云南藏区	甘肃藏区
城镇居民人均可支配收入/元	25092	25268	27097	19598
农村居民人均可支配收入/元	7913	8899	6487	5927
城乡居民收入比	3.17∶1	2.84∶1	4.18∶1	3.31∶1
人均居民储蓄存款余额/元	8474	17301	20596	20734

（4）青海、云南藏区医疗发展不均衡，青海藏区师资力量较为薄弱。从医疗设施来看，仅青海藏区每千人医疗卫生床位数超过 5 张，其次为

四川藏区 4.41 张、甘肃藏区 4.36 张、云南藏区 3.16 张；从医疗人员配备来看，云南藏区每千人拥有卫生技术人员 6.06 人，位于首位，其次为甘肃藏区拥有 5.29 人，四川藏区拥有 5.26 人，青海藏区最低，每千人拥有卫生技术人员仅 3.57 人，远远落后于其他三个藏区。医疗设备和卫生人员的两个指标数据反映出青海藏区和云南藏区医疗卫生事业的发展不太均衡，相较而言，四川藏区和甘肃藏区卫生建设水平相对较高，硬件设施和人员配备较为齐全。在教育方面，四大藏区小学学龄儿童净入学率均超过了 99.00%，说明藏区意识到教育对消除贫困的重要性，要避免代际传递问题的泛滥，就要重视基础教育，尤其是甘肃藏区，小学学龄儿童净入学率达到了 100.00%；从师资力量来看，青海藏区小学生师比和普通中学生师比均位于各省首位，分别为 16.43 和 13.79，而四川藏区和云南藏区小学生师比相对较低，分别为 11.75 和 11.83，普通中学生师比最低的为甘肃藏区，每一名老师拥有 11.16 名学生。总的来看，青海藏区在小学和普通中学教育方面师资力量都较为薄弱，有待改善，而云南藏区和甘肃藏区分别在普通中学和小学师资力量方面相对较差，四川藏区在教育方面整体情况较好(表 3-15)。

表 3-15 2015 年四省藏区医疗教育情况

	青海藏区	四川藏区	云南藏区	甘肃藏区
每千人医疗卫生床位数/张	5.79	4.41	3.16	4.36
每千人卫生技术人员/人	3.57	5.26	6.06	5.29
小学学龄儿童净入学率/%	99.18	99.44	99.66	100.00
小学生师比	16.43	11.75	11.83	13.27
普通中学生师比	13.79	12.49	13.63	11.16

(5)四川、青海藏区广播电视公共服务水平亟待改善，青海藏区公路建设有待提高。相比较而言，四川藏区广播人口综合覆盖率最低，仅为 93.88%，与其他三个藏区差距较大，四川藏区和青海藏区的电视人口综合覆盖率都在 96.00%左右，较云南藏区和甘肃藏区低 2 个百分点，从数据来看，四川藏区和青海藏区广播电视公共服务水平相对较差，有待提高，云南藏区和甘肃藏区广播电视人口覆盖较为全面，整体服务水

平高。公路密度是区域公路发展水平的重要标志，云南藏区公路密度最大，达到 25.88 公里/百平方公里，最低的是青海藏区，公路密度为 7.71 公里/百平方公里，相当于云南藏区的 29.79%，四省藏区之间公路发展水平差距大，云南藏区、甘肃藏区公路覆盖面相对较广，便于出行，利于发展，青海藏区交通便利程度相对较差，在一定层面上制约了藏区的发展(表 3-16)。

表 3-16　2015 年四省藏区基础设施情况

	青海藏区	四川藏区	云南藏区	甘肃藏区
广播人口综合覆盖率/%	97.18	93.88	97.67	98.01
电视人口综合覆盖率/%	96.21	96.55	98.62	98.47
公路密度/(公里/百平方公里)	7.71	19.03	25.88	22.37

(6)青海藏区新型农村合作医疗保险参合率相对较低，甘肃、云南藏区社会容纳力有待提升。在社会保障方面，云南藏区在新型农村合作医疗保险方面尤其突出，参合率达到 100.00%，实现全覆盖，四川藏区和甘肃藏区新型农村合作医疗保险参合率也均超过了 99.00%，而青海藏区仅为 98.84%，位于四省藏区之末；从社会福利收养性单位的硬件设施来看，四川藏区条件较好，每个社会福利收养单位平均有 79 张床位，其余三大藏区社会福利收养性单位平均床位数维持在 40 张左右；从每万人拥有社会福利收养性单位数量来看，每万人拥有社会福利收养性单位数量最多的是青海藏区，为 0.80 个，然后依次为四川藏区 0.53 个、甘肃藏区 0.31 个和云南藏区 0.15 个。综合来看，云南藏区在新农合方面的工作成果值得其他藏区学习，甘肃藏区和云南藏区社会福利收养性单位相关数据差强人意，社会容纳能力有待提升(表 3-17)。

表 3-17　2015 年四省藏区社会保障情况

	青海藏区	四川藏区	云南藏区	甘肃藏区
新型农村合作医疗保险参合率/%	98.84	99.18	100.00	99.05
社会福利收养性单位平均床位数/张	40	79	42	44
每万人拥有社会福利收养性单位数/个	0.80	0.53	0.15	0.31

第4章 四省藏区农牧户多维贫困测度

解决藏区贫困问题，首先应清晰、准确认识藏区多维贫困的基本态势。农牧户家庭是构成藏区社会生活最基本的单位，藏区人口的生活和家庭紧密相关，因此本章从家庭特征出发，以微观视角和多维贫困测量理论为指导，在实证研究中选择四省藏区的农牧户及其生产生活状况为研究对象，通过设计多维贫困指标体系，以问卷调查的资料为基础，对区域内农牧户在健康、教育、生活水平等多个维度的现状进行测度，研判贫困治理对象的多维贫困态势。

4.1 农牧户多维贫困测度方法

本书在梳理既往学者多维贫困测度方法的基础上，结合调查区域实际情况，设计适用于四省藏区的多维贫困指标体系，利用实地调查数据，运用 A-F 法对藏区农牧户的多维贫困状况进行测量，并据此获得相关研究结果。

4.1.1 多维贫困指标选取与定义

目前，国际学术界对贫困表现多元性的特质已逐渐形成了共识(UNDP，1997)。社会学家和人类学家最早关注贫困的多元性特征。例如，Morris(1979)较早提出了具有多维贫困思想的物质生活质量指数，Hagenaars(1987)从收入和闲暇两个维度测度了贫困。但是，真正让多维贫困受到人们高度关注和重视的，则当属阿马蒂亚·森(Sen，1985，1999)将可行能力纳入贫困分析框架中的开拓性研究。基于阿马蒂亚·森等的贫困思想，联合国开发计划署于 1990 年建立了人类发展指数(human development index，HDI)，进而开发出人类贫困指数

(human poverty index，HPI)(UNDP，1997)。UNDP 于 2010 年通过对 HDI 进一步的扩展，得出著名的多维贫困指数(multidimensional poverty index，MPI)。MPI 将指标增加到健康、教育、生活水平 3 个维度 10 个指标，其 10 个具体的指标包括：营养状况、儿童死亡率、儿童入学率、受教育程度、饮用水、电、日常生活用燃料、室内空间面积、环境卫生和耐用消费品。

随着贫困研究的逐步深入，中国贫困治理工作也日渐深入。过去仅由"收入"这一单一指标判定贫困人口脱贫与否的测度体系已经得到显著改善。在以精准扶贫战略为指导的新一轮脱贫攻坚工作中，贫困群体的识别、脱贫状态评估等工作中均已融入多维贫困的理念，涵盖了包括收入、健康、教育、生活水平等方面的多个指标。例如，以四川省脱贫攻坚工作为例，评估贫困家庭是否达到脱贫状态的核心指标包含：①家庭人均纯收入，即对家庭经济水平的考察；②是否吃穿不愁，即对健康以及家庭基本生活水平的考察；③是否有住房安全保障，即对家庭生活硬件设施的考察；④是否有安全饮用水、安全用电，即对家庭生活水平的考察；⑤是否有医疗保障，即对健康维度的考察；⑥是否有教育保障，即对教育维度的考察。

结合我国新一轮脱贫攻坚工作的现实情况及藏区贫困户的统计数据，本书对 MPI 测算指标进行了适当调整，选择了衡量藏区农牧户贫困程度的 3 个维度 12 个指标(表 4-1)。由于目前国际上对 MPI 测算指标的权重确定尚无统一的标准和方法，本书采用指标等权重法进行测量，为客观反映藏区农牧户的贫困状况、程度、致贫原因等提供判断标准。

表 4-1　多维贫困测量指标体系

序号	维度	指标	剥夺临界判断与赋值
1	健康	自我健康评价(x_1)	自我评价"不好"为 1；自我评价"好"或"一般"为 0
2		劳动能力(x_2)	部分丧失劳动能力、完全丧失劳动能力或无劳动能力为 1；技能劳动力或普通劳动力为 0

续表

序号	维度	指标	剥夺临界判断与赋值
3	教育	家庭成年成员平均受教育年限(x_3)	家庭成年成员平均受教育年限小于9年为1；家庭成年成员平均受教育年限大于或等于9年为0
4		适龄儿童辍学情况(x_4)	家庭有适龄辍学儿童为1；否则为0
5	生活水平	人均住房面积(x_5)	人均住房面积小于25平方米为1；人均住房面积大于或等于25平方米为0
6		住房是否为危房(x_6)	是为1；否则为0
7		家庭厕所类型(x_7)	无厕所或旱厕为1；水冲式厕所为0
8		是否人畜混居(x_8)	是为1；否则为0
9		家庭饮用水来源(x_9)	自来水或井深5米以上的井水为0；否则为1
10		家庭通电情况(x_{10})	常年通电为0；否则为1
11		家庭燃料情况(x_{11})	全年做饭燃料充足为0；否则为1
12		家庭耐用消费品数量(x_{12})	家庭耐用消费品数量小于3个为1；否则为0

4.1.2 多维贫困测度方法

目前常用的多维贫困测量方法主要有 A-F 指数、Watt 指数[①]、HDI、HPI 等。在各种测量指数中，Watt 指数具有贫困维度的可分解性、弱转移敏感性等优点，对于测量以收入为主要维度的多维贫困，Watt 指数是很理想的选择。HDI 虽具有简便性，但包含维度较少，不能综合反映客观现实。HPI 赋予了从不同维度关注贫困的可能性，但是该指数构筑的三个指标在数据搜集方面存在较大难度。

阿马蒂亚·森提出多维贫困理论后，面临的最大挑战是如何对多维贫困进行测量。于是，2007 年 5 月由阿马蒂亚·森发起，在牛津大学国际发展系创立了牛津贫困与人类发展中心(OPHI)。中心主任 Alkire 建立了研究团队，并致力于多维贫困的测量。Alkire(2007)认为，与能力方法相关的多维贫困测量能够提供更加准确的信息，便于识别人们的能力剥夺(Alkire，2007)。随后，Alkire 等(2008)发表了《计数和多维

---

① Watt 指数是指由经济学家 Watt 所构造的衡量贫困程度的指数。

贫困测量》工作论文,提出了多维贫困的识别、加总和分解方法。

阿马蒂亚·森把发展看作是深化人们享受实质自由的过程,包括免受困苦(诸如饥饿、营养不良等)的基本可行能力(Alkire et al., 2008)。人们因基本可行能力被剥夺而陷入贫困。基于此,多维贫困测算就是要识别出贫困个体被剥夺的维度,从而测算出贫困个体多维贫困状况,即多维贫困发生率(H);贫困深度指标,即平均剥夺份额(A)和贫困人口多维贫困指数(MPI)。

多维贫困状况的测量基于贫困识别和构建测量方法两个步骤。Alkire 等在能力化的多维贫困测度基础上,构建了"双临界值"识别和测量方法,即 A-F 多维贫困测量方法。该方法主要包括对贫困的识别、加总和分解三个步骤。具体计算方法如下。

(1) 构建多维贫困指标体系,并将数据输入对应的数据矩阵中。设计贫困户数据矩阵 $Y \in (X_{ij})_{n \times m}$,其中,$n$ 是贫困户样本数量;m 是测量指标数量。

(2) 依据指标临界值和矩阵 $Y \in (X_{ij})_{n \times m}$,计算剥夺矩阵 $[g_{ij}]$。依据定义,剥夺矩阵 $[g_{ij}]$ 表示贫困户被剥夺情况的矩阵;如果贫困户在某指标 j 下处于被剥夺状态,则在剥夺矩阵 $[g_{ij}]$ 中给指标赋值为 1;否则,赋值为 0。

(3) 在剥夺矩阵中根据临界值 k 确定多维贫困个体,并将非贫困个体的剥夺值进行归零化处理。将归零后的剥夺矩阵称为已删减矩阵,$g^0(k)_{n \times m}$ 表示多维贫困个体指标的剥夺情况。其中,k 表示临界值。

(4) 根据 $g^0(k)_{n \times m}$ 的贫困个体剥夺信息进行贫困加总,计算出 A、H 和 MPI,运用 A、H 和 MPI 分析研究区域多维贫困情况。

A-F 多维贫困测算变量指标解释如表 4-2 所示。

表 4-2 A-F 多维贫困测算变量指标解释

变量名	解释
数据矩阵 Y	数据矩阵 $Y \in (X_{ij})_{n \times m}$ 表示农户个体指标信息的集合,n 是样本数量;m 是测量指标数量,即维度总数;X_{ij} 表示个体 i 在维度 j 上的取值

续表

变量名	解释
剥夺临界值 Z_j	剥夺临界值 $Z_j(1 \times m)$ 是测定各指标是否被剥夺的阈值，Z_j 表示 j 指标的剥夺临界值
剥夺矩阵 $g^0_{n \times m}=[g_{ij}]$	剥夺矩阵 $g^0_{n \times m}=[g_{ij}]$ 是用来存储个体被剥夺的情况，如果 $X_{ij} < Z_j$，则 i 在指标 j 上贫困，记 $g^0_{ij}=1$；如果 $X_{ij} \geq Z_j$，则 i 在指标 j 上不贫困，记 $g^0_{ij}=0$
贫困临界值 k	贫困临界值 k 表示贫困个体的维度数。其中，$0 \leq k \leq m$，多维贫困测算一般取值为 $0 \sim m$
已删减矩阵 $g^0(k)_{n \times m}$	已删减矩阵 $g^0(k)_{n \times m}$ 是用来存储贫困个体被剥夺的情况。与剥夺矩阵的区别在于已删减矩阵对剥夺矩阵中非贫困个体被剥夺的指标进行了归零处理
多维贫困发生率 H	$H = \dfrac{q}{n}$，其中，q 表示多维贫困人口，n 表示研究区总人口
平均剥夺份额 A	$A_k = \dfrac{\sum_{i=1}^{n} C_i(k)}{q(k) \times m}$，其中，$C_i(k)$ 表示在贫困临界值为 k 的情况下个体 i 被剥夺的指标数量，$q(k)$ 表示多维贫困人口，m 是测量指标数量
多维贫困指数 MPI(M_0)	$M(k) = U[g(k)] = H \times A = \left(\sum_{i=1}^{n}\sum_{j=1}^{m} w_j g_{ij}\right)/(nm)$，表示一个地方贫困状况的综合指标，$w_j$ 表示指标权重
指标贡献度 β_j	$\beta_j = \dfrac{\sum_{i=1}^{n} w_j g_{ij} w_i /(nm)}{M(k)} = \dfrac{\sum_{i=1}^{n} w_j g_{ij} w_i /(nm)}{\left(\sum_{i=1}^{n}\sum_{j=1}^{m} w_j g_{ij}\right)/(nm)}$，其中，$w_j$ 表示 j 指标的权重

A-F 多维贫困测量方法更有利于我们进行贫困识别、加总以及分解。首先，A-F 方法明确易懂，对贫困的识别和加总方法更加简单化、具体化。其次，A-F 多维贫困指数维度指标选择比较灵活，对权重的选择并不敏感，具有良好稳健性。最后，它可以测出不同维度或指标的贫困，可以根据地区、性质等进行分解，帮助我们了解贫困的多元化，从而提供有效的反贫困策略。但是，由于识别函数不能被维度分解，而维度分解只有在贫困识别以后才适用，是 A-F 方法的根本特征，产生的根源则是"双重识别"下的多维贫困概念对剥夺的联合分布较为敏感。

4.2 多维贫困测度

4.2.1 样本描述

数据来源于课题组 2015～2016 年的实地调查,该数据来源情况已在本书第 1 章做了介绍,在此不再赘述。通过课题数据得到样本的基本特征如表 4-3 所示。从表 4-3 可看出,家庭成员受教育年限平均不到 5 年,水平偏低。家庭住房是否为危房均值仅为 0.12,表明住房存在安全隐患的家庭较少。家庭厕所类型均值为 0.91,表明绝大部分家庭的厕所为旱厕或无厕所。家庭饮水、通电、燃料情况的均值显示,有相当一部分家庭在以上能源使用方面存在不足。家庭耐用消费品数量均值仅为 0.04,表明耐用消费口缺乏的家庭较少。

表 4-3 样本基本特征

项目	极小值	极大值	均值	标准差
家庭人口数/人	1	10	4.10	1.61
家庭成年成员平均受教育年限/年	0	15	4.83	3.19
家庭成员健康情况(好为 1;一般为 2;不好为 3)	1	3	1.66	0.81
劳动能力(普通劳动力为 1;技能劳动力为 2;部分丧失劳动力为 3;完全丧失劳动能力为 4;无劳动能力为 5)	1	5	2.48	0.90
人均住房面积/平方米	5	300	39.41	32.48
住房是否危房(是为 1;否为 0)	0	1	0.12	0.32
家庭厕所类型(无厕所或旱厕为 1;水冲式厕所为 0)	0	1	0.91	0.29
是否人畜混居(是为 1;否为 0)	0	1	0.25	0.43
家庭饮用水来源(自来水或井深 5 米以上的井水为 0;否则为 1)	0	1	0.32	0.47
家庭通电情况(常年通电为 1;间隔通电为 2;没有通电为 3)	1	3	1.08	0.31
家庭燃料情况(全年做饭燃料充足为 0;否则为 1)	0	1	0.33	0.47
家庭耐用消费品数量(小于 3 个为 1;否则为 0)	0	1	0.04	0.19

4.2.2 单维贫困测量

根据剥夺临界判断标准，计算出各维度单维贫困发生率(表4-4)。由表4-4可知，贫困发生率最高的维度指标为"家庭成年成员平均受教育年限(x_3)"，达到91.0%；其次为"家庭厕所类型(x_7)"(90.5%)；第三为"劳动能力(x_2)"，贫困发生率为48.8%。排序第4~7的指标依次为"人均住房面积(x_5)"，贫困发生率为34.3%；"家庭燃料情况(x_{11})"，贫困发生率为33.3%；"家庭饮用水来源(x_9)"，贫困发生率为32.2%；"是否人畜混居(x_8)"，贫困发生率为25.0%。由此可见，调查区域的农牧户住房、饮水、做饭、取暖等日常生活条件存在明显不足，以上维度的贫困发生率均高于25.0%，即至少有1/4的农牧户在以上指标中仍处于贫困状态。贫困发生率在10.0%以下的指标有"适龄儿童辍学情况(x_4)"(8.6%)、"家庭通电情况(x_{10})"(7.3%)和"家庭耐用消费品数量(x_{12})"(3.8%)，表明这三个指标在农牧户中的贫困发生率较低，即这三个指标在农牧户日常生活中具有较高的可及性。

表4-4 单维贫困发生率

维度	指标	贫困发生率/%	排序
健康	自我健康评价(x_1)	21.8	8
	劳动能力(x_2)	48.8	3
教育	家庭成年成员平均受教育年限(x_3)	91.0	1
	适龄儿童辍学情况(x_4)	8.6	10
生活水平	人均住房面积(x_5)	34.3	4
	住房是否危房(x_6)	11.8	9
	家庭厕所类型(x_7)	90.5	2
	是否人畜混居(x_8)	25.0	7
	家庭饮用水来源(x_9)	32.2	6
	家庭通电情况(x_{10})	7.3	11
	家庭燃料情况(x_{11})	33.3	5
	家庭耐用消费品数量(x_{12})	3.8	12

4.2.3 多维贫困测量

不同剥夺临界值下的多维贫困发生率(H)表示贫困农牧户在某一个指标下的贫困范围，即多维贫困户数在全部样本户数中的比例。MPI则表示多维贫困指数，MPI越大说明越贫困（表4-5）。

表 4-5 多维贫困测量结果(%)

k	贫困发生率(H)	平均被剥夺份额(A)	多维贫困指数(MPI)
1	98.75	34.50	34.06
2	96.96	34.98	33.91
3	88.01	36.84	32.42
4	62.61	26.07	26.07
5	35.96	17.19	17.19
6	16.64	9.14	9.14
7	7.33	61.18	4.49
8	2.15	68.06	1.46
9	0.36	75.00	0.27
10	0.00	—	—
11	0.00	—	—
12	0.00	—	—

由表4-5可知，当$k=1$时，农牧户贫困发生率为98.75%（即98.75%的农牧户在12个指标中的任意一个指标上存在剥夺），平均被剥夺份额为34.50%，多维贫困指数为34.06%。当$k=2$时，农牧户贫困发生率仍高达96.96%，平均被剥夺份额为34.98%，多维贫困指数为33.91%。当$k=3$时，农牧户贫困发生率为88.01%，平均被剥夺份额为36.84%，多维贫困指数为32.42%。当$k=4$时，农牧户贫困发生率为62.61%，平均被剥夺份额为26.07%，多维贫困指数为26.07%。可见，在四个维度上仍有超过六成的农牧民处于贫困状态，多维贫困情况非常突出。

从变化趋势来看（图4-1），随着K的增加，贫困发生率呈现逐步下降的趋势；多维贫困指数跟贫困发生率一样，也呈现出逐步下降的趋势。当 $k=9$ 时，农牧户的贫困发生率显著下降到 0.36%，平均被剥夺份额为 75.00%，多维贫困指数仅为 0.27%。而当 $k=10$、$k=11$、$k=12$ 时，研究区域内农牧户的多维贫困指数均等于 0，说明调查区域的农牧户不存在极端贫困的情况，即不存在 10 个及以上的指标同时被剥夺的极端贫困户。

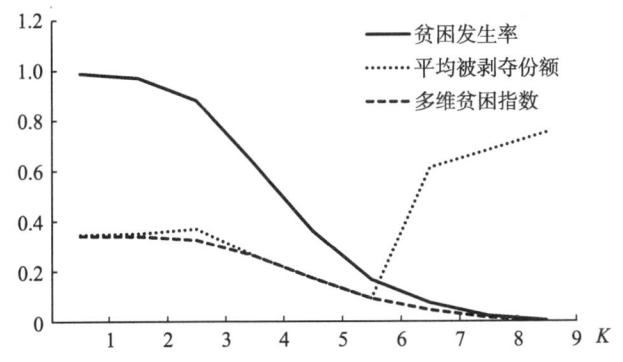

图 4-1 贫困发生率、平均被剥夺份额和多维贫困指数

4.2.4 贫困维度分解

通过估测的临界值 k 对多维贫困指数进行进一步分解，然后再具体分析不同指标对多维贫困指数的不同贡献率，从而进一步分析藏区农牧户多维贫困的深层次致贫原因，具体结果如表 4-6 所示。

表 4-6 多维贫困指数(MPI)——不同 K 之下每个维度贡献率

k	贡献率/%									均值	均值排序
	1	2	3	4	5	6	7	8	9		
MPI	0.341	0.339	0.324	0.261	0.172	0.091	0.045	0.015	0.003	—	—
自我健康评价 (x_1)	5.34	5.36	5.61	6.86	9.02	9.79	9.97	7.14	11.11	7.80	7
劳动能力 (x_2)	11.95	11.91	12.00	12.24	12.75	11.58	11.96	10.20	11.11	11.74	3
家庭成年成员平均受教育年限 (x_3)	22.32	22.24	21.89	19.95	17.35	15.01	13.62	12.24	11.11	17.30	1

续表

k	贡献率/%									均值	均值排序
	1	2	3	4	5	6	7	8	9		
适龄儿童辍学情况(x_4)	2.10	2.11	2.21	2.69	3.56	5.22	5.65	7.14	5.56	4.03	10
人均住房面积(x_5)	8.40	8.44	8.69	9.49	10.75	10.60	9.30	9.18	11.11	9.55	5
住房是否危房(x_6)	2.89	2.90	3.03	3.26	3.82	4.57	5.65	8.16	5.56	4.43	9
家庭厕所类型(x_7)	22.14	22.15	21.24	19.15	16.48	14.03	11.96	12.24	11.11	16.72	2
是否人畜混居(x_8)	6.13	6.15	6.07	5.09	5.12	5.38	6.64	5.10	0.00	5.08	8
家庭饮用水来源(x_9)	7.88	7.82	8.05	8.46	8.15	8.48	9.30	8.16	11.11	8.60	6
家庭通电情况(x_{10})	1.79	1.80	1.75	1.94	2.34	3.59	3.65	6.12	11.11	3.79	11
家庭燃料情况(x_{11})	8.14	8.18	8.51	9.78	9.54	9.95	10.30	12.24	11.11	9.75	4
家庭耐用消费品数量(x_{12})	0.92	0.92	0.97	1.09	1.13	1.79	1.99	2.04	0.00	1.21	12

表 4-6 说明在不同的维度之下，每个指标的贡献率存在差异。当 $k=2$ 时，"家庭成年成员平均受教育年限(x_3)"对农牧户多维贫困的贡献程度最大，达到 22.24%；其次为"家庭厕所类型(x_7)"，贡献度为 22.15%；排第三的是"劳动能力(x_2)"（11.91%），表明以上 3 个指标对农牧户的多维贫困产生了重要影响。而"人均住房面积(x_5)""家庭燃料情况(x_{11})""家庭饮用水来源(x_9)""是否人畜混居(x_8)""自我健康评价(x_1)""住房是否危房(x_6)""适龄儿童辍学情况(x_4)""家庭通电情况(x_{10})"的贡献度分别为 8.44%、8.18%、7.82%、6.15%、5.36%、2.90%、2.11%、1.80%，表明这些指标是农牧户多维贫困产生的次要因素。"家庭耐用消费品数量(x_{12})"的贡献度仅为 0.92%，表明其对多维贫困的影响很小。

当 $k=9$ 时，"是否人畜混居(x_8)"和"家庭耐用消费品数量(x_{12})"

的贡献度均为 0.00，表明贫困临界值为 9 时，这两个指标对多维贫困没有影响；其他 10 个指标中，"适龄儿童辍学情况(x_4)"和"住房是否危房(x_6)"这两个指标的贡献度均为 5.56%，剩余 8 个指标的贡献度均为 11.11%，呈现出趋同趋势。

从维度贡献率均值来看，前五位依次是"家庭成年成员平均受教育年限(x_3)""家庭厕所类型(x_7)""劳动能力(x_2)""家庭燃料情况(x_{11})""人均住房面积(x_5)"。表明以上五个指标对农牧户多维贫困贡献较大，同时也是减贫首先应该聚焦的内容。但随着贫困维度的增加，"自我健康评价(x_1)""适龄儿童辍学情况(x_4)""住房是否危房(x_6)""家庭燃料情况(x_{11})""家庭饮用水来源(x_9)""家庭通电情况(x_{10})""家庭耐用消费品数量(x_{12})"这几个指标的贡献率呈现明显的递增趋势，"家庭成年成员平均受教育年限(x_3)""家庭厕所类型(x_7)"呈现递减趋势，"劳动能力(x_2)""人均住房面积(x_5)""是否人畜混居(x_8)"相较而言处于变动不大的状态。贡献率呈现递增趋势的指标主要集中在家庭生活水平(尤其是硬件设施)和健康、教育方面，表明越是贫困程度深的群体，在这三方面的剥夺情况更严重。贡献率呈现递减趋势的 2 个指标是贡献率均值最高的两个指标，随着贫困维度增加，其贡献率降低是合理的。而"劳动能力(x_2)""人均住房面积(x_5)""是否人畜混居(x_8)"涉及贫困人口基本能力、家庭住房、生活方式均相对固定，故贡献率变化不大。然而，这也说明针对以上三个维度的帮扶措施对任一贫困群体均会有效。

4.3　结论与启示

(1)藏区农牧户贫困维度普遍超过 3 个以上，处于深度贫困的群体"面大"。按照 UNDP 发布的多维贫困标准，如果 3 个及以上指标被剥夺则视为多维贫困，农牧户中有高达 88.01%的家庭属于多维贫困范畴，并且在指标数量为 4 个、5 个、6 个的水平上仍分别有 62.61%、35.96%、16.64%的农牧户被剥夺。这意味着调查区域内有超过六成的农牧户处于

4个维度的多维贫困状态,超过1/3的农牧户处于5个维度的多维贫困状态,表明多维贫困覆盖率很高,分布范围广。

(2)藏区农牧户仍存在贫困维度超过7个的情况,部分群体处于严重的深度贫困状态。虽然农牧户不存在10个及以上指标均被剥夺的情况,但由测量结果可知,有7.33%的农牧户在7个指标上被剥夺,2.15%的农牧户在8个指标上被剥夺,有0.36%的家庭在9个指标上被剥夺,即同时在9个维度上都处于贫困状态。这样的家庭多是深度贫困的农户,脱贫难度非常大。并且,多维贫困程度逐渐加深。随着K的增加,多维贫困发生率在下降,但平均被剥夺份额却有所增加,这说明多维贫困的深度在不断加深。

(3)教育、住房、劳动能力和燃料是最短缺的四个贫困维度。在单维贫困上,"家庭成年成员平均受教育年限""厕所类型""劳动能力"等指标表现出较高的贫困发生率;教育、住房、劳动能力和燃料对多维贫困的贡献合计超过60%。在单维贫困的测度中,贫困发生率最高的5个指标均属于这四个维度的范畴。更值得关注的是,这四个贫困维度极容易形成一个贫困的恶性循环。首先,藏区等民族地区教育教学设施设备落后、师资力量相对薄弱,加上部分家庭因资金短缺无法保证子女正常上学,容易导致藏区农牧户基础教育不足,造成原始人力资本积累不足;其次,原始人力资本积累不足,加上职业教育、就业培训、技能培训短缺,容易导致其劳动能力不足;再次,劳动能力不足直接导致其营收能力不足,收入低下,无力对住房进行改造和修建,加上高寒的地理环境对燃料的需求量大,但是传统燃料供给不足,又无力使用新能源,形成"受教育水平低下—技能培训不足—劳动技能低下—营收能力不足—生活水平低下—投资教育不足—受教育水平低下"的恶性循环,难以突破。

(4)贫困程度越深的群体越需要在家庭生活水平、健康及教育方面给予帮扶。随着贫困维度的增加,涉及健康和教育的"自我健康评价""适龄儿童辍学情况"指标,以及与家庭水平尤其是硬件设施相关的"住房是否危房""家庭燃料情况""家庭饮用水来源""家庭通电情况""家庭耐用消费品数量"这几个指标的贡献率呈现明显的递增趋势。这表明越是贫困程度深的群体,在这三方面的剥夺情况更严重,在扶贫工作"啃硬骨头"时更应针对这些方面给予有效、精准的支持和保障。

基于以上研究结论,在藏区扶贫实践中应注重以下内容。

(1)应将多维贫困理论融入藏区精准扶贫实践。藏区的贫困问题是学术界关注的热点、重点,但从多维贫困视角开展的理论研究仍然较为缺乏。基于本书的实证研究结论,科研工作者和当地扶贫工作实践者应认识到藏区贫困态势的严峻性,即藏区农牧民的贫困不仅体现在传统的经济收入层面,更是覆盖健康、教育以及住房、饮水、用电等生活水平方面多维度、综合性的贫困状态。因此,在减贫过程中首先应以多维贫困问题为导向,从各维度综合性开展贫困治理的机制设计和措施创新。

(2)应瞄准贫困维度采用多元化、复合性的帮扶措施。藏区是一个藏族聚居的民族地区,属于自然环境、生态功能和人口分布都特殊的贫困地区。以往以项目制为主导的扶贫方式,很多真正贫困的群体无法有效参与和利用扶贫项目,容易遭受排斥,缺乏因地、因户、因人施策的精准性。因此,一方面要调整瞄准机制,从贫困的多维属性出发,多维度识别贫困人口;另一方面应针对不同的贫困维度设计综合性的帮扶措施,确保贫困群众不仅在经济收入层面脱离贫困线,更应使其在所有贫困维度摆脱贫困,实现真正的全面而可持续的脱贫。

(3)应针对该区域突出的贫困维度出台专项治理措施。针对藏区多维贫困中尤为突出的几个维度,如教育、住房、劳动能力和燃料,政府应出台瞄准性强的专项治理方案。①更加有力地推进藏区基础教育,提高藏区农牧户受教育水平,帮助其积累原始人力资本。加强藏区基础教育的基础设施建设,尽可能缩短农牧民子女接受基础教育的空间半径,通过政策激励引进优质师资,从硬件和软件建设两个方面入手开展工作;同时加强对民众教育重要性的宣传引导,采取有效措施减轻农牧民接受基础教育的负担。②加强定居点改造,优先抓好住房建设和改造,改善贫困户居住条件,提高生活质量,促进美丽新村建设,通过居住环境的改善逐步实现对现代文明生活方式的接受,从而摆脱贫困文化的负面影响。③加大职业教育培训,全面提升农牧民的增收能力。④燃料的替换和新能源的开发利用,大部分农户使用柴草、畜粪,不仅对空气造成污染,同时也影响新农村人居环境的综合治理,因此基层组织应加强如沼气等新能源的宣传和推广使用,提高普及率。

(4)应着重针对贫困程度深的部分农牧户精准施策。本书的调研数据显示,调查区域仍然存在深度贫困的农牧户,约有7%的农牧户在7个贫困维度上被剥夺,并存在8个、9个维度同时贫困的农牧户。这些都是脱贫攻坚中的"硬骨头",多是身处条件极其恶劣的自然环境,且自身资源禀赋不足的家庭,是藏区下一步扶贫工作的重点对象,当地政府更应该高度关注、精准施策,使这些深度贫困户同步实现全面脱贫。

第5章 四省藏区特殊群体多维贫困分析

贫困人口中的妇女、儿童和老年人是三大多维贫困脆弱性和特殊性群体。其中，妇女和老年人往往发展能力较弱、增收难度较大，是贫困治理对象的重点和难点。而四省藏区的妇女、儿童和老人除自身原因，还受到区域性历史、文化等方面的影响，多维贫困问题更加凸显。

妇女作为藏区特殊群体之一，不仅在家庭增收、代际传递中发挥着重要作用，也在家庭的生产生活、子女养育等方面扮演着重要角色。藏区妇女同时也面临着较多维度的贫困剥夺：劳动强度偏高，长期从事农业生产，并承担约90%的非生产性的家务劳动(尚云川，2005)；健康风险较大，不仅易受包虫病等当地多发病威胁，还易被妇科疾病以及妊娠和分娩期间的危险因素影响；受教育权利未得到有效保障，藏区教育基尼系数从2000年的0.58降到2010年的0.43[①]，但女性和性别间教育基尼系数的贡献率呈不断上升的趋势。总体而言，妇女多维贫困呈现演化性、传递性、分散性、多样性、多重交叉脆弱性和隐蔽性等特征，所以应当对妇女贫困问题给予重视并进行较细致的研究(刘欣，2015)。

儿童在藏区的长远发展中承担着文化传承、血缘传承的重要使命[②]；其生理和心理不成熟，需要对其进行养育和教导。但藏区儿童由于民族和生活环境的特殊性，在先天体质、营养与生活习惯、家庭与教养、教育状况等方面发展不平衡。首先，藏区高海拔易导致儿童早期发育迟缓、营养状况较差、营养不良且患病率较高(Dang et al.，2008)，如甘南藏区6～12岁儿童的身体形态、生理机能和身体素质等诸多指标低于全国平均水平(赵亮 等，2016)。此外，儿童受藏区传统社会、家庭和宗教生活影响较大，如在藏区社会的宗教信仰观念下，一些儿童

---

① 国际公认的教育基尼系数的警戒线为0.4。
② 根据《中国统计年鉴》以及我国社会惯例，我国通常将未满18周岁的未成年人视为儿童。

出家接受寺庙教育；添加糌粑糊的喂养方式易导致儿童的低体重率较高等。因此，儿童贫困问题的解决需要政府、社会和家庭等多方面共同努力。

老人在年轻时为了家庭和社会贡献自己的力量，年老时理应享受休闲、轻松的老年生活①。但在人口流动常态化、家庭结构变迁日益凸显等背景下，藏区老年人的生存状态已不断濒临边缘化与贫困化(刘一伟，2017)。一方面，藏区老年人在生理、心理、经济条件方面都处于劣势，且这三者息息相关、相互影响，可能出现"马太效应"，陷入"贫困恶性循环"；另一方面，藏区老年人的经济支持、护理服务、医疗需求、精神慰藉等保障政策长期处于缺位或低水平运行状态(刘一伟 等，2017)。在农村人口老龄化程度迅速加深的趋势之下，在失能、失独等特殊情况的冲击下，老年人口贫困已成为不容忽视的问题。

妇女、儿童和老人的社会角色有所区别，所以多维贫困的表现也各不相同。本章将紧扣这三类特殊人群的社会角色生存状态的差异，建立个性化、针对性的多维贫困研究指标体系，以期为四省藏区特殊群体的贫困治理工作提供参考。需说明的是，本章定量分析数据全部来源于研究开展的四省藏区调查数据，具体调研和数据情况参看第一章，在此不再赘述。

5.1 妇女多维贫困研究

《新华字典》将妇女定义为成年女子，其范畴不仅仅指已婚妇女，还包括年满 14 周岁的女青年。而农村妇女则被定义为拥有农村户籍且年满 14 周岁的女青年，因此本节将研究对象界定为四省藏区拥有农村户籍且年龄为 14~60 周岁的女性，不包括具有贫困特殊性的老年妇女和女性儿童。

---

① 根据《中国统计年鉴》以及我国社会惯例，我国通常将 60 岁以上人群视为老年人。

5.1.1 定量分析

1. 样本特征

从表 5-1 可以看出，调研样本中妇女共 693 人，年龄段主要集中于 18~29 岁和 40~49 岁，比例分别为 34.92%和 32.47%。此外，被调研妇女文化程度以文盲和小学为主，其占比达到了 92.21%。调研对象贫困户比例为 53.10%，说明当地以贫困户居多。同时，从调研情况可以看出，被调研对象妇女户主占比为 23.38%，说明当地仍然以男性户主为主。

表 5-1 样本特征

统计量	类别	样本数/人	比例/%
年龄	18 岁以下	58	8.37
	18~29 岁	242	34.92
	30~39 岁	92	13.28
	40~49 岁	225	32.47
	50~59 岁	76	10.97
文化程度	文盲	390	56.28
	小学	249	35.93
	初中	47	6.78
	高中或中专	6	0.87
	大专或本科及其以上	1	0.14
是否建档立卡贫困户	是	368	53.10
	否	325	46.90
是否户主	是	162	23.38
	否	531	76.62

2. 维度选取

参照联合国开发计划署 2014 年发布的《2014 年人类发展报告》，结合四省藏区妇女自身的特点，本书分别选取经济水平、健康状况、文化程度等 11 个维度进行测量。其中，经济水平是测度藏区妇女脱贫能力最直接的指标；以藏区妇女个人 5 年内（包括五年）的收支情况衡量其收入水平，能较好地克服传统的收入贫困测度方法不能动态反映收入贫困的现实问题。藏区妇女的健康状况是妇女有效参与脱贫、提高生活幸福感的重要依托。文化程度体现了妇女的综合能力和素质，是提高藏区妇女生产能力的重要影响因素。就业水平是妇女就业水平的重要体现，是藏区妇女脱贫致富的重要依托。日常消费能较好地反映妇女日常的生活水平，是测量藏区妇女及家庭多维贫困的重要指标。生活条件是反映藏区妇女居住环境、生活水平的重要指标。亲朋好友的社会信任度越高，说明社会资本资源越丰富，越有助于藏区妇女脱贫致富。藏区妇女参与选举的意愿和次数，可以体现藏区妇女的政治权利是否得到维护。生活满意度能较好地刻画妇女的内心世界，是反映藏区妇女内心贫困和精神贫困的重要指标。文化消费和家庭地位是藏区妇女生活文化权利和平等权益的重要体现。各指标剥夺临界值赋值如表 5-2 所示。同时，为了方便计算，本书选择等权重法对各维度的多维贫困状况进行测算，即各维度均取权重 1/15。

表 5-2　四省藏区妇女多维贫困指标体系及赋值

维度	指标	剥夺临界值
经济水平	收入水平	连续 5 年支出大于收入，赋值为 1
健康状况	健康条件	满足残疾、大病、慢性病或营养不良中任一情形的，赋值为 1
文化程度	受教育年限	受教育年限小于等于 6，赋值为 1
就业水平	工作情况	近五年没有参加过务工、经商，赋值为 1
日常消费	能源消费	存在做饭燃料不足的情况，赋值为 1
日常消费	食物消费	恩格尔系数≤59%，赋值为 0；恩格尔系数>59%，赋值为 1
生活条件	饮用水	家庭没有清洁的饮用水，赋值为 1
生活条件	住房条件	满足无房、危房或居住面积小于 10 平方米的，赋值为 1
生活条件	卫生条件	家中没有厕所，赋值为 1
社会资本	社会信任	对亲朋较为信任或很信任，赋值为 0
政治权利	选举参与度	没有参加过投票选举村组干部，赋值为 1

续表

维度	指标	剥夺临界值
精神状态	生活满意度	不满意，赋值为 1
文化消费	文娱活动参与	家里能看电视，赋值为 0；家里不能看电视，赋值为 1
家庭地位	决策权	家庭大型消费或生产活动完全由家庭男性决定，赋值为 1
	享受权	家庭衣食消费有男性优先享用的情况，赋值为 1

3. 多维贫困分析

(1) 单维贫困测度结果。如表 5-3 所示，藏区妇女贫困情况最突出的维度分别是受教育年限、工作情况、卫生条件和饮用水，它们的贫困发生率分别为 92.19%、92.19%、71.88%和 70.31%。同时，享受权、生活满意度和收支情况三个维度被剥夺得也很严重，贫困发生率都超过了 50.00%，分别达到 68.75%、56.25%和 53.13%。值得注意的是，藏区妇女在社会信任、文娱活动参与两个维度上所面临的贫困程度不高，贫困发生率均在 5.00%以下。

表 5-3　四省藏区妇女单维贫困发生率(%)

研究区域	四省藏区	研究区域	四省藏区
收支情况	53.13	卫生条件	71.88
健康状况	46.88	社会信任	0.00
受教育年限	92.19	选举参与度	48.44
工作情况	92.19	生活满意度	56.25
能源消费	14.06	文娱活动参与	3.13
食物消费	39.06	决策权	48.44
饮用水	70.31	享受权	68.75
住房条件	32.81	—	—

(2) 多维贫困测度结果。从表 5-4 可以看出，当只考虑 1 个维度时，四省藏区妇女贫困发生率为 100.00%，即 100.00%的藏区妇女存在着 15 个维度中的任意 1 个维度的贫困。平均剥夺份额 A=49.17%，多维贫困

指数为 49.17%。随着 K 的增大,四省藏区妇女贫困发生率 H 和平均剥夺份额 A 均呈现递减趋势,相应的多维贫困指数 M 也呈现递减趋势。当 k=9 时,四省藏区还有 26.56%的妇女处于至少 9 个维度的贫困状态下,可见四省藏区妇女多维贫困情况较为严重。

表 5-4 藏区妇女多维贫困估计结果(%)

K	H	A	M
1	100.00	49.17	49.17
2	100.00	42.50	42.50
3	100.00	35.83	35.83
4	100.00	29.17	29.17
5	95.31	23.61	22.50
6	85.94	18.79	16.15
7	64.06	16.26	10.42
8	51.56	11.92	6.15
9	26.56	10.20	2.71

(3)多维贫困指数分解情况。如表 5-5 所示,当 k=1 时,受教育年限和工作情况的贫困贡献率最大,均为 0.13%;其次为饮用水和卫生条件,贫困贡献率均为 0.10%;然后为享受权,贫困贡献率为 0.09%。而当 k=9 时,同样是受教育年限和工作情况的贫困贡献率最大,均为 2.27%;其次是卫生条件,贫困贡献率为 1.77%;然后为饮用水,贫困贡献率为 1.73 %。总而言之,不同 K 下,对多维贫困指数 M_0 的贡献率最大的维度是受教育年限和工作情况。

表 5-5 藏区妇女多维贫困指数在不同值下的维度贡献率(%)

K	1	2	3	4	5	6	7	8	9
M_0	49.17	42.5	35.83	29.17	22.5	16.15	10.42	6.15	2.71
收支情况	0.07	0.08	0.1	0.12	0.16	0.22	0.34	0.58	1.31
身体健康状况	0.06	0.07	0.09	0.11	0.14	0.19	0.30	0.51	1.15
受教育年限	0.13	0.14	0.17	0.21	0.27	0.38	0.59	1.00	2.27
工作情况	0.13	0.14	0.17	0.21	0.27	0.38	0.59	1.00	2.27

续表

K	1	2	3	4	5	6	7	8	9
M_0	49.17	42.5	35.83	29.17	22.5	16.15	10.42	6.15	2.71
能源消费	0.02	0.02	0.03	0.03	0.04	0.06	0.09	0.15	0.35
食物消费	0.05	0.06	0.07	0.09	0.12	0.16	0.25	0.42	0.96
饮用水	0.10	0.11	0.13	0.16	0.21	0.29	0.45	0.76	1.73
住房条件	0.04	0.05	0.06	0.08	0.10	0.14	0.21	0.36	0.81
卫生条件	0.10	0.11	0.13	0.16	0.21	0.30	0.46	0.78	1.77
社会信任	0.00	0.00	0.00	0.00	0.00	0.00	0.00	0.00	0.00
选举参与度	0.07	0.08	0.09	0.11	0.14	0.20	0.31	0.53	1.19
生活满意度	0.08	0.09	0.10	0.13	0.17	0.23	0.36	0.61	1.38
文娱活动参与	0.00	0.00	0.01	0.01	0.01	0.01	0.02	0.03	0.08
决策权	0.07	0.08	0.09	0.11	0.14	0.2	0.31	0.53	1.19
享受权	0.09	0.11	0.13	0.16	0.2	0.28	0.44	0.75	1.69

由本节定量分析可得出相关结论。①四省藏区妇女多维贫困程度深。当 $k=1$ 时，100%的妇女存在着 15 个维度中任意 1 个维度的贫困；当 K 为 1~5 时，藏区妇女的多维贫困发生率仍达到 100%；且当 $k=9$ 时，26.56%的妇女仍处于至少 9 个维度的贫困状态下。②藏区妇女受到多个维度的贫困剥夺。妇女在教育年限、工作情况、卫生条件、饮用水等维度上受到的贫困剥夺最严重，贫困发生率均超过 70%；多维贫困贡献率最大的维度也是教育年限、工作情况、卫生条件和饮用水等维度，应在这些方面给予重点关注。

5.1.2 案例分析

妇女的多维贫困是由家庭生产生活的多方面表现出来的，其贫困形成机理也是复杂的。本章通过定量分析测算了四省藏区妇女多维贫困的具体程度，但是还没有具体剖析妇女多维贫困的因素、相互关系及政策启示。本节选取云南省迪庆藏族自治州香格里拉市五境乡仓觉村的妇女和某、甘肃省甘南藏族自治州迭部县旺藏乡哈岗村马某、四川省阿坝藏族羌族自治州松潘县大寨乡水草坝村的妇女卓某的典型案例,对妇女多维贫困进行简要分析。

案例一:和某,39岁,家中女户主。烹饪专业中专毕业,因身体不好,毕业后选择回乡发展,2009年之前在乡上的一所学校从事后勤工作,职业为厨师;2010年开始,为照顾年迈的母亲,和某回到家中务农。和某家中4口人,分别是患有高血压的八旬母亲、外出务工的丈夫、5岁的儿子与自己。丈夫因只有小学文化,外出务工只能干苦力,收入较少,除了回家时能够给家中添些日常生活用品和孩子的零食外,基本没有余钱。

母亲常年患病,和某家每年不得不为此担负巨额医药费。2003年,家中房屋因地震损坏,变为危房,故新修一座约80平方米的平房。新房修建得到政府补贴11000元,家中借款10000元,目前仍有4000元未还清。家中主要收入来源是家禽销售收入,去年出售1头猪和8只鸡,总销售收入约为2600元;政府各类补贴1600元;政府给母亲的抚恤金为700元,去年总收入为4900元。去年家里借给亲戚800元,年底无积蓄,手头有现金1800元。和某家中购买大件贵重物品时,采取的是集体商议的办法,但最终的决定权还是属于户主和某。和某家中收入主要依靠务农,经济来源较单一,丈夫务工收入较少,所以对于目前的生活不是很满意。和某基本上从早忙到晚,很少去市场赶集,除非是为了购买一些较为贵重的物品;主要休闲娱乐活动是参加村里的联欢晚会表演。目前,和某享受过的政府针对妇女的优惠政策只有皮脉手术,该手术是为了计划生育,可以间接减轻妇女家庭因超生带来的负担,她对于这项政策还是很满意的。上述妇女多维贫困测度结果显示,妇女多维贫困的维度突出表现为受教育年限、工作情况、饮用水、卫生条件、享受权和生活满意度等。然而,从妇女多维贫困角度分析和某案例,发现和某家庭虽然属于贫困户,但是和某自身的多维贫困状况却与前文的测算结果有较大偏差。和某接受过较好的教育,有能力务农,享有家庭重大事务决定权,似乎并不贫困。但是,通过对其家庭状况的调研发现,和某的贫困根源在于家庭的贫困。和某母亲患有高血压这种藏区常见的高原慢性病，因藏区家庭内部的劳动分工，只能由和某回家照顾年迈患病的婆婆和5岁的孩子。但藏区农村缺乏有效就近就业的条件，和某只能够以传统家务和务农为主业，不但浪费自己中专学习的技能，而且技能的增收效果不能持续体现。再加上丈夫缺乏较强的就业技能，只能从事低收入的工作，最终导致和某家庭收入结构单一、收入水平较低。和某家庭开支较大，除早前新修因地震损坏的房屋而欠下巨额债务外，每年还得为母亲支付大量医药费用，以及日常生活开支等。此外，和某身体不好，繁重的家务和生产活动加大和某的劳动强度，给其身体健康状况带来隐患的同时，还对其外出交流或休闲娱乐形成约束。

案例二：马某，25岁，家中大女儿，未婚。马某13岁（2005年）辍学后在村里打零工（10元/小时），马某身体状况较差；目前在镇上学校的食堂打工，每个月2000元的工资。家中共4个人：母亲（户主）、妹妹、弟弟和自己。父亲是泥水匠，2005年因车祸去世；母亲未读过书，2011年发生车祸，留有腿伤；妹妹20岁，在遂宁读大专二年级；弟弟18岁，在镇上读高三。家里只有1亩地，其中0.8亩种植土豆用于销售，其他土地种植青稞、白菜等自用。

马某和母亲是家庭主要劳动力，母亲除4~5月去高原地区挖虫草、贝母外，其余时间均在家中种菜卖钱，或者在农忙的时候去别人地里打零工（10元/小时）；马某除交通等费用外，其余工资交由母亲安排，下班回家帮母亲做家务、种菜等。妹妹在其就读学校食堂兼职（300/月），而弟弟放假则会到工地上做事（150元/天）以补贴家用。去年家中卖菜、药材等所得收入约为2600元；食堂工作收入约为10000元；政府各类补贴1000元；零工收入约为2000元。

马某家里发生重大事件时会和大家商量，但是最终决定权在母亲。早前，马某曾交往2个对象，前者在知晓马某家庭情况后与马某断绝往来，后者则要求马某与其结婚后不要再过多接济母亲、妹妹和弟弟，因此马某至今单身甚至一度想出家为尼，但家庭生活的重任又使马某感到为难。目前，马某最大的希望是能找到一个能共同持家的对象，妹妹大学毕业后能顺利考上公务员，那样就有钱供弟弟上大学，还可以带母亲去成都看病。

从妇女多维贫困角度分析马某案例，可知马某贫困的根源仍在于家庭贫困。对于一个家庭而言，若想脱贫致富，劳动力的数量与质量成为关键。但马某父亲车祸去世，家庭劳动力先天不足；母亲车祸后留下腿伤，未接受过教育，且不具有某项技能，只能在家务农以及从事一些简单的工作；妹妹和弟弟年纪尚小，缺乏劳动力，再加上家庭经济和生产生活双重压力，限制了家庭供养多个孩子上学的能力。马某作为家中长女，为了让弟弟、妹妹继续读书，自己辍学打工以减轻家庭负担和补贴家用，但这制约其文化水平的提高，导致其只能从事工资微薄的餐厅工作，也严重影响了马某的身体健康。此外，巨大的家庭负担导致马某在男女交往中处于劣势，不得不保持单身状态。虽然家庭的责任感使马某坚持下来，并放弃出家为尼的念头，但马某除了希望妹妹拥有一份稳定、高薪的工作外，还寄希望于增加家庭男性劳动力以脱贫，一方面是因为知道男性劳动力对于单亲家庭脱贫的重要性，另一方面则是因为自己没有谋生技能，收入提升空间较小。

案例三：卓某，27岁，身体健康。家中共有7口人，公公、婆婆、丈夫（户主）、丈夫的弟弟、4岁的儿子、2岁的女儿和自己。丈夫27岁，是粉刷匠，在镇上工作。卓某未读过书，每年5~6月去若尔盖等地区挖虫草等药材，7月回松潘挖贝母，其余时间则在家里的8亩地上种土豆、青稞、蚕豆等（部分用于销售）；偶尔和丈夫一起在下泥巴寺、拉姆寺等寺庙打零工。丈夫的弟弟20岁，在拉姆寺当僧人。公公、婆婆年纪大了，只能在家帮忙照看孩子。因此，家中收入来源主要是丈夫的工资和药材、蔬菜等销售收入，去年丈夫挣了10000元左右；药材和蔬菜共卖了5000多元；退耕还林补贴1000多元。

卓某家里重大事件采取集体商议的办法，但最终的决定权仍然属于卓某的丈夫。2007年，黄龙景区承诺给村里提供10个景区保洁员的工作岗位，村里84户抽签决定10户各派1名代表前往景区工作，户代表抽签的是丈夫，但去景区工作的是卓某。虽然工作内容是捡垃圾，每月只有900元的工资，且只工作2007年和2008年这两年，但卓某表示该工作相比于现在每天早上 7 点起来烧火做饭煮水、去地里干活、去山上砍柴、回家照料老人小孩等反而不太累，空闲时间更多，还能按时拿到钱。

从妇女多维贫困角度分析卓某案例，卓某的贫困除了体现在自身，也体现在卓某家庭方面。卓某未接受过教育，家庭重大事件的最终决定权属于卓某的丈夫，家庭所有财产也由丈夫统一掌管；卓某身体健康，但生产劳动、家务劳动、抚育子女、照料父母的重担都落在马某身上，大部分时间被繁重的劳动所占。虽然卓某丈夫拥有专业技能，从事较稳定的工作，但其儿女年龄尚小，心理和身体处于生长发育阶段，是卓某家庭的纯消费人口；丈夫的弟弟是寺庙僧人，脱离了物质资料的再生产，主要靠卓某家庭维持其生活。

要解决妇女贫困，首先还是要解决家庭贫困，对特殊群体的帮扶必定是一个由面及点、从一般到特殊的过程。

根据实证分析和案例分析，相关启示如下。

(1) 藏区妇女照顾家庭和增收之间存在一定矛盾。和某为了照顾年迈患病的母亲回家务农，一方面造成了收入结构的单一化，另一方面也浪费了中专学习的技能，技能学习的增收效果不能持续显现。由此，需要在政策上探索的是：民族地区是否能够在征求老人与家庭成员同意的基础上开展集中供养？一方面解放部分因养老造成的外出劳动力回流，另一方面也便于组织针对老年人的休闲娱乐活动，丰富老人的晚年生活。

(2) 藏区妇女就近就业率低，成为区域妇女贫困的原因之一。藏区农村缺乏有效就近就业条件，使得和某辞去正规工作并回家照顾母亲和儿子时，只能够以传统家务和务农为主业。因此，建议可以尝试开设符合妇女劳动力特征的技能培训班，并相应地增加妇女就业岗位，组织妇女转移就业。同时，注意建立相应配套政策和配套设施，解除妇女的后顾之忧，如建立托儿所、敬老院等。

(3) 收入来源单一，开销大，成为藏区妇女及其家庭贫困的原因之一。在和某回家照顾母亲以后，家中主要收入来源是家禽销售收入和政府补贴；作为家庭主要劳动力的丈夫，外出务工所得的收入也较少。但同时，家庭却需要供养年迈多病的母亲，需要养育5岁的儿子，以及支付日常生活、房屋新建等开支。为此，如何更有效地拓宽藏区妇女及其家庭成员收入来源，成为藏区妇女多维贫困治理需要重点考虑的问题。

(4)疾病、自然灾害等往往是藏区妇女致贫的重要原因之一。和某母亲患有高血压这种藏区常见的高原慢性病，每年不得不为此支付大量医药费用；2003年，家中房屋因地震损坏，变为危房，使其不得不新修房屋且为此而欠下巨额债务。疾病、自然灾害等成为藏区妇女及家庭致贫的重要原因，完善藏区基本医疗保险制度和大病医疗保险制度，做好防灾减灾实时预警，以及合理开展藏区产业、资产保险业务，以此提高藏区妇女及其家庭成员抗灾的能力，显得很有必要。

(5)藏区妇女社会政治经济活动边缘化，成为区域妇女致贫的原因之一。藏区妇女在家庭资源分配和使用方面的权利一般较高，但在社会经济交往和信息获取等方面却存在劣势。此外，藏区以户为代表出席的会议或活动中，基本上是家里男性出席，并以男性长辈居多；藏区政府针对妇女的优惠政策也较少。因此，建议转变传统的农业生产方式并完善相关设施，减少妇女劳动量，同时适当增加休闲娱乐活动，提高藏区妇女的生活满意度。

5.2 儿童多维贫困研究

2005年，联合国儿童基金会(United Nations International Children's Emergency Fund，UNICEF)提出减贫、扶贫应从儿童抓起。由于儿童生理、心理不成熟，贫困对于儿童的负面影响会更加突出，具体表现在受教育状况、健康状况、社会心态等诸多方面。《联合国儿童权利公约》和《中华人民共和国未成年人保护法》明确指出"儿童"是指未满18周岁的未成年人。因此，本节所研究的儿童是指四省藏区样本区域内具有农村户籍且未满18周岁的人口。

5.2.1 定量分析

1. 样本特征

从表 5-6 可以看出，调研样本中儿童共有 455 人，其中男童有 209 人，占比为 45.93%；女童有 246 人，占比为 54.07%。儿童年龄段主要集中在 12～18 岁和 6～12 岁，占比分别为 44.18%和 32.31%。从总体看，样本儿童高中和初中辍学情况较为严重，占比分别为 36.89%和 32.79%，同时还有 9.02%的学龄儿童未能如期入学。样本儿童中有 54.07%是贫困家庭的儿童，侧面反映了藏区贫困儿童较多的事实。

表 5-6 样本特征

统计量	类别	样本数/人	比例/%
性别	男	209	45.93
	女	246	54.07
年龄	0～6 岁	107	23.52
	6～12 岁	147	32.30
	12～18 岁	201	44.18
受教育情况	文盲	11	9.02
	小学辍学	26	21.31
	初中辍学	40	32.79
	高中辍学	45	36.89
是否为建档立卡贫困户	是	246	54.07
	否	209	45.93

注：文盲指到了上学年龄而未上学者。

2. 维度选取

联合国儿童基金会认为，儿童贫困是儿童在物质、情感和精神资源等方面的福利缺失，并且会导致其在成人后发展能力缺乏、融入社会困难。基于此，本书选取饮食条件、饮用水安全、卫生条件等 10 个维度对四省藏区儿童多维贫困进行测量。其中，饮食条件关系儿童能否得到发育所需要的营养物质，是儿童构建强壮体格的物质投入。饮用水安全和卫生条件是体现儿童健康生活和发展的关键性指标。住房情况是儿童健康发展的重要物质条件，是衡量儿童贫困的重要指标。教育水平直接关系儿童成人阶段的知识水平和工作技能，是开发儿童智力、提升儿童综合素质的最有效手段。身体健康和心理健康是衡量儿童健康的两大指标，关系儿童能否有效融入社会、适应社会。社会保障是保护儿童健康发展的重要手段之一。信息利用是提升儿童发展条件、丰富儿童生活的重要内容。社会权利是儿童作为一个最基本的人，其利益得到尊重和保障的主要标志。各指标剥夺临界值赋值如表 5-7 所示。同时，为了方便计算，本节按照维度等权重进行各维度的权重赋值，即每个维度权重分别为 1/10。

表 5-7　四省藏区儿童多维贫困指标体系及赋值

维度	剥夺临界值
饮食条件	家中肉蛋类供应不足，赋值为 1
饮用水安全	没有卫生的水源，赋值为 1
卫生条件	人畜混居，赋值为 1
住房情况	危房或住房面积小于 10 平方米，赋值为 1
教育水平	7~18 岁儿童因贫辍学，赋值为 1
身体健康	满足残疾、大病、慢性病或营养不良中任一情形的，赋值为 1
心理健康	父母双方每年外出务工时间大于 6 个月，赋值为 1
社会保障	没有参加医疗保险，赋值为 1
信息利用	家庭无报纸杂志、电视机或网络，三种均无赋值为 1
社会权利	未满 18 周岁被视为完全劳力，赋值为 1

3. 多维贫困分析

（1）多维贫困测度结果。如表 5-8 所示，总体而言，四省藏区儿童贫困维度较为集中，往往是某一两个维度的贫困状况较为明显。当只考虑 1 个维度时，四省藏区儿童贫困发生率为 97.36%，即 97.36% 的藏区儿童存在 10 个维度中的任意 1 个维度的贫困。平均剥夺份额 A=26.79%，

多维贫困指数 M=26.09%。随着 K 的增大，藏区儿童贫困发生率 H 逐渐减小，而平均剥夺份额 A 呈现递增趋势，相应的多维贫困指数 M 呈现递减趋势。当 k=5 时，藏区仅有 3.30% 的儿童处于至少 5 个维度的贫困状态，一方面说明儿童多维贫困程度不太严重，另一方面说明儿童贫困维度较为集中，比如集中在教育、健康和饮食方面，而其他方面的贫困则不太明显。

表 5-8　四省藏区儿童多维贫困测度结果(%)

K	H	A	M
1	97.36	26.79	26.09
2	87.25	28.74	25.08
3	55.82	33.66	18.79
4	16.92	42.08	7.12
5	3.30	50.67	1.67

(2) 多维贫困指数分解情况。如表 5-9 所示，当 k=1 时，教育水平和饮食条件对四省藏区儿童的贫困贡献率最大，分别为 26.79% 和 18.62%；其次是社会权利和身体健康，其多维贫困贡献率分别为 17.19% 和 15.84%；然后是饮用水安全，贫困贡献率为 5.98%；其余维度的多维贫困贡献率较小。而当 1<K<5 时，同样是教育水平和饮食条件维度的贫困贡献率最大；其次是社会权利和身体健康维度；然后是饮水安全维度。当 k=5 时，贫困贡献率最大的维度是教育水平，为 19.74%；其次是卫生条件，贫困贡献率为 13.16%。

表 5-9　按照维度进行的四省藏区儿童多维贫困贡献率分解(%)

K	饮食条件	饮用水安全	卫生条件	住房情况	教育水平	身体健康	心理健康	社会保障	信息利用	社会权利
1	18.62	5.98	4.30	4.89	26.79	15.84	4.13	0.00	2.27	17.19
2	18.49	5.26	4.47	4.91	27.34	16.39	4.29	0.00	2.28	16.56
3	18.48	5.73	5.03	6.20	27.25	17.89	5.50	0.00	2.81	11.11
4	14.20	6.79	9.57	10.80	23.15	15.12	7.72	0.00	4.01	8.64
5	11.84	9.21	13.16	9.21	19.74	9.21	10.53	0.00	5.26	11.84

(3)儿童性别分解结果。利用 A-F 方法的地区分解公式，本节将藏区儿童多维贫困指数 M_0 按性别进行分解，进而得出藏区不同性别的儿童多维贫困状况。从表 5-10 可以看出，当 $k=1$ 时，多维贫困指数为 26.09%；其中，男童贡献了 46.50%，女童贡献了 53.50%，说明四省藏区儿童多维贫困主要为女童贫困。当 $K<5$ 时，女童的贫困贡献率始终高于男童的贫困贡献率；但当 $k=5$ 时，四省藏区儿童多维贫困贡献率最高的却是男童，取值为 60.53%，女童贡献率为 39.47%。出现这种情况可能是因为女童贫困维度比男童更集中、更明显。

表 5-10　按照性别进行的四省藏区儿童多维贫困贡献率分解(%)

K	1	2	3	4	5
M_0	26.09	25.08	18.79	7.12	1.67
男性	46.50	46.71	45.03	47.53	60.53
女性	53.50	53.29	54.97	52.47	39.47

(4)是否贫困家庭分解结果。从表 5-11 可以看出，当 $k=1$ 时，多维贫困指数为 26.09%；其中，贫困家庭儿童贡献了 54.00%，非贫困家庭儿童贡献了 46.00%，可见四省藏区儿童多维贫困以贫困家庭儿童的多维贫困为主。当 $K<5$ 时，贫困家庭儿童的多维贫困贡献率最高；但当 $k=5$ 时，非贫困家庭儿童的多维贫困贡献率高于贫困家庭，这可能是调查样本的问题导致的。

表 5-11　按照是否贫困家庭进行的四省藏区儿童多维贫困贡献率分解(%)

K	1	2	3	4	5
M_0	26.09	25.08	18.79	7.12	1.67
贫困家庭	54.00	53.99	55.44	53.70	39.47
非贫困家庭	46.00	46.01	44.56	46.30	60.53

由本节定量分析可得出相关结论。①四省藏区儿童多维贫困程度不太严重，贫困维度较为集中。当 $k=1$ 时，四省藏区儿童贫困率高达 97.36%；但当 $k=5$ 时，儿童多维贫困发生率则降至 3.30%。②藏区儿童

在教育水平、饮食条件、社会权利和身体健康等维度上受到的剥夺相对较为严重，应加强这些方面的治理。③藏区以女童多维贫困为主，但男童多维贫困深度更为严重。当 $K<5$ 时，女童多维贫困贡献率高于男童；但当 $k=5$ 时，儿童多维贫困贡献率最高的则是男童，因此帮扶应由面及点、从一般到特殊。④贫困家庭儿童的多维贫困状况比非贫困家庭儿童更严重。当 $K<5$ 时，贫困家庭儿童多维贫困贡献率一直高于非贫困家庭儿童，应予以特别关注。

5.2.2 案例分析

前文通过定量分析测算了四省藏区儿童多维贫困的具体程度，但是还没有具体剖析儿童多维贫困的因素、相互关系及政策启示。本节选取云南省香格里拉市尼西乡江东村胜利社女童 QZM、甘肃省兰州市舟曲县男童 MZL 及青海省天祝县天堂镇男童 ZJ 的典型案例，对儿童贫困情况进行简要分析。

案例一：QZM，15 岁，家里的二女儿，读完小学就主动辍学；健康状况较好，没有疾病。家中共有 3 个人，父亲（户主）、姐姐和 QZM；家庭共有 4.5 亩耕地，其中 2 亩种植土豆（部分用于销售），其他种植玉米、大麦、青稞以及白菜等自用。母亲是小学教师，在 QZM 8 岁时因病去世；父亲因两年前工伤未愈，落下病根，先后患上脑梗死、高血压等病，基本丧失劳动能力。为了减轻家庭负担和补贴家用，姐姐和 QZM 先后主动辍学。一年前，姐姐嫁给同村男子，因为男方家里为办酒席花了很多钱以及对姐姐不满意，结婚当天男方家人辱骂姐姐，姐姐不堪羞辱在外出销售土豆时离家出走，并长期在外地餐馆以洗盘子为生。姐姐工资较低，并没有多余的钱接济家里。

现在，QZM 是家庭主要劳动力，负责家里的家务、种地以及农产品销售，夏天上山挖松茸补贴家用。母亲婆家的亲戚，如舅舅等在农忙时会经常过来帮助 QZM，QZM 非常感激。家里重大事件会和父亲商量，但是最终决定权在 QZM。由于家庭经济来源单一、生活压力大，QZM 对于目前的生活很不满意，甚至产生出家为尼的念头。她闲暇时喜欢到附近的寺院磕头礼佛,最大的娱乐活动是参加村里的联欢晚会表演;因为交通不便且家务多,她只有在需要购置大件物品或贵重物品时才会去赶集。村干部每年会给家中 2000 元钱补助,去年还抽中了给贫困户派发的电视机,QZM 很开心。现在她的愿望是早点成年,找个好男人结婚,为家庭增加劳动力,改善现在的生活。

上述儿童多维贫困测度结果显示,四省藏区儿童在教育水平、饮食条件、社会权利和身体健康等维度剥夺较为严重。案例中,QZM 虽然不存在食物不够吃的情况,但是为了减轻家庭负担和补贴家用而辍学,教育维度被剥夺;未满 18 周岁却成为家庭主要劳动力,负责家庭的生产生活,社会权利维度被剥夺;在身体发育阶段就要承担繁重的家务劳动和生活压力,这可能会对她的健康状况产生不利的影响;在母亲去世、父亲多病、姐姐外嫁的情况下,QZM 成为家庭的支柱,承受着巨大的生活压力,这也不利于她心理的健康发展。追根究底,QZM 贫困的根源在于家庭的贫困,家庭因缺乏劳动力致贫,进而导致 QZM 儿童时期便处于多维贫困剥夺中,并且这种贫困代际传递可能影响 QZM 的一生。

案例二:MZL,14 岁,聋哑人。家里原有五口人:爷爷(后来去世)、父亲、母亲、弟弟和 MZL。MZL 父母未读过书、常年在牧场放牧,爷爷则在家忙农活。由于家里贫穷,母亲医学观念淡薄,MZL 出生时母亲并没有去正规医院生产,而是找来当地的接生婆将其生在家里。在 MZL 出生后,家人并没发觉 MZL 的异常,只以为他比同龄孩子说话慢。直到 MZL 三岁半还不会说话时,父母在周围邻居的提醒下,才将 MZL 带到县里的医院检查。检查结果表明 MZL 存在先天性听力障碍,而且 MZL 因长期听不到声音而丧失语言能力,原因可能是母亲难产或胎儿在母亲子宫内缺氧。

在 MZL 两岁时,弟弟出生,弟弟身体很健康。因爷爷逐渐年迈,腿脚不方便,只能照顾一个孩子,所以 MZL 的弟弟被父母接到牧场生活,而 MZL 留在家里由爷爷抚养长大,与父母和弟弟聚少离多。MZL 六岁时,爷爷过世,MZL 很伤心。父母在办完爷爷的葬礼后,父亲继续去牧场放牧,而母亲留在家务农,并照顾 MZL 兄弟两人。

在 MZL 八岁时，父母送弟弟去读小学一年级，但 MZL 由于听力和语言有障碍，家里没法也没钱供其上学。父母曾考虑送 MZL 出家，但因寺院规定残疾人不得出家为僧，MZL 只能在家做些简单的杂活。MZL 平时喜欢发呆，与父母和弟弟相处中显得有些小心翼翼。

根据儿童多维贫困测度结果分析 MZL 案例，MZL 父母文化水平较低，从事放牧工作，收入的稳定性和提升性有限，家庭经济处于贫困状态。此外，由于藏区医疗、卫生、教育等保障政策长期处于缺位或低水平运行状态，MZL 父母、爷爷医学观念浅薄。在两种因素的共同作用下，母亲生产时选择当地的接生婆而不是正规医院、家人以为 MZL 只是比同龄孩子说话晚，父母在邻居提醒下才将 MZL 送去检查，这些在一定程度上损害了 MZL 的身体健康。在藏区，由于成年人游牧的需要，隔代抚养的现象较普遍。MZL 家庭也是如此，但这样的后天环境导致 MZL 的心理健康存在较大的风险。MZL 父母选择和弟弟在牧场生活，留下 MZL 与爷爷一起生活，但爷爷年龄较大、身体较差、文化水平较低，在照料 MZL 方面存在劣势。此外，MZL 缺乏父母的关心与照料，长期的隔代抚养导致 MZL 和其父母、弟弟之间的隔阂。MZL 听力和语言有障碍，不管从家庭供养角度，还是社会接受角度，MZL 得到教育发展的机会远远低于作为正常儿童的弟弟。因此，MZL 无法上学，文化发展受到限制，谋生技能也得不到进一步的提高。

案例三：ZJ，18 岁，16 岁出家，现为天堂寺僧人。家里共有六口人：奶奶（后来去世）、父亲、母亲、姐姐、弟弟和 ZJ。ZJ 的父母皆是文盲，终年在山上游牧（放羊）；ZJ 姐弟三人主要由奶奶照料。ZJ 的姐姐和弟弟小学毕业后就辍学回家，帮父母放牧。ZJ 学习成绩优异，家里选择继续让 ZJ 读书，但 ZJ 放学回家后仍要帮忙放牧。2015 年 9 月，ZJ 考进县城里的天祝县民族中学，但由于 ZJ 来自牧区，而其他学生基本来自县城或县城周边的农村，ZJ 不流畅的普通话总会引起同学嘲笑，ZJ 很难受、很伤心，开始跟不上学习进度，成绩排在了班级后面。因此，ZJ 父母在 2016 年坚持让 ZJ 去天堂寺出家为僧，ZJ 最终同意。

对于出家当僧人，ZJ 并不陌生也不反感。ZJ 认为出家为僧不用面对升学等压力,而且在当地是一件光宗耀祖的事情。因为ZJ奶奶是非常虔诚的佛教徒,在家里设有一个经房,放置许多经书、佛珠、活佛画像以及各种贡品。奶奶每天起来做的第一件事情就是打扫经房、点酥油灯,然后带ZJ姐弟去献经水、念经文等。ZJ的奶奶对僧人非常尊敬,一有时间就带着姐弟三人去天堂寺点酥油灯,而且每逢过节都要把酥油糟分给寺院僧人。奶奶过世时,好多僧人专程赶来为奶奶念经祈福,让其他牧民羡慕不已。

经过两年的寺院生活,ZJ深感出家并非想象中的简单。ZJ除了严守各种清规戒律之外,每个月还要进行大量经文的背诵考试。此外,ZJ喜欢交友,经常和很多社会上的人来往密切,这引起了ZJ师父的不满。ZJ逐渐意识到自己不能潜心修佛悟道,更适合去外面闯荡。所以,ZJ打算明年还俗回家,和他认识的朋友一起外出务工,挣很多的钱,让自己一家人全过上好日子。

根据儿童多维贫困测度结果分析ZJ案例。ZJ成绩优异,不至于像其姐弟一样小学毕业后就辍学,但ZJ放学回家仍要承担部分家务劳动,繁重的学习任务和家务劳动显然不利于ZJ的身体健康。ZJ考进县城中学,但牧区较落后的教育条件无形中拉大了ZJ和县城以及县城周边农村孩子的差距,导致ZJ产生巨大的心理压力,并进一步导致ZJ学习成绩下降。最后,ZJ在父母的要求下辍学并出家为僧,一方面是因为在大多数藏区家庭中,父母拥有绝对的权威,ZJ父母可以理所当然地替ZJ选择他的生活方式;另一方面则是因为在藏区,父母主动送子女出家为僧是一种至高无上的荣耀,更是父母为子女一生所做的最佳选择。ZJ在升学压力和父母要求下,选择了相对轻松的出家生活,这实际上是一种消极的避世行为。经过两年的寺院生活和学习,ZJ逐渐明确了自己的世界观和人生观,选择还俗。但ZJ文化水平有限,且没有专业技能,只能外出务工,工作稳定性和增收可能性受到限制。

根据实证分析和案例分析,相关启示如下。

(1) 藏区的贫困代际传递程度严重。家庭因素是贫困代际传递形成的微观机理,家庭经济状况和父母的择业观念决定着子女的成长与生存状态。在藏区，因男女比例失衡、妇女过剩，藏区单亲家庭相对较多，家庭劳动力长期缺乏，再加上务工需要较高的技能，而大部分家庭成员的文化水平较低，故只能从事农业和牧业，收入来源单一且水平较低。如QZM家庭因缺乏劳动力致贫，姐姐和QZM先后辍学虽然为家庭带来了暂时的收入，但却不利于她们知识技能的提升，如姐姐以洗盘子为生且工资微薄。家庭的贫困导致姐妹俩儿童时期的贫困，并可能导致她们今后甚至下一代的贫困。建议以阻断贫困代际传递为导向，重视儿童贫困问题，对于已因贫辍学的儿童做好就业技能培训等工作，提升其未来发展能力；对于未辍学的儿童，从保障在校学生补贴、加强农牧民与外界思想文化的接触等方面施策；对于缺乏劳动力的家庭实施"低保兜底一批"，减少家庭贫困对儿童贫困的传递效应。

(2) 教育和社会权利缺失是儿童贫困的重要特征。与全国平均水平相比，藏区贫困儿童就读学校的质量较差、教育期望较低，再加上贫困儿童家庭本身的经济能力较差，家庭支持系统很难持久稳定。因此，虽然教育是改变贫困恶性循环的主要途径，但大部分贫困家庭的儿童仍然无法继续接受教育，甚至在身心还未发育完全时就已成为家庭主要劳动力，承担本不该属于这个年纪的重担。如 ZJ 姐姐和弟弟小学毕业后就辍学在家帮父母放牧；ZJ 因成绩优异而继续读书，但放学回家后仍要帮忙做家务。这无疑反映出两个问题：①藏区儿童辍学或不上学并参加劳动似乎成为减轻家庭经济贫困的必然选择；②藏区儿童缺失教育和社会权利的同时并未得到针对性的关怀，在现行的精准扶贫大背景下，主要力量仍用于解决面宽、量大的普遍性贫困，因此在贫困治理过程中应对于特殊群体的特殊贫困现象给予针对性的帮扶。

(3) 藏区儿童文化素质受宗教寺院影响较为明显。在藏区，几乎每个乡村都有属于自己区域的寺院。寺院作为藏传佛教制度化的组织机构和活动场所，通过向广大信教群众提供各类宗教服务，在藏区百姓的宗教信仰中起主导作用，在藏区百姓的精神生活中处中心位置。虽然随着现代教育在藏区的进一步深入和普及，寺院的地位逐渐被世俗机构和现代学校所取代或被弱化，但传统的宗教信仰仍然有着广泛的群众基础和影响力。除宏观环境外，家庭作为社会的核心细胞，也影响着儿童的信仰选择。父母等家庭长辈若信仰藏传佛教，经常焚香膜拜、祈祷祝福、参加宗教仪式等，在长辈的言传身教和儿童的耳濡目染下，儿童的心灵将受到各类宗教信仰的熏陶与吸引，极易在理智上相信神以及来世的存在，在心理上有浓厚的宗教情感。QZM 闲暇时喜欢到附近的寺院磕头礼佛，日子难熬时打算出家为尼正是因为她深受宗教影响。ZJ 在父母要求下出家，也是因为僧侣在藏区仍享有崇高的社会地位。为此，建议正确处理现代学校教育与宗教信仰的关系，同时加强对贫困儿童的关怀扶持力度，避免儿童寄予宗教来转移、掩盖甚至逃避生活的磨难。

(4) 儿童贫困影响儿童未来生活愿景。贫困儿童处于社会的低层，承受着巨大的生活压力和心理压力：不仅在基本生活需求方面得不到满足，其自我价值感评价、社会化水平和成就动机均存在不同程度的降低或弱化。而较弱的经济能力和较强的"自贬"意识，将导致贫困儿童在同辈群体交往、社会活动参与等方面，都自发地"隔离"于社会大众之外。可知，由贫困问题引发的各种风险不断累积，将极大地损害儿童的社会适应性，严重妨碍儿童发展的同时，将进一步影响儿童的生活愿景。QZM 因辍学和繁重的劳动感到不快乐，但她寻求改善生活的途径是结婚嫁人而不是学习一项技能，给自己带来更好的就业机会。在她的姐姐已经因不堪男方羞辱而出走的情况下，仍以男性作为家庭脱贫的寄托，说明 QZM 的思想观念是有问题的。而 QZM 产生这种思想可能是贫困生活所迫，也可能是藏区重男轻女的风气所致，也可能是未得到正确的引导，即家中成年人未发挥好家庭教育功能。

(5) 藏区农牧民的思想观念与现代社会价值理念的融合协调不够。一个民族的生产生活方式是民族在其发展演变过程中不断沉淀形成的，然而随着时代的发展，其与现代文明的冲突愈发明显，如藏区还普遍存在封建家长式的思想观念。父母为孩子选择他们认为最好的方式，让孩子按照他们的意愿去生活，但这往往变成对儿童个人自由意志和自由选择权的严重剥夺。例如，ZJ 在父母要求下出家，但不习惯寺院的生活，仍然选择还俗而外出务工；QZM 姐姐在包办婚姻下嫁给同村男子，但最终不堪辱骂而选择离家出走。这说明，一个盲从和缺少反抗与自由选择的家庭将影响儿童身心健康的发展。但是，移风易俗是一个漫长的过程，需要贫困治理过程中不仅要治"贫"，还要治"愚"，建议政府等相关部门可通过多种途径开展形式多样、内容与农民生产和生活紧密结合的有益活动，改变一些旧观念、改变一些旧风俗，发挥法律在社会治理中的作用。

5.3 老年人多维贫困研究

老年人，是农村的特殊群体。随着我国城市化进程的加快，农村传统的养老模式也在发生改变，子女赡养老人的方式与以往已经有了较大差异。此外，农村老年人群体权利保护也遭受着双重冲击：传统的家庭保障功能随子女外出务工进一步弱化；农村社会公共保障体系不健全，农村老年人不能从中获得需要的基本医疗、照料等服务。同时由于藏区特有的生活习惯与文化习俗，其农村老年人贫困问题又和其他地方有所不同。本章将从多维贫困视角，对藏区老年人贫困问题进行实证分析。

5.3.1 定量分析

1. 样本特征

从表 5-12 可以看出，调研样本中老人共有 288 人，其中男性有 123 人，占比为 42.71%，女性有 165 人，占比为 57.29%。老年人年龄段主要集中在 60～70 岁，占比达到 68.06%。从总体看，样本老年人受教育程度较低，文盲占比达到 72.57%。样本老年人中有 58.33%已建档立卡，说明藏区贫困老人较多。

表 5-12 样本特征

统计量	类别	数量	比例/%
性别	男	123	42.71
	女	165	57.29

续表

统计量	类别	数量	比例/%
年龄	60～70 岁	196	68.06
	70～80 岁	70	24.31
	80～100 岁	22	7.63
受教育情况	文盲	209	72.57
	小学辍学	41	14.24
	初中辍学	23	7.99
	高中辍学	15	5.20
是否为建档立卡贫困户	是	120	58.33
	否	168	41.67

2. 维度选取

老人在身体健康、精神慰藉等方面有特殊的需求，更容易受到贫困、疾病、孤独感的冲击与袭扰，但这些难以用单一收入标准衡量。基于此，本书选取经济水平、居住环境、身体健康、心理健康及家庭关系等 5 个维度，收入/消费、住房条件、卫生条件等 7 个指标对四省藏区老人多维贫困进行测量。其中，经济水平能较好地体现四省藏区老人的生活质量，是测量老人经济贫困最直接的指标。居住环境是反映老人有无居住保障以及生活环境是否有利于自身健康的重要指标。身体健康是老人有效参与脱贫、提高生活满意度的重要依托，身体越健康，藏区老人发生经济贫困和健康贫困的概率越小。心理健康是测量老人内心贫困和精神贫困情况的重要指标。家庭关系是家庭保障功能能否得到充分发挥、老年人的社会权利能否得到有效保护的主要标志。各指标定义如表 5-13 所示。

表 5-13 四省藏区老人多维贫困指标体系及定义

维度	指标	定义
经济水平	收入/消费	人均收入/消费水平
居住环境	住房条件	是否满足无房、危房或居住面积小于 10 平方米

续表

维度	指标	定义
身体健康	卫生条件	是否人畜混居
	健康状况	是否满足残疾、大病、慢性病或营养不良中任一情形
心理健康	内心忧郁度	是否经常感到孤独
家庭关系	家庭赡养	是否经常得到儿女照看
	婚姻状况	是否与配偶同住

3. 多维贫困分析

(1)经济水平维度。本书研究首先按照低收入组(以人均纯收入2736元为标准,即以贫困标准线为界线,人均纯收入低于2736元)、中等偏下收入组(人均纯收入为2736~7221元)、中等收入组(人均纯收入为7221~10310元)、中等偏上收入组(人均纯收入为10310~14537元)和高收入组(人均纯收入为10310~26014元)五个标准值将所调研的老人划分为5组,结果如表5-14所示。由此可知,四省藏区绝大多数老人的收入/消费水平处于中等偏下及其以下水平,该比例为77.43%。其中,处于绝对贫困状况的老人占比达到45.83%,说明藏区老人收入/消费水平堪忧,经济贫困状况较为严重。

表5-14 四省藏区老人收入/消费贫困状况

收入五等分组	人口数/人	占比/%	平均人均纯收入/元
低收入组(贫困组)	132	45.83	1398
中等偏下	91	31.60	3453
中等	46	15.97	8023
中等偏上	19	6.60	11312
高收入组	—	—	—

(2)居住环境维度。近年来,各级地方政府均将藏区环境卫生作为一项重要的民生工程,但由于藏区传统的人畜混居习惯,现阶段虽有78.82%的藏区老人拥有住房保障,但仍有62.50%的老人生活在人畜混居

的环境中(表 5-15)。而这对于藏区老人的身体健康及疾病的防控等均有不利影响:一方面,鼠疫、结核病、疯牛病等疾病会通过直接接触或经由动物媒介(如排泄物等)、被污染的空气等传播,导致身体机能较低的老人生病;另一方面,人畜混居的环境不便于治疗工作的进一步展开,大大降低了疾病控制的有效性。

表 5-15　四省藏区老人住房及卫生状况

项目	人口数/人	占比/%
无房、危房或面积<10 平方米	61	21.18
面积>10 平方米且不是危房	227	78.82
人畜混居	180	62.50
人畜分居	108	37.50

(3)身体健康维度。由表 5-16 可知,四省藏区老人身体健康状况不容乐观,有 51.39%的老人处于身体健康被剥夺的贫困状态中。藏区居民因居住环境高寒、卫生习惯较差、饮食条件单一等原因经常受到结核、肝炎等多发病以及心脏病、高血压等高原慢性病的威胁,尤其是身体机能逐渐下降的老人,患病风险大大增加。藏区基础设施和社会服务环节薄弱,医疗保险、卫生筹资以及服务供给制度尚未完善,再加上健康教育和督导时常缺位,老人的健康难以得到有效的保障。

表 5-16　四省藏区老人身体状况

项目	人口数/人	占比/%
健康	90	31.25
一般	50	17.36
残疾或患重大疾病	148	51.39

(4)心理健康维度。在统计四省藏区老人心理时发现,52.78%的藏区老人内心积极向上,情绪表现为正面(表 5-17),说明四省藏区老人发生精神贫困的概率较低。这可能因为藏区老人普遍信仰佛教,深受

藏传佛教的价值观、人生观、世界观的影响,内心有较为充实的精神依托。此外,与汉族地区不同,藏区老人达到一定年龄阶段以后,便不会承担过重的劳动,也有更多空闲的时间参加寺院举行的宗教仪式和佛事活动等。

表 5-17　四省藏区老人心理状况

项目	人口数/人	占比/%
内心忧郁	51	17.71
一般	85	29.51
积极向上	152	52.78

(5)家庭关系维度。从表 5-18 可以看出,74.65%的藏区老人经常能够得到儿女的照看,与配偶同住的老人占比达到 60.07%,这说明藏区老人得到的家庭关怀比较多。虽然老人参与经济社会生活的频率不断下降,更容易陷入贫困,但因为四省藏区青壮年外出务工比例较低,多数儿女仍然与老人居住在一起,无形中给藏区老人带来了更多的经济支持、生活照料与精神慰藉等。此外,配偶是老人精神慰藉的又一大主要来源,在某种程度上具有不可替代性;与配偶同住的老人能够彼此慰藉与倾诉交流,降低精神贫困发生率。但同时,儿女未外出务工或家有两老,或两者皆有无疑会加大家庭的经济负担,这说明家庭自我养老能力弱,传统家庭养老保障体系难以保障老年人权益。

表 5-18　四省藏区老人家庭关系状况

项目	人口数/人	占比/%
儿女经常照看	215	74.65
儿女偶尔照看	33	11.46
儿女基本不照看	40	13.89
与配偶同住	173	60.07
丧偶或与配偶分居	115	39.93

由本节定量分析可得出相关结论：①四省藏区老人经济贫困状况严重，45.83%的藏区老人处于绝对贫困状况，物质生活水平较低；②藏区老人居住环境堪忧，仅有78.82%的老人有住房保障，62.50%的老人仍居住于人畜混居环境中，应加大住房、卫生方面的整治力度；③藏区老人发生健康贫困的可能性大，51.39%的老人处于身体健康被剥夺的贫困状态中，应重视护理服务、医疗保健等方面的治理；④老人精神状态普遍积极向上，52.78%的老人情绪表现为正面，发生精神贫困的概率较低；⑤藏区老人得到的家庭关怀较多，但家庭自我养老能力弱，60%以上的老人能经常得到儿女、配偶的照顾，但儿女外出务工减少，家庭经济负担加重。

5.3.2 案例分析

前文通过定量分析测算了四省藏区老年人群体的多维贫困程度，但是还没有具体剖析藏区老年人多维贫困的因素、相互关系及政策启示。本节选取三个案例，对老人多维贫困形势进行简要分析。

案例一：四川省理塘县奔戈乡扎嘎拉扎村老人GL，女，78岁，丧偶。在GL丈夫去世之前，GL家生活较富裕。其丈夫生前在外务工，收入颇高，但自从丈夫去世后，家里失去了主心骨，GL独自带着孩子们生活。家中现在有4口人，分别是二女扎西卓玛、大孙女洛绒拥青、二孙女德清翁姆和自己。大女儿已经出嫁，基本每月回来看望老人一次，但生病的医药费主要还是由卓玛承担。GL的腿、心脏、胃、胆囊都不好，视力不行，但由于家中没钱，一直没有就医；卓玛身体也不是很好。2014年家中收入仅10000元，主要是卓玛挖虫草所得，其他收入包括：GL低保收入1200元；卓玛每年交100元，GL可以享受54元/月的养老保险；3000元/年的退牧还草收入。2014年家中住房重建，但仍属于危房，村委会给予2000元作为建房和老人看眼疾的补助，但老人觉得村委会在扶贫方面并没有给他们家特别大的帮助。

GL每天的主要活动是念经，希望可以保佑党、政府和家人，她认为政府的帮助使他们吃得饱、穿得暖，生活比以前好了很多。由于年纪大，行动不便，GL 基本不外出，在家与女儿聊天。现在最大的心愿就是希望女儿和孙女不要饿肚子，能吃饱穿暖，因为家中没有其他劳动力，女儿的负担很重，虽然亲戚朋友会接济一些糌粑土豆，但却是杯水车薪。GL 基本两年才能买一件新衣服，女儿也一年才添置一件新衣服，孙女由于在长个子的阶段，一年买两三件。老人平时只参加两次村上的集体活动，主要是跳锅庄和赛马节。

上述老人贫困统计分析结果显示，四省藏区老人在收入消费、身体健康、卫生环境等维度剥夺较为严重。案例中，GL 家庭主要劳动力的减少，尤其是男主人的早年死亡，对于家庭今后的发展产生了致命的打击（如对家庭的经济条件、GL 的身心状况等）。此外，因 GL 家里只有卓玛一个劳动力，经济收入少，经济来源单一，因此家庭难以脱贫。由此推测，单亲母亲家庭的贫困发生率高于单亲父亲家庭；劳动力数量与家庭致贫可能性呈负相关关系，劳动力数量越多，家庭的收入来源越丰富，家庭致贫可能性更小。GL 年迈多病，卓玛身体也不是很好且收入较少，但仍承担着 GL 的医药费和养老保险费，嫁出去的女儿也每月回来看望 GL 一次，这源于尊重老人的传统在藏区得到充分传承，并且养老保险政策在藏区推行得较好，在缓解家庭养老压力方面发挥了重要作用。GL 家中住房重建，但仍属于危房，环境安全维度被剥夺。GL 的休闲娱乐活动比较单一，以念经和聊天为主，偶尔也会参加一些集体活动，但其精神状态还是比较积极乐观，这可能和藏区宗教影响有关，老人内心有较充实的精神依托并能得到较多的社会关照（如儿女、亲戚朋友以及村委会等的关照）。GL 希望可以保佑党、政府和家人，希望家人能吃饱穿暖，说明藏区老人一方面在漫长的历史积淀中感受到自己生活水平的逐渐提高，认识到党和政府在其中发挥的作用，另一方面仍认识到自己身处贫困，有着强烈的脱贫渴求，对于自己后代的生存和发展深切忧虑。

案例二：甘南州碌曲县西仓寺老年僧人贡某，71 岁，膝下没有儿女，也没有亲戚可以依靠，年老体衰且无积蓄。由于高原气候恶劣，年老的贡某深受双腿关节病的折磨，行走十分不便。藏传佛教的僧人靠寺院供给维持生活，而老年僧人主要是由亲属和弟子照料。弟子少甚至没有弟子、原生家庭经济状况差或如贡某一样没有亲属的老年僧人，一般都无人照顾，老年生活处境艰难。

随着时代发展，藏区传统的僧人养老方式——亲属养老与弟子养老模式，已不能满足其养老需求。藏区僧人群体老龄化现象比较突出，为了解决养老问题，政府为僧人们修建了僧人集中供养点。贡某住进了甘南州第一个特困僧人集中供养点，这里的建筑属于玻璃暖房，每个床位都有客厅、卧室、洗手间，而且配套设施包括餐厅、大灶、活动室等。这栋建筑临近寺院，由寺院管理日常运转，内有床位共 28 个，总投资达 370 万元。甘南州第一批老年特困僧人集中供养点一共有十个，根据寺院和僧人们的养老需求等综合情况拟定选址，符合条件的特困僧人均可申请入驻养老。

在经济水平、居住环境、身体健康、心理、家庭关系等方面，藏区年老僧人贡某的案例体现出更深程度的剥夺。贡某无亲无靠、无儿无女，也没有弟子照料，这一无人照料的状态在特困年老僧人中属于较为普遍现象。贡某失去生活来源，也没有积蓄，消费水平很低。僧人一般都住在寺院的僧房中，不存在人畜混居的情况，卫生条件尚可。贡某年迈，且双腿有疾病，健康状况较差，政府将其纳入低保和医保。贡某作为藏传佛教僧人，宗教信仰使他每天都做功课和诵经，没有家人和弟子陪伴，休闲活动也少，但内心充实。对于贡某来说，住进集中供养点后，衣食住行等基本生活有人照料，就非常满意了，总的来说心态平和乐观。

案例三：甘南州夏河县孤寡老人罗某，75 岁，没受过正规教育，也无儿女可依靠。他年轻时以在草原给其他牧民放牛羊为生。他家里破旧，有时为了方便照看牛羊和起夜，会住在牛棚里，这种情况如同藏区其他的贫困老人一样。2012 年，罗某住进了村里的敬老院，在敬老院拥有独立房间，屋内床、茶几、沙发、电视、柜子等家具齐备。敬老院占地 4000 多平方米，共接纳了 14 名孤寡老人，甘南州像这样的新兴农牧村敬老院一共有 31 座，可满足上千名老人的养老需求。针对藏族老人的生活习俗，装饰均为典型的藏族建筑风格，提供酸奶和糌粑等藏餐、常用药物。罗某在敬老院的基本生活开销由政府付费，另外每年可收到包括社会捐款、供养经费等在内的约3000元供养金。罗某喜欢喝酸奶，最主要的爱好是看电视，特别是看藏语新闻，其余空闲时间常和敬老院的其他老人一起晒太阳、聊天、转经筒。

罗某从来没有想过，孤独生活了半辈子还能住进这样设施完备的房子里，还有专人照料。藏族同胞"逐水草而居"的生活有上千年历史，年轻人外出放牧，老年人则留守家中看守帐篷。虽然随着时代变迁，部分牧民选择定居，但是由于受到传统思想的制约，藏区留守老人的赡养情况远远落后于非民族地区。集中供养点的出现解决了留守老人、孤寡老人等老年群体疏于照料的隐忧，大大改善了罗某的住房条件，保障了其健康状况。罗某接收外部新鲜事物的途径主要是电视，藏区恶劣的自然环境造成老人的娱乐活动单一。以罗某为代表的藏区老年贫困群体由于自身缺乏资本、也无积蓄，要实现稳定脱贫，主要是靠政府托底保障。

根据统计分析和案例分析，相关启示如下。

(1)收入来源结构单一成为家庭养老帮扶难题。目前，大多数藏区家庭的收入来源结构仍然有限，虽然部分家庭还有篆刻经文、挖虫草、外出务工等少许收入，但养殖业和政府转移性支付在家庭收入中仍占较大比例。此外，部分藏区家庭每年在佛教、人情往来等方面的花费相当惊人。这必然导致藏区家庭维持自身开销难度较大，对于大多数体弱多病的老人，更是难以有效照料。如GL家庭的收入主要为挖虫草收入和政府转移性支付，无法保障GL得到有效的就医。因此，藏区仅依靠传统家庭养老模式，农村老人贫困会形成累积性与连贯性，即老人贫困实质是其生命历程中劣势积累的结果，难以有效保障老年人权益。

(2)现代生产方式下老人经济资源获取困难。传统社会不断向现代社会转变的过程中，老人贫困的表征也逐渐演变。在传统的农业社会中，藏区老年人往往是家族或社区的"前辈"或"尊者"，村社中的有威望者往往也是年纪较大的老人，因此老年人具有一定的社会地位和资源掌控能力。老年人凭借其丰富的农业生产经验、村社人际资源、村社管理经验等，更容易在农村中获得较高的生存和生活地位，从而获得一定的资源。然而，随着农村的现代化发展，藏区的老年人也渐渐丧失了原有的优势，其积累的经验在农业生产、社区管理等方面的价值和优势不再明显，甚至在信息化、现代化的市场环境冲击下变得更加脆弱，老年人也就更容易被"边缘化"。因此，如何尽量减轻老年人被"边缘化"的状况，从社会福利角度和社会参与角度给老年人以资源补偿和帮扶是需要关注的重点。

(3) 财富非均衡性转移恶化老人生活条件。在老年人被现代性的"去价值化"后，老年人又往往面临财富非均衡性转移，即其曾经积累的财富容易过早或过多地转移给下一代，从而大大增加自身陷入贫困的可能性。财富的转移往往通过代际的传递来实现，比如通过子女结婚，花掉毕生积蓄给子女盖房，或者通过分家，将土地、固定资产等转移给子女。当财富转移后，如果子女对老年人的赡养不够，就更容易造成老年人的贫困。因此，针对老年人的扶贫，不仅需要政府主导，还需要家庭、子女的参与。

(4) 风俗习惯与文化资本制约老人养老保障。藏区寺院老年僧人的养老模式均为在寺养老，可细分为两种。第一种是主流的传统居舍养老模式，即由僧人自己的弟子照料生活，弟子传承老年僧人的经学、并继承财产。老年僧人的经学造诣与声望直接影响跟随自己学习的弟子数量，弟子数量是老年僧人的养老保障，对暮年生活质量产生正向影响。换言之，僧人的文化资本转化为自己的社会资本。第二种是较为现代化的敬老院（机构）养老模式，主要由政府出资，即邻近寺院修建集中供养点，由寺院进行日常管理，提供专人照料老年僧人。两种模式均与寺院息息相关，僧人都未离开熟悉的生活环境，类似于城市的社区养老模式。从贡某的案例可以看出，虽然政府和寺院给予一定的补贴，基本衣食住行条件能满足需求，但经济上仍然贫困。藏区寺院的年老僧人的多维贫困状况与一般老年人、其他地区寺院的年老僧人的多维贫困状况相比，由于地域、宗教、习俗等多重影响，存在特殊性。

第6章 四省藏区多维贫困治理措施分析

四省藏区多维贫困治理措施主要是指在四省藏区贫困治理中，扶贫主体对扶贫对象的施策行为。近年来，我国政府针对藏区贫困的特殊性、特殊性贫困问题以及优势资源，制定了一系列方针、政策，采取了一系列扶贫措施，主要涉及生态、教育、旅游扶贫、医疗卫生扶贫、对口支援等方面。针对四省藏区主要的贫困特征和相应的扶贫措施，本章主要从生态、对口支援和公共服务等方面对近年来四省藏区在多维贫困治理中的措施进行系统梳理和分析，包括近年来国家和各省涉及四省藏区扶贫的政策和开展情况。

6.1 生态扶贫

6.1.1 生态扶贫内涵

藏区是自然灾害频发的生态脆弱区，"生态贫困陷阱"凸显，生态环境恶化，贫困深化，因此保护生态环境、发挥转移支付益贫性在四省藏区显得尤为必要和迫切。生态扶贫是一种新型的、可持续的扶贫方式，是在绿色发展理念下，以实现贫困地区绿色、可持续发展为指向，将生态环境保护与扶贫开发有机结合，在保护生态中减贫、在减贫中保护生态的绿色扶贫思想和方式(杨文静，2016)，探索在"绿水青山"和"金山银山"（习近平，2014)之间良性互动的扶贫模式，实现经济益贫和生态保护双重目标的有机统一。

为了加强四省藏区生态保护，国家和四省政府出台了一系列政策文件。为了全面了解四省藏区生态环境保护及生态扶贫的具体情况，本节将重点对 2010~2016 年全国结合四省藏区实施的有关生态保护和生态扶贫方面的政策措施进行梳理和分析，以期对四省藏区生态扶贫成果进行全面把握。生态扶贫内在逻辑如图6-1所示。

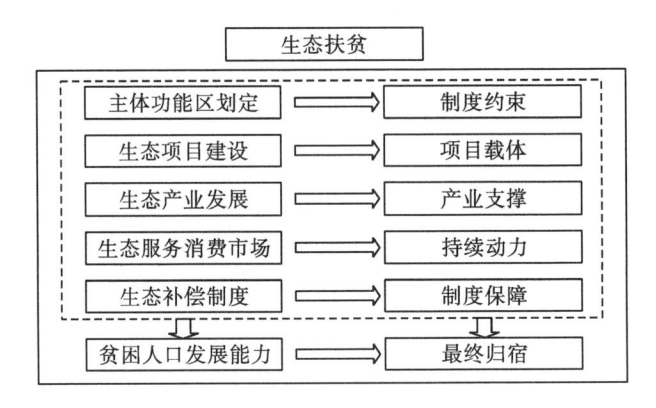

```
                    ┌─────────┐
                    │ 生态扶贫 │
                    └─────────┘
    ┌─────────────────────────────────────┐
    │ 主体功能区划定  ──►  制度约束        │
    │ 生态项目建设    ──►  项目载体        │
    │ 生态产业发展    ──►  产业支撑        │
    │ 生态服务消费市场──►  持续动力        │
    │ 生态补偿制度    ──►  制度保障        │
    └─────────────────────────────────────┘
               │              │
               ▼              ▼
        贫困人口发展能力 ──► 最终归宿
```

图 6-1　生态扶贫内在逻辑

6.1.2　生态扶贫措施

(1) 生态环境建设。由于人文和自然因素的交叉影响,藏区的生态环境逐渐恶化,草地过度放牧、土地沙化等现象频发,生态问题日益突出。为此,国家及地方省市出台包括《国务院关于进一步完善退耕还林政策措施的若干意见》(国发〔2002〕10号)在内的多项文件,在这些地区实施退耕还林(草),对风沙严重的甘肃、青海藏区,培育防护林,进行沙化治理(表6-1)。截至2010年底,四川藏区累计完成生态建设和保护投资70亿元,其中生态环保等民生资金投入为35.62亿元。同时,出台《关于建立健全生态保护补偿机制的若干意见》《生态补偿条例》等文件,通过转移支付对牧区实施牧区草原生态保护奖励,提升农牧民生态保护积极性;对于生态破坏严重的自然保护区实施生态移民。支持搬迁群众安置住房建设、后续产业发展和转移就业安排、迁出区生态保护修复等。截至2015年,四川省牧区牲畜平均超载率较2011年下降35.2个百分点,牧区农牧民人均纯收入为6250元,同比增加3620元;对于地震灾害损害严重的地区,如汶川、玉树,国务院制定《汶川地震灾后恢复重建对口支援方案》《玉树地震灾后恢复重建总体规划》,举全国之力援建[①]。在灾后重建的带动下,藏区的

[①] 资料来源于中华人民共和国中央人民政府官方网站。

投资迅猛增长,仅 2009 年,藏区全社会投资就由 2005 年的 138.9 亿元迅速扩大到 539.7 亿元。玉树灾后重建规划 1248 个项目,累计完成投资 379.25 亿元,城乡居民住房建设完成 40638 套。

表 6-1　国家以及四省藏区生态环境建设政策

项目名称	政策	发布时间	发文部门
生态文明建设	《关于加快推进生态文明建设的意见》	2015 年	国务院
退耕还林工程	《国务院关于进一步做好退耕还林还草试点工作的若干意见》(国发〔2000〕24 号)、	2000 年	国务院
	《国务院关于进一步完善退耕还林政策措施的若干意见》(国发〔2002〕10 号)、《退耕还林条例》	2002 年	国务院
主体功能区划定	《全国主体功能区规划》《四川省主体功能区规划》《甘肃省主体功能区规划》等	2010 年	国务院、四川省人民政府、甘肃省人民政府
生态补偿	《关于建立健全生态保护补偿机制的若干意见》《生态补偿条例》	2011 年	国家发展和改革委员会(简称国家发改委)
	《2011 年草原生态保护补助奖励机制政策实施指导意见》	2011 年	农业部、财政部
	《新一轮草原生态保护补助奖励政策实施方案(2016—2020 年)》	2015 年	农业部、财政部
灾后重建	《汶川地震灾后恢复重建对口支援方案》《玉树地震灾后恢复重建总体规划》	2008 年 2010 年	国务院 国务院
生态保护	《西部地区重点生态区综合治理规划纲要(2012—2020)》	2012 年	国家发改委

资料来源:由国务院、林业部以及相应省(市、州)官方网站资料整理得到。

(2)生态制度保障。为了在生态扶贫方面给予制度保障,中共中央、国务院以及地方省市出台包括《中国农村扶贫开发纲要(2011—2020 年)》《中共中央国务院关于打赢脱贫攻坚战的决定》等多项政策和法规,其内容明确提出要处理好扶贫开发与环境保护的关系(表 6-2)。在 2015 年中央扶贫工作会议中,习近平总书记提出"五个一批",其中"异地搬迁脱贫一批""生态补偿脱贫一批",体现了生态扶贫的重要性。同时,国家也建立主体功能区制度、生态红线保护制度、生态补偿制度等以约束藏区的经济与社会行为,同时制定相应的经济社会发展规划、扶贫专项规划等,如《"十三五"脱贫攻坚规划》,为该区域生态保护、恢复、发展提供制度保障。在加大生态保护补偿力度方面,健全各级财政森林生态效益补偿补助标准动态调整机制,调动森林保护相关利益主体的积极性,完善森林生态效益补偿补助政策,推动补偿标准更加科学合理。抓好森林生态效益补偿资金监管,保障贫困群众的切身利益。在四川、甘肃、云南等地的牧区半牧区县实施草原生态保护补助奖励政策,及时足额向牧民发放禁牧补助和草畜平衡奖励资金。

表 6-2　国家生态扶贫制度保障举措

政策和会议名称	政策内容	发布时间	发布机构
《中国农村扶贫开发纲要(2011—2020年)》	坚持扶贫开发与生态建设、环境保护相结合	2011年	国务院
《中共中央国务院关于打赢脱贫攻坚战的决定》	坚持保护生态,实现绿色发展,牢固树立"绿水青山就是金山银山"的理念	2015年	国务院
2015年中央扶贫工作会议	异地搬迁脱贫一批、生态补偿脱贫一批	2015年	中共中央
《"十三五"脱贫攻坚规划》	处理好生态保护与扶贫开发的关系,加强贫困地区生态环境保护与治理修复	2016年	国务院

资料来源:由国务院、中共中央统一战线工作部官方网站资料整理得到。

(3)生态产业发展。引导贫困县拓宽投融资渠道,落实资金整合政策,强化金融保险服务,着力提高特色产业抗风险能力。培育壮大生态产业,促进一、二、三产业融合发展,通过入股分红、订单帮扶、合作经营、劳动就业等多种形式,建立产业化龙头企业、新型经营主体与贫困人口的紧密利益联结机制,拓宽贫困人口增收渠道。为了充分发挥四省藏区丰富的旅游资源优势、发展生态旅游产业,国家及地方出台《四省藏区旅游业协同发展规划(2016—2025)》《四川藏区"十二五"旅游业发展规划》《关于加快果洛州旅游业发展的意见》《四川藏区旅游业发展三年行动计划(2014—2016年)》等文件,支持四省藏区生态旅游业发展(表6-3)。根据四川大学发布的《2014年四川藏区全域旅游发展报告》显示,"十二五"规划期间,四川藏区旅游经济保持高速增长,呈现出快速发展的态势。2014 年,四川藏区旅游业创造产值 323.97 亿元,接待游客达 2927 万人次;青海省走以昆仑玉、热贡艺术等为特色的文化产业发展之路,带动从业人员近 10 万人;云南省迪庆藏族自治州利用其立体气候,创造生物产业产值 30.4 亿元。同时,为巩固天然林保护、防沙治沙等项目的成果,在藏区大力发展林下经济,开展林下种植、林下养殖、林下产品初级加工等生产经营活动,地方政府也出台《关于加快转变农牧业发展方式促进高原特色现代生态农牧业发展的实施意见》等文件给予制度保障,仅汶川县 2015 年便建成 3.5 万亩林下种植基地,创收 200 余万元。建设林特产品标准化生产基地,推广标准化生产技术,促进特色林产业提质增效,因地制宜发展贫困地区区域特色林产业,做大产业规模,加强专业化经营管理。以发展具有地方和民族特点的林特产品初加工和精深加工为重点,延长产业链,完善仓储物流设施,提升综合效益。为了节约能源,践行绿色发展,国家及地方政府在藏区大力扶持光伏产业。截至 2015 年,青海藏区已建成大型光伏电站 150 座,并网装机容量为 470 万千瓦,主要分布在海北州、海南州和海西州等。

表 6-3　四省藏区生态产业发展举措

产业类型	生态产业政策	发布时间	发文部门
生态农林牧业	《云南省迪庆藏区特色农林牧业现代化建设综合试点方案(2016—2018 年)》	2015 年	云南省农业厅
	《甘肃省林果产业发展规划(2016—2020 年)》	2015 年	甘肃省农业技术推广总站
	《关于加快转变农牧业发展方式促进高原特色现代生态农牧业发展的实施意见》	2016 年	国务院办公厅
旅游业	《四川藏区"十二五"旅游业发展规划》	2011 年	四川省人民政府办公厅
	《关于加快果洛州旅游业发展的意见》	2013 年	青海省人民政府办公厅
	《四省藏区旅游业协同发展规划(2016—2025)》	2016 年	国家旅游局
	《青海湖国际重要湿地保护与恢复工程》	2017 年	国家发改委、国家林业局

续表

产业类型	生态产业政策	发布时间	发文部门
光伏产业	《青海省人民政府办公厅关于促进青海光伏产业健康发展的实施意见》	2014 年	青海省人民政府办公厅
医药产业	《青海省人民政府办公厅关于促进医药产业健康发展的实施意见》	2016 年	青海省人民政府办公厅

资料来源：由青海省人民政府、云南省林业厅等官方网站资料整理得到。

（4）生态产品消费。生态产品消费市场是生态扶贫的重要组成部分，也是生态扶贫的持续动力。生态产品包括从自然获取的实物产品，如木材、材料等，还包括气候调节、涵养水源、生物多样性等生态服务，如若尔盖湿地的水源涵养功能，每年供给黄河 30%以上的水源。同时，碳汇产业也是生态服务消费的重要产业形态，如通过森林碳汇、草原碳汇、湿地碳汇等碳交易形式，藏区农牧民可以从中获取经济效益。结合全国碳排放权交易市场建设，积极推动清洁发展机制和温室气体自愿减排交易机制改革，研究支持林业碳汇项目获取碳减排补偿，加大对四省藏区等贫困地区的支持力度（表 6-4）。生态产品消费为贫困地区增收提供了新途径，如 2010~2013 年国家林业局对口支援青海藏区林业发展期间，累计林业投资达 69.3 亿元，推行碳汇试点造林 2.05 万亩（1 亩≈666.67 平方米），新增两处国家重点林木良种基地；新建沙棘基地 16.1 万亩、枸杞基地 27.6 万亩，林业产业总产值达到 33.82 亿元。

表 6-4　四省藏区生态产品发展举措

生态产品类型	生态产品政策	相关内容	发布时间	发文部门
碳汇产品	《中共中央国务院关于加快推进生态文明建设的意见》	通过增加森林、草原、湿地、海洋碳汇等手段，有效控制二氧化碳、甲烷等温室气体排放	2015 年	国务院办公厅

资料来源：由中国林业网（http://www.forestry.gov.cn/）整理得到。

（5）生态扶贫创新。①在贫困地区，尤其是深度贫困民族地区，更要根据地区的实际情况，在原有生态保护措施、机制的基础上，灵活利用资源。推进森林资源有序流转，推广经济林木所有权、林地经营权等新型林权抵押贷款改革，拓宽贫困人口增收渠道。地方可自主探索通过赎买、置换等方式，将国家级和省级自然保护区、国家森林公园等重点生态区范围内禁止采伐的非国有商品林调整为公益林，实现社会得绿，贫困人口得利。推进贫困地区农村集体产权制度改革，保障农民财产权益，将贫困地区符合条件的农村土地资源、集体所有森林资源，通过多种方式转变为企业、合作社或其他经济组织的股权，推动贫困村资产股份化、土地使用权股权化，盘活农村资源资产资金。②推广生态脱贫成功样板，积极探索通过生态保护、生态修复、生态搬迁、生态产业发展、生态乡村建设，带动贫困人口精准脱贫增收，研究深度贫困地区生态脱贫组织形式、利益联结机制、多业增收等措施和政策，及时总结提炼好的经验模式，打造深度贫困地区生态脱贫样板，积极推广好经验、好做法，在脱贫攻坚中更好地保护生态环境，帮助贫困群众实现稳定脱贫。③对生态管护岗位进行规范化管理，研究制定生态管护员制度，规范生态管护员的选聘程序、管护范围、工作职责、权利义务等，加强队伍建设，提高生态资源管护能力。加强生态管护员上岗培训，提升业务水平和安全意识。逐步加大贫困人口生态管护员选聘规模，重点向深度贫困地区、重点生态功能区及大江大河源头倾斜。立足"抓生态促增收、抓环保促发展"的思路，四川省阿坝藏族羌族自治州若尔盖县加大贫困人口脱贫力度，将生态扶贫和湿地保护工作相结合，依托 2016 年、2017 年中央湿地生态效益补偿项目资金和 2017 年公益林管护资金，兑现 297.7 万元用于建档立卡贫困户湿地生态效益补偿，补偿面积达 117535 亩，惠及 403 户 1513 人，提供就业岗位 62 个。

6.1.3 典型案例——甘南州"生态立州"战略

藏区的社会经济发展，离不开绿色的主基调。生态是四省藏区的底线，应当大力建设生态、文明、美丽的藏区新居，帮助藏区的贫困农户发展可持续性的产业，提升可持续发展能力，达到保护中发展、发展中保护的双向良性循环格局，生态资源已成为四省藏区推动发展新的经济增长点的"家底"。

1. 案例背景

自20世纪90年代起，受自然和人为等多重因素影响，甘肃省甘南州的生态环境日益恶化。由于当地牧民超载饲养牛羊等牲畜，草场退化、河水断流，牲畜长期食物不足，最终陷入"贫困—过度过牧—草场恶化—贫困"的"怪圈"之中。

2. 主要举措

(1)退牧还草以休养生息。在国家及甘肃省的支持下，从2003年开始，为加强鼠害治理，甘南州实施了退牧还草等大型工程，划定禁牧草原800多万亩、草畜平衡区近3000万亩，对生态脆弱地区实施移民搬迁，十分注重草场的保护和休养生息。

(2)生态革命构建生态文明。发起注重生态保护、建设生态文明、发展生态经济的"生态革命"，从农村村庄开始，大力宣传绿色生态保护意识，并将其作为构建生态文明社会的"第一阵地"，而小康村建设是连接自然环境和群众幸福生活的重要链条，是藏区开展生态文明建设的关键。

(3)生态扶贫，政策先行。启动实施了《甘南州生态文明先行示范区建设实施方案》等多套政策方案，呼吁社会各界积极参与到生态扶贫之中，综合运用宏观政策、相关法律、普及宣传等多种手段，创造生态环境保护的大格局，以期从根本上扭转生态恶化的趋势。

3. 成效与启示

(1)草畜平衡，改善生态。在草畜平衡初期，通过教育转变牧民生态保护意识，禁止私自放牧，逐渐改善草场生态，提升牧草质量，清洁河流水源，让牧民直观感受生态保护条件下，牲畜的养殖优势。以良性循环的结果，增强牧民保护草场的积极主动性。

(2)生态与效益"双赢"。要想使经济和生态实现"双赢"，一方面，要让草原在生态的条件下为当地农户提供收益。在保护草原生态的前提条件下，积极发展特色生态经济产业项目，把产业扶贫作为增加农牧民可持续性收入的重要手段,同时也要将改善农牧民生活环境和发展旅游结合起来。

6.1.4 典型案例延伸阅读：班玛县"两域三线格局,凸显特色产业"战略

藏区独特的地域、气候条件,孕育了独具特色的文化风俗,但这些地区往往自然条件恶劣、交通不便,思想较为闭塞。藏区丰富的生态资源是国家生态屏障建设的重要支撑,因此应实施大规模的生态保护和退牧还草工程等举措。生态资源具有多重价值,充分认识和利用生态与脱贫之间的关系,将是藏区贫困人口脱贫的重要转折。

1. 案例背景

青海省果洛藏族自治州班玛县,位于四川省与青海省交界处,属于三江源地区,由于社会发育程度低、经济发展较落后,也是各类社会矛盾与冲突多发的地区,即藏区发展的"塌陷带"。班玛县贫困率较高,甚至在藏区中也位于前列。但这里有着丰富的生态资源和红色旅游资源,当地政府因地制宜,加快了脱贫攻坚步伐。

2. 主要举措

(1)在多柯河流域以畜牧业为主导产业。采取合作社整合、流转草场创新经营机制,按畜群重新划区轮牧,整合牲畜,按类重新组群放牧。按技能分工劳动力,挑选放牧能手从事放牧,选举懂经营、善管理的能人领办合作社,其余劳动力转向二、三产业。整合财政资金,建设畜用暖棚、畜牧良种工程、人工饲草基地、草原围栏、免疫注射栏等,既改善了基础设施,又提高了资金使用率。在多柯河流域将大面积草场流转出来,承包给合作社,贫困户以草场、牲畜入股,年底从合作社整体收益当中分得股金。合作社一方面盘活了草场,一方面可以吸收有劳动能力的贫困户在自家草场上务工,得到稳定的收入。通过盘活草场、解放劳力,主打有机畜牧业,从而扶持精准户走发展致富之路。在马可河乡

玛格勒生态畜牧业合作社和吉卡乡贡章生态畜牧业合作社开展草地生态畜牧业实验区建设试点。班玛县马可河乡马格勒村实施生态畜牧业专业合作社"奶牛养殖"项目，马可河乡共整合草山 13.5 万亩，所有牲畜采取"单独组群放牧，统一实施管理"的经营模式，选择懂经营、会管理的牧户作为养殖点，乡兽医站技术人员对养殖点牧户进行专业技术指导。全村 95%的牧户主动加入了生态畜牧业合作社，将于年末从中得到产业效益分红。开展草牧业改革试点工作方面，2017 年投资 300 万元实施了班玛县草原生态补偿机制后续产业发展及草牧业发展实验点项目，建立高标准饲草基地 0.3 万亩、天然草场改良 1.3 万亩，极大地解决了牲畜越冬饲草矛盾。

(2) 在玛柯河流域以特色种植业为主导产业。首先是发展藏茶产业。在玛柯河流域以藏雪茶为龙头产业，并延伸出集种植、加工、包装和销售为一体的产业链，大力发展当地的林下产品，使其融入这一产业链当中，从而达到贫困户就业、促进贫困户增收的目的。按照"优势产业、优势资源、优势区域、优先发展"的原则，确立了大力发展藏茶产业的战略思路，编制完成了《青海省班玛县藏茶基地建设与产业发展规划》，以野生藏茶资源开发利用为突破口，寻找发展特色产业的新路子。按照这一规划，全县将在玛柯河两岸建设、布局、完善藏茶种植、种苗繁育、生产加工的三大基地，建立技术服务、科技示范、营销和产品质量安全监管的四大体系。目前，班玛县在玛柯河两岸的撂荒地、宜林地和成效不佳的退耕还林地栽植藏茶，已完成 1.05 万亩的藏茶栽植任务，并同步做好了浇水和网围栏建设。其次，在玛柯河流域大面积推行土地流转，不仅打造万亩藏茶建设，还重点打造千亩青稞、百亩蔬菜基地建设，实行股金制和劳务输出收入制，保证贫困户增收脱贫。充分结合班玛资源优势，切实抓好发展特色产业增收脱贫，坚持资金跟着穷人走、穷人跟着能人走、能人跟着产业项目走、产业项目跟着市场走的"四跟四走"产业扶贫路子，带动贫困群众通过发展产业增收。保证每个贫困村有一个产业持续有效发展，比如在达卡乡多娘村实施大黄种植，佐诺村实施蕨麻种植，在亚尔堂乡王柔村建立百亩蔬菜基地，在灯塔乡仁青岗村建立百亩马铃薯基地。以开发野生藏雪茶资源为突破口，积极寻找发展各乡镇特色产业的新路子。达卡乡是班玛县最贫困的一个乡，利用精准扶贫等项目，开发当地大黄、蕨麻等中药材，为牧民群众增收；该乡还成立了农牧民合作社，以"合作社+农户"的形式管理大黄、蕨麻的种植、销售，解决牧民群众的后顾之忧。

(3) 依托"三线"（三条县域公路主干线）发展生态旅游业。依托班玛独特的红色旅游资源，发展生态旅游经济。以生态环境保护为前提，以强化旅游基础设施和景区建设为基础，深度挖掘文化内涵，提高旅游产品的观赏性、参与性和体验性，构建特色旅游发展格局。将乡村旅游建设成为"高原美丽乡村"的重要载体，引导贫困户发展旅游业及地方特色旅游产品，拓宽增收渠道，实现贫困群众增收。

(4) 公益岗位与生态保护相结合。争取新增生态管护公益性岗位名额，落实完善草原生态保护补助奖励政策，聘用符合条件的建档立卡贫困户为管护员，实现了"以保生态增就业，以就业促脱贫"的攻坚模式。这种模式既解决了部分贫困户的生计问题，也加强了森林与草原生态管护力度。2017年新增519名建档立卡贫困户草原生态管护员的选聘工作。班玛县草原生态管护员达到745名，管护员月管护工资为1800元，年管护工资总额为1609.2万元。

3. 成效与启示

(1) 因地制宜，脱贫增收。班玛县通过发展特色种植业来推进精准扶贫工作，充分发挥"授人以渔"的重要作用，按照因地制宜、技术扶持、因户施策的办法，发挥贫困户自主能力，选准脱贫产业，向外学习高效种植技术，探讨适合当地发展的特色种植业，进一步促进低收入牧民群众增收致富，从根本上解决脱贫。全力推进特色产业快速发展，从一定程度上解决了经营收入低、模式单一等问题。

(2) 生态环境与经济发展双丰收。班玛县"两域三线"扶贫格局的精确定位，立足生态保护与经济发展，进一步推动扶贫开发向"造血式""精准式"转变，为全面完成脱贫攻坚筑牢基础。以龙头产业藏茶为例，从经济效益看，班玛县藏茶产业项目进入正常生产经营期，年生产各类鲜茶 200 多万公斤，可制成毛尖茶、青茶、红茶、砖茶等，再加上苗木和出售鲜茶，年纯利润将达 1.5 亿元。从生态效益看，经测算，藏茶经济林年涵养水源量约为 118.39 万立方米，年涵养水源的经济效益约为 7249.8 万元；年固土量约为 66.9 万吨，年固土经济效益约为 3217.1 万元；年固碳量为 0.26 万吨，释氧量为 0.71 万吨，年固碳释氧经济效益约为 1026.5 万元；年净化大气环境价值量为 163.6 万元，积累营养物质价值量为 40.4 万元。从社会效益看，一方面，农牧区劳动力经过技术培训和技能实践进入藏茶种植经营行业，有助于牧民群众提高文化素质，提高生活水平；另一方面，挖掘古老久远的藏茶历史文化，也将助推藏族地区经济融合发展，对传承藏茶文化起到重要的推动作用。

(3) 创新高效机制促发展。在畜牧业方面，建立以牧民合作经济组织为载体的生态畜牧业产业化发展机制，富余劳动力得到有效分流，草畜平衡机制得到有效建立，牧民增收实现多元化，从根本上解决人、畜、草三者矛盾，实现畜牧业持续发展、牧民收入持续增长，生态环境得到保护"三赢"。在产业园区建设方面，金色文化扶贫产业园、绿色农林扶贫产业园、红色旅游扶贫产业园三大产业区作为拉动班玛县脱贫攻坚工作的"三辆马车"，培育了藏茶生产等多个新型产业，解决转移就业岗位 150 个，1662 名贫困群众从产业园中得到效益分红。

6.2 电商扶贫

6.2.1 电商扶贫的内涵

近年来，随着互联网的普及和农村基础设施的逐步完善，我国农村电子商务发展迅猛，交易量持续保持高速增长，已经成为农村转变经济发展方式、优化产业结构、促进商贸流通、带动创新就业、增加农民收入的重要动力。但从总体上看，贫困地区农村电子商务发展仍处于起步阶段，电子商务基础设施建设滞后，缺乏统筹引导，电商人才缺乏，市场化程度低，缺少标准化产品，贫困群众网上交易能力较弱，影响了农村贫困人口通过电子商务就业创业和增收脱贫的步伐。

电商扶贫的理念首先由汪向东于 2011 年在"互联网时代我国农村减贫扶贫新思路——'沙集模式'的启示"一文中提出，该文通过对沙集镇东风村的电商发展在当地经济发展及减贫脱贫方面的积极作用进行具体分析，认为"对于我国农村减贫扶贫来说，建议国家在谋划'十二五'农村减贫扶贫规划和编制农村扶贫新的'十年纲要'时，应将电子商务纳入相应的政策与工作体系中去"。汪向东认为电商扶贫即电子商务扶贫开发，就是将今天互联网时代日益主流化的电子商务纳入扶贫开发工作体系，作用于帮扶对象，创新扶贫开发方式，改进扶贫开发绩效的理念与实践。林广毅(2016)认为，农村电商扶贫的主要手段是促进农村贫困地区的电子商务发展，以此促进当地经济的发展，通过经济的发展带动帮扶对象减贫脱贫。电商扶贫的根本目的是要帮扶贫困家庭减贫脱贫，既可以直接作用于帮扶对象，即让贫困者直接参与电子商务相关的创业或就业，提高其收入水平，也可以间接作用于帮扶对象，即让贫困家庭因当地电子商务及相关产业的发展而获益。因此，电子商务的作用形式是多样的，不仅包括帮助贫困户开网店，通过电商技能培训让贫困户具备参与电商工作的能力，还包括促进非贫困户发展电商产业，以此带动贫困户的减贫脱贫。

四省藏区是全国 14 个集中连片特困地区之一，也是深度贫困地区。由于其特殊的自然和社会环境，农村电信基础设施滞后，电子商务人才缺乏，四省藏区农村电子商务的发展严重滞后。四省藏区拥有丰富的自然资源，其特殊的自然地理环境和民族文化使当地居民生产出各类丰富的物质产品，这些产品由于交通、市场等因素的限制，农民很难找到市场，贫困群众增收受到限制，因此发展农村电商，开展电商扶贫具有重要意义。

6.2.2 电商扶贫的主要政策措施

电商扶贫作为一种新型的扶贫开发机制，被国务院列为精准扶贫十大工程之一,是精准扶贫的重要载体,也是转变农业发展方式的重要手段,近年来受到了党和政府的高度关注。2015年11月,国务院办公厅发布了《关于促进农村电子商务加快发展的指导意见》,该意见提出了"三大"重要任务和"七大"政策措施。"三大"任务包括:积极培育农村电子商务市场主体、扩大电子商务在农业农村的应用、改善农村电子商务发展环境。"七大"措施包括:加强政策扶持、鼓励和支持开拓创新、大力培养农村电商人才、加快完善农村物流体系、加强农村基础设施建设、加大金融支持力度、营造规范有序的市场环境。2016年11月,为贯彻落实《中共中央、国务院关于打赢脱贫攻坚战的决定》和国务院办公厅《关于促进农村电子商务加快发展的指导意见》要求,进一步创新扶贫开发体制机制,将电商扶贫纳入脱贫攻坚总体部署和工作体系,实施电商扶贫工程,推动互联网创新成果与扶贫工作深度融合,带动建档立卡贫困人口增加就业和拓宽增收渠道,加快贫困地区脱贫攻坚进程,国务院扶贫开发领导小组办公室出台了《关于促进电商精准扶贫的指导意见》,该意见包括五大部分,明确了开展电商精准扶贫的九大任务,即:①加快改善包括四省藏区在内贫困地区电商基础设施;②促进贫困地区特色产业发展;③加大贫困地区电商人才培训,为农村电商精准扶贫提供人才支撑;④鼓励建档立卡贫困户依托电商就业创业;⑤支撑电商扶贫服务体系建设;⑥推进电商扶贫示范网店建设;⑦进一步整合资源,对基层传统网点实施信息化升级改造;⑧加强东西部电商扶贫产业对接协作;⑨动员社会各界开展消费扶贫活动。该意见为电商精准扶贫的基础设施建设、特色产业发展、产品销售、人才培养以及发展方向提供了思路。2017年5月,为进一步推动农村电子商务加快发展,财政部、商务部、国务院扶贫办决定进一步开展电子商务进农村综合示范工作,四省藏区被纳入试点范围。

除中央制定的关于促进电商精准扶贫的各项政策措施以外,青海藏区、四川藏区、甘肃藏区以及云南藏区都根据本地区的实际情况,对开展电商精准扶贫制定了支持政策。

青海省通过一系列政策组合，大力开展电商精准扶贫，为藏区农牧民脱贫奔小康创造新途径。2016年5月，青海省政府出台了《关于大力发展电子商务加快培育经济新动力的实施意见》，该意见明确提出要大力发展农牧区电商精准扶贫，加快农牧区电子商务服务体系建设，统筹利用农牧区商贸、供销、邮政、客运、货运资源，加快建设县级电子商务服务中心、乡镇电子商务服务站和村级电子商务服务点，基本实现全省农牧区电子商务服务体系全覆盖。同时，扩大电子商务在农牧区的应用，在农牧业生产、加工、流通等环节加强互联网技术的应用和推广，支持条件成熟的地区依托特色农牧业，建立产供销一体化农畜产品网上营销平台，扩大农畜产品网上购销规模，推动面向农牧民的生活服务、休闲娱乐、旅游、金融等领域的电子商务应用。2017年7月，青海省政府结合本省电子商务和农村牧区经济社会发展实际制定了《青海省电子商务进农村综合示范工作方案》，该方案进一步明确青海藏区健康扶贫实施路径，为青海藏区脱贫攻坚打下坚实基础。在此基础上，青海藏区各贫困县也相继出台关于促进电商扶贫的政策措施，祁连县作为全国第二批电子商务进农村示范县，先后制定了《祁连县电商扶贫工作实施方案》《电子商务进农村综合示范项目验收办法》《祁连县电子商务信用管理办法》《祁连县农村电子商务市场秩序监管指导意见》《关于在电子商务工作中做好农畜产品流通标准化的意见》《祁连县电子商务发展扶持奖励办法》等一系列政策文件，这些政策文件对祁连县电商扶贫产生巨大作用。此外，青海藏区还积极探索"电商+合作社+农户""互联网+农户+旅游"等扶贫生态模式，引导电商企业同农村合作社、养殖种植大户、贫困户合作对接，开展电商扶贫试点，培育扶持贫困地区发展特色产业，通过建立产供销一体的营销网络，将农牧民、贫困户吸纳进入扶贫生态链条，帮助农牧民实现农产品销售。同时，推广"一店带多户、一店带一村"的扶贫模式，由龙头企业、致富带头人和驻村扶贫干部结合本地资源，开展网上订单农业和认购定制销售，带动贫困户开展以绿色种植、生态养殖等为主要内容的产业扶贫，鼓励电商带头人组织当地贫困户通过开设网店、微店开展创业扶贫。

青海藏区电商扶贫效果显著，电商已经成为藏区农牧民脱贫致富的重要手段。2015~2018年，青海省积极争取中央财政专项资金2.9亿元，支持湟中、民和、刚察等18个藏区县开展国家电子商务进农村综合示范县创建工作。截至2017年底，青海藏区已建成11个县级电子商务中心、5个县级仓储物流配送中心、133个乡镇级电子商务综合服务站、639个村级电子商务综合服务点，其中村级电子商务服务站点覆盖青海200多个贫困村，带动青海藏区部分地区的41个贫困村的1250余户贫困户近5000名贫困人员通过发展特色养殖、种植、手工编织等产业，实现年人均增收5175元。

四川藏区电商扶贫起步较晚，但是成效显著。2016年，四川省启动实施电商精准扶贫试点，四川由此迈入电商精准扶贫的元年。2016年4月，四川省人民政府发布了《2016年四川省电子商务精准扶贫工作要点》，该工作要点分为三大部分，其中重点内容在于确立了四川省电商扶贫七大重点实施任务，包括：实施电商扶贫人才培训；搞好大型电商企业；构建双向流通体系以及区域农产品资源整合；建好支撑（电信基础设施建设、农产品认证、仓储物流）；强化考核与巩固提升；扩大电商扶贫实施范围；培育区域特色优势品牌。2017年3月，四川省人民政府又发布了《2017年全省电子商务精准扶贫实施方案》，该方案以四川88个贫困县为重点区域，以建档立卡贫困村为重点对象，重点聚焦2017年减贫任务，全年建设包括四川藏区县在内的15个电商脱贫奔小康示范县，培养电商精准扶持贫困人口1.5万人次，探索打造具有市场竞争力的农村电商服务体系，推进贫困县电商服务的标准化、规模化、品牌化。同时，该方案确立了5个重点工作任务，即：①推进县域电商扶贫示范；②鼓励创新融合发展，积极探索"一村一店"网店扶贫模式，注重依托龙头企业、农民合作社、知名电商进行技术指导和市场营销；③健全电商支撑体系，加快贫困地区电信基础设施、仓储物流等基础设施建设，培育区域特色品牌；④建设电商扶贫主体队伍；⑤优化电商发展环境。依托国家、省政府的各项政策，四川藏区各州、县也制定了相应的电商精准扶贫措施，2016年阿坝州人民政府出台了《阿坝州电子商务"十三五"行动计划》，该计划明确提出提高电子商务扶贫开发水平，把电子商务纳入扶贫开发工作计划，实施电子商务精准扶贫工程，鼓励各县(市)探索电子商务精准扶贫模式，建立一批电子商务精准扶贫乡(镇)、村和新型农(牧)业经营主体，建设县、乡(镇)、村电商服务站(点)，提升贫困地区交通物流、网络通信等发展水平，增强农牧民利用电商创业、就业的能力，推动特色农(牧)副产品、旅游产品销售，增加贫困户收入，实现电子商务精准扶贫脱贫目标。2017年，甘孜藏族自治州出台了《关于加快推进电子商务发展的实施意见》等一系列政策措施，进一步优化电商发展环境。2018年1月，甘孜州启动全域电商扶贫行动，分别与成都京东、天猫原产地官方旗舰店、四川顺丰、"全球时刻"签订农村电子商务战略合作协议，协议涵盖农特产品推广、电商扶贫、"互联网+物流"、农村电子商务等方面。

四川藏区通过大力实施电商精准扶贫，取得显著成效。2016年，四川藏区小金县作为唯一的四川藏区县被列入国家级电子商务进农村示范县；2017年，九寨沟县、马尔康市、泸定县、茂县、松潘县、乡城县、理塘县、金川县、黑水县、甘孜县、丹巴县共计11个藏区县被列入国家级电子商务进农村示范县。分地区来看，2017年阿坝州立足区域丰富的自然资源，阿坝全州网络零售额实现71.58亿元，同比增长36.68%，居全省第四，同时据四川电子商务大数据中心统计数据显示，2016年阿坝网商活跃度全省排名第一。2017年，甘孜州加快电子商务追赶发展步伐，有序推进农村电商和电商精准扶贫工作，截至2017年底，甘孜全州实现电子商务网络交易额18.29亿元，增长109.24%，增速居四川第一位；实现网络零售额12.87亿元，增长55.85%，增速居四川第二位；实现实物型网络零售额0.96亿元，增长71.23%。

农村电子商务既"输血"，又"造血"，是精准扶贫、精准脱贫的重要手段。甘肃省近年来高度重视电商扶贫工作的实施，将电子商务与扶贫攻坚相结合，并列入精准扶贫"1+17"工作计划。2015年6月，甘肃省商务厅、工业和信息化委员会、扶贫办制定《甘肃省精准扶贫电商支持计划实施方案》，该方案指出电商扶贫主要任务是建立"六大体系"，即：①行政推进体系；②网店服务体系；③网货供应监管体系；④网络物流体系；⑤人才培训体系；⑥考核评价体系。"六大体系"的建设解决了甘肃藏区电商扶贫开展的软硬件基础。同时方案还确立六个重点内容，即：推进农村宽带网络建设、强化物流快递支撑、壮大贫困地区网上经营主体、加强贫困地区网络品牌的培育、强化电商扶贫金融服务支撑、注重试点示范引领(实施国家电子商务进农村综合示范项目、电商扶贫试点和省级电子商务示范县三项示范创建工作，发挥示范作用，以点带面，加快电子商务向农村特别是藏区贫困地区覆盖；同时推进阿里巴巴集团"千县万村"、京东集团"千县燎原"和苏宁"农村电商"计划落地)。该方案的实施为甘肃藏区电商扶贫提供了更加符合实际的政策支撑。在此基础上，甘肃藏区各州、县也出台一系列支持电商精准扶贫的政策措施。甘南藏族自治州制定了电子商务发展工作实施方案、宣传方案、电商人才培训实施方案等一系列的方案计划，州、县(市)、乡(镇)三级成立电子商务工作领导小组，建成"甘南商务"微信平台、"甘南州电子商务中心"门户网站，创建"甘南电商报"，拍摄甘南州电商扶贫专题系列宣传片，制定并印发《甘南州电子商务宣传方案》，营造全州电商产业扶贫发展氛围。天祝藏族自治县为助推电商精准扶贫，2015年以来先后出台了《天祝县关于加快电子商务产业发展的实施意见》《天祝县扶持电子商务发展的实施意见》《天祝县2017年电子商务专项资金项目实施方案》等政策措施，形成了"政府支持、部门协同、公众参与"的协同机制。

　　甘肃藏区通过一系列政策措施，助推电商精准扶贫飞速发展，取得了巨大的成就，电商精准扶贫已经成为甘肃藏区脱贫攻坚的重要手段。2016年，甘肃藏区临潭县、夏河县入选全国电子商务进农村综合示范县；2017年，甘肃藏区合作市、天祝县入选全国电子商务进农村综合示范县，两年入选4个示范县。截至2017年底，甘南州建立了八县市电子商务服务中心、50个乡镇电子商务服务站、156个村电子商务服务点。合作市、夏河县、临潭县三地乡镇实现了电子商务服务站全覆盖。建成"藏宝网""启源科技""拉卜楞网城""58同城"、淘宝"特色中国·甘南馆"、京东"中国特产·甘南拉卜楞馆"等销售信息网站共计24家,同比增长200%。电商企业共计150家,同比增长150%。"藏宝网"入围商务部2017~2018年国家级电子商务示范企业,卓璞堂洮河砚艺坊等8家网店被评为省级优秀网店。

由于云南特殊的自然环境,其绝大部分处于禁止开发或者限制开发区域,电商精准扶贫成为云南藏区脱贫攻坚的重要手段。近年来,云南省高度重视电商精准扶贫在消除绝对贫困、治理多维贫困中的重要作用,2016年以来先后制定了多项促进电商扶贫发展的指导意见和政策措施。2016年8月,云南省政府出台《云南省人民政府办公厅关于促进农村电子商务加快发展的实施意见》,成为云南省开展电商扶贫的指导性文件。该意见分为4部分,包括总体思路、工作目标、主要任务和保障措施,共11条,《实施意见》提出了"培育发展农村电子商务市场主体、加快农村电子商务公共服务平台建设、提高农村电子商务应用水平、健全农村电子商务物流体系、推进实施重点工程、营造农村电子商务发展环境"等6个方面的具体工作促进全省农村电子商务快速发展。2017年7月,云南省扶贫办出台了《云南省电商精准扶贫实施方案》,方案提出要结合当地脱贫攻坚实际,积极协调各级扶贫项目资金,支持电商精准扶贫工作,采取以奖代补、政府购买服务等方式,扶持贫困村电商服务站点建设、电商扶贫示范网店建设、特色产业基地建设、电商扶贫人才培养、县乡村农村物流配送体系、仓储配送中心建设、宣传推广等工作。2017年11月,云南省商务厅等3部门发布了《关于做好2017年电子商务进农村综合示范项目及资金管理有关工作的通知》,进一步细化电商扶贫的政策措施。在此基础上,迪庆藏族自治州在电子商务扶贫工作中,实施"互联网+扶贫",鼓励和支持电商企业拓展农村业务,加大农特产品网上销售平台建设和农村电商人才培训,有物流条件的乡村将优先建设电子商务平台。

经过几年的发展,云南藏区电商精准扶贫取得了重要成就。2016年,香格里拉市入选电子商务进农村综合示范县。2017年,德钦县、维西县入选电子商务进农村综合示范县。至此,云南藏区所有县、市全部进入全国电子商务进农村综合示范县。云南藏区充分利用"互联网+扶贫"与淘宝、京东等电商合作，迪庆特色产品实现电子商务平台销售，青稞啤酒、玛卡、葡萄等产品加工向规模化、品牌化推进，形成如尼西鸡、尼西土鸡蛋等电商产品，大大提高了藏区贫困地区困难群众的收入。

总体来看，青海、四川、甘肃、云南藏区制定了一系列助推电商精准扶贫发展的政策措施，电商精准扶贫已经成为四省藏区脱贫攻坚的重要手段之一，农村电商发展取得了巨大成就。但是由于电信、交通等基础设施的不健全，仓储物流建设滞后，农村电商人才缺乏，品牌效应不明显等原因，导致四省藏区电商精准扶贫的作用受到限制。

6.2.3 典型案例——乌兰县茶卡镇"互联网+电商"开辟精准扶贫新模式

乌兰县茶卡镇以养羊著称，所养羊品种称为茶卡羊。茶卡羊是青海高原毛肉兼用半细毛羊，生长于乌兰县环茶卡盐湖区域，受独特地理气候和土壤环境影响，羊肉含丰富矿物质和维生素，肉质细嫩、肥而不腻、鲜而不膻，自古被冠以"贡羊"美誉。2013年，茶卡羊获得农业部农产品地理标志认证。

1. 案例背景

乌兰县隶属青海省海西蒙古族藏族自治州，位于青海省中部、海西蒙古族藏族自治州和柴达木盆地东部，东邻海南藏族自治州共和县，南连都兰县，西接德令哈市，北接天峻县，东经97°01′~99°27′，北纬36°19′~37°20′，县境东西长216.9公里，南北宽112公里，四周环山，中间平坦，平均海拔4000米左右，自然条件较为恶劣，是青海46个藏区县之一。乌兰县是国家级贫困县，也是青海重点扶贫县，2017年乌兰县被纳入深度贫困地区。截至2016年底，乌兰县共有贫困户403户、贫困人口1093人，由于其特殊的自然地理与人文环境，贫困人口致贫原因复杂、贫困程度深，脱贫攻坚任务面临诸多挑战。

乌兰县茶卡镇位于县境东端，以茶卡盐湖、茶卡羊著称。近年来，随着电子商务的飞速发展和国家电商精准扶贫战略的实施，乌兰县抓住机遇大力整合特色资源优势，通过不断优化发展环境，完善功能支撑，提升服务能力，加快推动电子商务与传统行业的渗透融合，充分发挥电商在扶贫中的作用，其中典型代表就是茶卡羊养殖和销售。

茶卡羊的养殖在乌兰县具有悠久历史，依托茶卡盐湖独特的地理位置及特殊的气候环境，孕育出优质的乌兰茶卡羊品牌。但由于基础设施、流通体系不完善等原因，茶卡羊这类绿色生态食品未能被国内消费者熟知。为了进一步发挥茶卡羊带动贫困群众脱贫致富的潜力，乌兰县开始从政策上引导茶卡羊的发展。2010年，乌兰县在茶卡镇各牧业村成立生态畜牧业合作社，积极探索"公司+农(牧)户""公司+合作社+农(牧)户"以及"公司+合作社+农(牧)户+市场"的经营模式，2011年招商引进"青海之窗"，成立了乌兰吉仁生态农牧业有限公司，开展适度规模化经营，同时加大草场流转力度，推动草原畜牧业由传统型、粗放型向质量型、效益型转变。2015年，茶卡镇开始建立社企联姻发展模式，合作社成员将羊和草场以入股的形式交给专业公司统一经营管理，每年获取分红，同时公司从入股社员中聘请有生产经验的牧民放牧和管理生产，优先吸纳合作社社员到公司务工，解决牧区富余劳动力就业问题。2016年，为带动更多贫困群众脱贫致富，乌兰县在茶卡镇成立茶卡扶贫产业示范园，该项目总投资1.05亿元，注入扶贫发展资金2400万元，规划成集茶卡羊养殖、加工、冷链仓储和物流、产品体验、线上线下销售的全产业链基地和餐饮、住宿、休闲、娱乐为一体，一、二、三产业有机融合，同时包含旅游扶贫、产业扶贫、电商扶贫的综合性产业示范园。2016年，乌兰县与中粮集团"我买网"、京东集团签订茶卡羊生产及网销线上线下一体化合作协议，成立茶卡羊京东自营线下养殖基地，形成"互联网+农业"的格局。目前，当地两千多户牧民依托企业销售体系发展茶卡羊养殖，每年户均新增纯收入4.09万元；能够解决300名贫困人口就业，实现人均年收入2.74万元；乌兰县全县38个村的300户908名贫困人口每年将通过资产收益分红，人均增收2643元，实现稳定脱贫。2016年，乌兰县"茶卡羊养殖助牧民实现稳定脱贫"项目荣获"2016年度电商精准扶贫十佳案例"。

2. 主要举措

(1) 生产环节实施"良种"工程，提高乌兰茶卡羊品质。具体包括：为提纯乌兰茶卡羊品质，防止茶卡地区半细毛羊与藏系羊、蒙古羊和其他品种羊混杂，积极建立茶卡半细毛羊种羊场，引进半细毛种公羊，鉴定留选本地养殖两年半细毛公羊，培育半细毛羊核心母羊群，通过种畜串换、种畜鉴定、引进优良种畜、人工授精等措施，加快畜种改良和品种选育，抓好半细毛羊提纯复壮，不断提高乌兰茶卡羊品质和品牌效益。

(2) 加强基础设施建设，为茶卡羊网络销售打下基础。具体内容包括：①加快全县道路交通基础设施建设，完善各级道路交通网络，让茶卡羊能够快速"走出去"；②加快乌兰县农村电信基础设施建设，确保网络通畅；③加快建设农村电子商务物流体系，整合全县物流资源，以县邮政配送网点为基础，实现县镇村三级物流配送服务体系，加快县镇村三级"互联网+"现代仓储智能物流网点基础设施网络建设，为从事电子商务的企业提供便捷的仓储物流服务，逐步形成与电子商务发展相适应的现代物流配送体系，解决农村居民物流配送线上"最初一公里"和线下"最后一公里"的问题；④加强人才培养，按照引进人才与本土培养相结合的方式，培养打造适应该县电子商务发展的专业人才，加大电子商务人才引进力度，多渠道引进电子商务专业人才，鼓励创业青年（大学生）、农牧民、个体户、小微企业通过电子商务实现就业和创业，优化人才结构，提高电子商务人才队伍素质。

(3) 大力培育网络产品品牌体系。具体包括：通过运营中心和专业团队的品牌策划、工艺提升、包装设计、营销推广等手段，重点打造适合网络销售的枸杞、茶卡羊、藜麦等产品。以统一品牌打造乌兰网络销售产品，通过电商渠道销售到全国乃至世界各地。同时，在经济发达地区开设乌兰网络产品线下体验店、展示馆，希里沟镇"藜麦"电商示范镇、柯柯镇"枸杞"电商示范村和茶卡镇"茶卡羊"电商示范村力争做到全国闻名，"乌兰红""乌希"等枸杞品牌在全国有一定的知名度，茶卡盐湖"大美青海馆"成为全省电商体验中心示范基地。

3. 成效与启示

1）成效

青海乌兰县茶卡扶贫产业示范园，依托企业销售体系发展，带动当地 2000 多户牧民养殖茶卡羊。园区规划集成全产业链基地和餐饮、住宿、休闲、娱乐为一体，实现一、二、三产业的有机融合，茶卡羊电商扶贫取得显著成就：①通过电商扶贫，基本解决了茶卡羊等特色农产品的销售难题，提升了品牌知名度，带动乌兰县全县 38 个村的 300 户 908 名贫困群众人均增收 2643 元，实现稳定脱贫；②提升了减贫成效，2017 年底全县贫困人口全部脱贫摘帽，乌兰县作为深度贫困地区，开创了茶卡"互联网+电商"精准扶贫新模式，为深度贫困地区困难群众脱贫致富提供了新思路、新方法；③促进藏区贫困群众思想观念转变，提高了其风险意识、诚信意识和品牌意识，为茶卡羊电商品牌的光明前景打下了坚实基础；④助推乌兰县农业品牌建设，利用电商精准扶贫的新思路，2013 年乌兰县茶卡羊成功获得农业部农产品地理标志认证；⑤促进了"双创"，学网、触网、用网成为农村的新时尚，返乡青年、回乡大学生、农村致富能人等竞相创业、开办网店。

2）启示

（1）充分利用地区优势、打造特色品牌。乌兰县茶卡镇在茶卡羊养殖过程中，充分利用本地区茶卡盐湖的区位优势，培育出肉质细嫩、肥而不腻、鲜而不膻，富含维生素和矿物质的优质茶卡羊，在此基础上乌兰县看到了电商精准扶贫带来的契机，与京东等电商巨头签订合作协议，进一步扩大了茶卡羊品牌的知名度，茶卡羊已经成为乌兰县的标志性产品。

（2）注重规划、政策引领。乌兰县为助推茶卡羊发展，2014 年以来出台多项政策措施。2014 年，乌兰县政府发布了《茶卡羊地理标志农产品品牌规范管理实施方案(试行)》，该方案对茶卡羊品牌的使用、保护、提升做出了指导。2017 年，乌兰县政府发布了关于《乌兰县电子商务进农村综合示范县建设工作方案》的报告，该报告进一步明确了乌兰茶卡羊在电商精准扶贫中的示范、引领地位。

(3)突出特色、以点带面。乌兰县以茶卡羊为依托，建立茶卡扶贫产业示范园，该园集成了茶卡羊养殖、加工、冷链仓储和物流、产品体验、线上线下销售的全产业链基地，餐饮、住宿、休闲、娱乐为一体，同时强化与京东商城的战略合作，将"茶卡盐湖"羊肉等海西蒙古族藏族自治州名特优产品做大做强，做好农村电商，将乌兰贫困户的原生态农产品和相关企业的扶贫产品实现线上销售。

6.3 公共服务扶贫

6.3.1 教育扶贫

1. 教育扶贫内涵

教育扶贫就是通过在农村普及教育，使农民有机会受到教育，通过提高思想道德水平和掌握先进的科技文化知识来实现征服自然界、改造并保护自然界的目的，同时以较高的质量生存(陈美招，2009)。依据 2016 年《高校参与脱贫攻坚倡议书》的倡议，将鼓励更多高校和社会力量以更大力度介入教育扶贫工作，致力于打造教育扶贫培训、交流、互动、公益等平台。同时倡议各类高校重视贫困地区教师培训，增强贫困地区教师的能力和素质，推动当地教育水平的提高；推广贫困地区的民众技能培训，提高当地民众脱贫致富的本领和技能；对贫困地区农村基层干部进行培训，提高基层干部服务能力；对贫困地区乡村医生进行培训，提升医疗卫生服务水平。教育扶贫有 4 种主要形式，包括剩余劳动力转移培训与就业扶贫，设立教育扶贫基金，教育扶贫工程以及国家和社会机构为在校生提供奖、贷、勤、补、减的资助体系。

针对四省藏区的教育发展，国家和四省政府出台了一系列政策文件。同时，在精准扶贫精准脱贫的背景下，还将教育作为脱贫的重要手段之一。为了全面了解四省藏区教育发展及教育扶贫的具体情况，本节将重点对 2010~2016 年国家和四省藏区实施的有关教育和教育扶贫方面的政策措施进行梳理和分析。

2. 教育扶贫的主要政策措施

作为我国精准扶贫、精准脱贫的重要抓手，教育扶贫获得国家层面的重要支持，出台的一系列教育扶贫的文件和措施保障了四省藏区精准脱贫的不断完善。2013 年 7 月，国务院办公厅出台《关于实施教育扶贫工程意见的通知》（国办发〔2013〕86 号）（表 6-5），强调在脱贫攻坚中要以教育扶贫为先，把提高劳动者技术技能和人民群众的文化素质作为工作的重点，以教育强民、用技能富民、借就业安民。2015 年 6 月，国务院扶贫办出台了《关于加强雨露计划支持农村贫困家庭新成长劳动力接受职业教育的意见》。教育被定为扶贫开发的根本大计，并强调要引导农村贫困家庭新成长劳动力接受职业教育，提高文化素质、学习职业技能，稳定就业、增加收入，为新型工业化、城镇化建设提供所需要的技能人才，阻断贫困恶性循环。2016 年 12 月，《关于加强"十三五"期间教育对口支援西藏和四省藏区工作的意见》强调要继续办好"9+3"免费中职教育，继续推进实施好"组团式"教育人才援藏工作；对口支援的省市、高校和教育部直属单位要帮助西藏以及四省藏区加快建设教育信息化平台，以国家平台为基础，进一步结合地方特点建设教育资源和管理平台；四省要加大省内高校面向藏区服务的特色学科和优势专业建设，省内高校加大面向藏区服务的力度，增加农牧民子女接受高等教育的机会。2017 年 5 月，教育部办公厅和国务院扶贫办综合司制定了《职业教育东西协作行动计划(2016—2020 年)》实施方案。方案指出坚持在四省藏区实施教育扶贫和产业发展相结合的工作原则，发挥职业教育在精准脱贫中的特殊优势，以教育促产业、以产业助脱贫，推广"教育+产业+就业""学校+合作社+农户"等模式，实现"造血式"扶贫。

表6-5 国家及四省藏区教育及教育扶贫相关政策文件

时间	颁布单位	政策类型	发文字号	政策	政策主要内容
2010年7月	国务院	教育综合规定	中发〔2010〕12号	《国家中长期教育改革和发展规划纲要(2010—2020)》	重视和支持民族教育事业;提高少数民族和民族地区教育发展水平
2013年7月	国务院办公厅	教育综合规定	国办发〔2013〕86号	《关于实施教育扶贫工程意见的通知》	提高基础教育的普及程度和办学质量;提高职业教育促进脱贫致富的能力;提高高等教育服务区域经济社会发展能力;提高继续教育服务劳动者就业创业能力
2014年8月	国务院办公厅	扶贫救灾救济	国办发〔2014〕41号	《发达省(市)对口支援四川云南甘肃省藏区经济社会发展工作方案》	大力扶持教育发展。统筹扶持受援地校舍等硬件建设和教师培养培训、管理能力提升等软件建设,重点支持藏区双语教育、中等职业教育、异地办班和人才培养工作
2015年8月	国务院扶贫办	扶贫救灾救济	国开办司发〔2015〕93号	《关于做好雨露计划职业教育扶贫助学补助政策宣传工作》	充分发挥驻村工作组和贫困户帮扶责任人作用;面向建档立卡贫困家庭编发雨露计划教育政策手机短信
2015年6月	国务院扶贫办、教育部、人社部	扶贫救灾救济	国开办发〔2015〕19号	《关于加强雨露计划支持农村贫困家庭新成长劳动力接受职业教育》	通过政策扶持,农村贫困家庭子女接受中高等教育的比例逐步提升,确保每个孩子起码学会一项有用技能
2016年12月	教育部	教育综合规定	教民〔2016〕5号	《关于加强"十三五"期间教育对口支援西藏和四省藏区工作的意见》	实施"组团式"教育人才援藏工作;帮助提高教师和管理人员素质;加强学校之间的结对帮扶;帮助推进中等职业教育发展
2017年5月	教育部	教育综合规定	教职成厅〔2017〕3号	《职业教育东西协作行动计划(2016—2020年)》	发挥职业教育在精准脱贫中的特殊优势

续表

时间	颁布单位	政策类型	发文字号	政策	政策主要内容
2014年2月	青海省政府	教育综合规定	青政办〔2014〕22号	《关于青海省教育扶贫工程实施方案》	提高基础教育普及程度和办学质量；提高职业教育促进脱贫致富的能力；提高高等教育服务区域经济社会发展能力
2014年9月	甘肃省政府	教育综合规定	甘政办发〔2014〕164号	《关于积极推进教育扶贫工程的实施意见》	实施贫困地区示范性高中建设工程；实施贫困地区技能人才教育培训工程；实施民族地区教育质量巩固提升工程
2015年3月	四川省政府	机关工作综合规定	川办发〔2015〕22号	《四川省人民政府办公厅关于印发2015年藏区六大民生工程计划"1+6"工作方案的通知》	教育发展振兴计划（预计投入资金11.76亿元），继续实施"9+3"免费教育计划；医疗卫生提升计划
2016年1月	甘孜藏族自治州政府	扶贫救灾救济	国办发〔2013〕86号	《关于实施教育扶贫工程的意见》	提高学前教育公办入园午餐补助标准；在中职助学金基础上，再给予贫困家庭一定的生活补助；对全州建档立卡贫困户家庭新入学的本专科学生，给予学费和生活费补助

在中央全力推动教育扶贫的背景下，四省藏区地方政府也在大力推动教育扶贫。2015年，《四川省人民政府办公厅关于印发2015年藏区六大民生工程计划"1+6"工作方案的通知》通过实施藏区教育振兴计划，在改善藏区学校硬件以及软件条件的基础上，推进藏区教育发展。2014年，甘孜州人民政府印发《实施教育扶贫攻坚学生政策及州县分担方案》（甘办发〔2015〕56号），方案重点强调了给予学前教育、义务教育、中职教育和本专科教育的补助标准，明确规定提高对贫困家庭学生学费和生活费的补助标准，给予中职学生每学年1000元的生活补助，给予本专科学生学费和生活费补助各2000元。2014年，甘肃省政府颁布了《关于积极推进教育扶贫工程的实施意见》，意见强调从2015年起，全省中等职业教育实行全免学费政策，资金和项目向职业院校倾斜，提高中高职学生的升学比例。

6.3.2 医疗卫生扶贫

1. 医疗卫生扶贫内涵

四省藏区地方病高发，因病致贫、因病返贫的现象突出，农村地区更甚，因此，推进医疗卫生事业发展对于四省藏区精准扶贫、精准脱贫无疑是最关键环节之一。医疗卫生扶贫就是在治愈患者疾病，增强个体生活能力及信心的同时，通过加强地方医疗卫生基础设施建设、医疗卫生服务人才培养、完善医疗卫生制度等措施，提升地区医疗卫生服务供给水平和能力(郑卫荣，2009)。

2. 医疗卫生扶贫的主要措施

在精准扶贫、精准脱贫大环境下，国家及相应行业部门制定了一系列卫生扶贫政策，为遏制和减少"地方病高发、因病致贫、因病返贫"打下强效针，有效提高了四省藏区医疗卫生服务水平。2012年7月，卫生部颁布《中共中央国务院关于深化医药卫生体制改革的意见》，文件指出到2015年在四省藏区等连片特困地区建立基本医疗卫生制度，主要目标包括完善农村贫困地区合作医疗制度等。2012年，卫生部制定《"十二五"期间卫生扶贫工作指导意见》，文件指出到2015年人均基本公共服务经费标准达到40元以上，政府补助标准提高到每年每人360元以上等目标。2013年11月，国家卫生和计划生育委员会(简称国家卫计委)发布《支持西藏及四省藏区进一步提升基层医疗卫生服务能力方案》，安排23.7亿元支持藏区卫生计生事业发展，不断加大基层医疗卫生服务人员的培训力度，逐步健全卫生计生服务体系。

为了响应中央医疗卫生扶贫的号召，四省藏区地方政府相继出台一系列医疗卫生扶贫政策和措施并深入贯彻落实(表6-6)。2011年3月，甘肃省卫生厅颁布《甘肃省卫生厅关于进一步支持全省藏区卫生事业发展的意见》，提出"2011~2015年五年时间，援助甘肃藏区卫生事业，缩小甘肃藏区与全省卫生事业发展差距"的目标,同时,为藏区每个县级医院投入 200 万元配置医疗设备,每个县医院投入 50 万元,建设医学检验影像系统。2012 年 7 月,云南省人民政府办公厅制定并发布《云南省地方病防治"十二五"规划》,提出要基本消除克山病,将克山病区县的比例降至 10%以内,同时巩固碘缺乏治理成效,使人群营养中碘水平保持适宜状态。2016 年 5 月,四川省卫生厅颁布了《石渠县包虫病综合防治试点工作方案》,方案提出努力实现到 2017 年有效遏制包虫病流行的阶段目标,到 2020 年有效控制包虫病流行。

表 6-6 国家及四省藏区医疗卫生扶贫政策及举措

颁布时间	颁布单位	发文字号	政策	政策主要内容
2012 年 1 月	国务院办公厅	国办发〔2012〕3 号	《全国地方病防治"十二五"规划》	青海 90%以上的县(市、区)达到消除碘缺乏病目标;基本消除大骨节病,消除大骨节病的病区村达到 90%以上等
2014 年 8 月	国务院办公厅	国办发〔2014〕41 号	《发达省(市)对口支援四川云南甘肃省藏区经济社会发展工作方案》	以提高基层公共服务能力和水平为重点,加强受援地农牧区医疗卫生水平,改善当地群众特别是贫困村群众生活条件
2016 年 4 月	国家卫计委	国卫财务发〔2016〕13 号	《关于进一步支持西藏和四省藏区卫生计生事业发展的指导意见》	加大地方病、传染病、慢性病防治力度;加强改水工程建设,逐步消除大骨节病等重点地方病危害
2012 年 7 月	卫生部	卫规财发〔2012〕49 号	《"十二五"期间卫生扶贫工作指导意见》	推进基本公共卫生服务逐步均等化;推进县级公立医院改革;着力扶持民族医药事业发展等
2012 年 7 月	卫生部	卫妇社发〔2012〕12 号	《卫生部关于印发贯彻 2011—2020 年中国妇女儿童发展纲要实施方案的通知》	提高出生人口素质;预防和控制妇女儿童疾病;改善妇女儿童营养状况等
2011 年 3 月 10 日	甘肃省卫生厅	甘卫规财发〔2011〕86 号	《甘肃省卫生厅关于进一步支持全省藏区卫生事业发展的意见》	主要目标:2011~2015 年五年时间,援助甘肃藏区卫生事业,缩小与全省卫生事业发展差距重点任务:为藏区每个县级医院投入 200 万元配置医疗设备。每个县医院投入 50 万元,建设医学检验影像系统

续表

颁布时间	颁布单位	发文字号	政策	政策主要内容
2016年5月	四川省卫生厅	—	《石渠县包虫病综合防治试点工作方案》	对包虫病的防治提出具体的目标任务,同时还要求当年包虫病的防治具有可操作性和可及性
2011年12月	青海省卫生厅	青卫财社〔2011〕2212号	《青海省2011年度公共卫生专项资金地方病防治项目管理方案》	对大骨节病重病区适宜患者给予免费治疗;加强健康教育和健康促进工作,提高病区群众地方病防治知识知晓率等
2012年7月	云南省人民政府办公厅	云政办发〔2012〕122号	《云南省地方病防治"十二五"规划》	基本消除克山病。消除克山病的病区县达到90%以上;持续消除碘缺乏危害。全省95%以上的县(市、区)持续巩固消除碘缺乏病状态,人群碘营养水平总体保持适宜状态

资料来源:政策及相应内容由国务院办公厅、云南省卫生厅等网站资料整理得到。

6.3.3 健康扶贫

1. 健康扶贫的内涵

健康扶贫是指通过提升医疗保障水平、实施疾病分类救治、提高医疗服务能力、加强公共卫生服务等手段,让贫困人口能够看得起病、看得好病、看得上病、防得住病,确保贫困群众健康有人管、患病有人治、治病能报销、大病有救助。实施健康扶贫工程,对于保障农村贫困人口享有基本医疗卫生服务,推进健康中国建设,防止因病致贫、因病返贫,实现到2020年让农村贫困人口摆脱贫困目标具有重要意义。同样,四省藏区由于其特殊的自然地理环境,因病致贫的困难群众超过50%,因病返贫情况严重,因此在四省藏区实施健康扶贫工程,对于四省藏区打赢脱贫攻坚战,消除绝对贫困和治理多维贫困具有重要现实作用。

2. 政策措施

没有全民健康,就没有全面小康。自精准扶贫、精准脱贫工作开展以来,国家大力实施健康扶贫工程。2016年,经国务院同意,国家卫计委、国务院扶贫办等 15 个部门联合印发了《关于实施健康扶贫工程的指导意见》(国卫财务发〔2016〕26 号),为我国健康扶贫工作提出了要求、明确了目标、指明了方向。该意见明确指出要在包括四省藏区的贫困地区,建立基本医疗保险、大病救助、疾病应急救助、医疗救助等制度的衔接机制,发挥协同互补作用,形成保障合力,具体来说包括五个方面的内容:①加快完善基本医保制度,对农村贫困人口实行政策倾斜;②加大医疗救助、临时救助力度;③有效控制农村贫困人口大病医疗费用,实行包括县域内农村贫困人口住院先诊疗后付费等一系列措施;④针对四省藏区地方病多发的特殊情况,加大贫困地区慢性病、传染病、地方病防控力度,加强四省藏区妇幼健康工作,针对四省藏区一些不健康的生活习惯,开展爱国卫生运动,广泛宣传居民健康素养基本知识和技能,提升农村贫困人口健康意识,使其形成良好卫生习惯和健康生活方式;⑤针对四省藏区医疗基础设施和人才不足的情况,该意见明确指出要实施全国三级医院与四省藏区贫困县县级医院一对一帮扶,加强贫困地区医疗卫生服务体系建设,强化人才培养,统筹推进贫困地区医药卫生体制改革。

四省藏区各省也相继出台关于健康扶贫的政策措施。2017 年 3 月,四川省卫计委印发了《四川省"十三五"健康扶贫规划》,该规划明确提出对包括甘孜、阿坝、凉山藏区在内的贫困地区,实现贫困患者家庭医生签约服务全覆盖,实施"先诊疗后结算"制度,县域内住院政策范围内医疗费用基本医保全报销,强化疾病应急救助公益作用;通过加强基本公共卫生服务,加强传染病防控和卫生监测,加强慢性病综合防控,强化贫困地区健康生活方式养成,实现"养成好习惯、形成好风气"的卫生目标。同时,针对包括凉山、阿坝、甘孜等深度贫困地区在内的 88 个贫困县实施"五大行动",即:通过贫困人群医疗救助扶持行动,进一步提高保障水平,确保贫困群众"看得起病";通过贫困地区医疗能力提升行动,确保贫困群众"看得上病";通过贫困地区卫生人才培植行动,促进基层卫生人才增量提质,确保贫困患者"看得好病";通过贫困人群公共卫生保障行动,大力加强预防保健,确保贫困群众"少生病"；通过贫困地区生育秩序整治行动，进一步转变民族地区生育观念，遏制"越生越穷、越穷越生"顽疾。在此基础上，甘孜州制定了四大健康扶贫政策：①推进贫困人口签约服务（对建档立卡贫困人口实施健康精准管理，对高血压、糖尿病、重性精神病、肺结核等患者的健康随访次数在原有的基础上增加至8次，并为每名建档立卡贫困人口建立个人信息完善的健康档案）；②加强脱贫村村医配备及培训工作；③加大脱贫村卫生室建设力度；④加大贫困患病人群救助力度（实施健康扶贫"五大行动"和"两保、三救助、三基金"医保扶持，落实"十免四补助"，确保90%以上的贫困患者在县域内就医，95%以上贫困患者在州域内就医，贫困患者县域内住院费用和慢性病门诊维持治疗个人支付占比控制在10%以内）。

通过国家、省、市（州）、县各级政府的政策组合，四川藏区健康扶贫取得巨大成就，在贫困人群医疗救助扶持行动方面，截至2016年底，四川藏区贫困人口县域内就诊率由2015年底的80.25%上升至95.51%；贫困人口就医个人支付部分占比由2015年底的18.21%降至1.49%；在贫困人群公共卫生保障行动方面，四川藏区健康档案建档率达100%。传染病发病率降低，较全省平均值低7.1%，包虫病药物治疗同比增长0.19%，手术治疗同比增长220%；在贫困地区医疗能力提升行动方面，截至2016年底，四川藏区乡镇卫生院达标率为90.39%，村卫生室达标率为83.08%；在贫困地区卫生人才培植行动方面，四川藏区医疗人才培养得到长足发展，"村医乡聘"达到乡村医生总数的17.15%，同比增长18.38%，贫困县卫生计生人员总数达到18.43万人，同比增长3.62%。

甘肃藏区在健康扶贫政策方面的特色在于对建档立卡贫困户实行分类救助，个人自付合规医疗费用每年累计支出不超过3000元。2017年11月，甘肃省卫计委同省民政厅等5个单位制定了《关于加强建档立卡贫困人口健康扶贫工作的实施意见》，该意见指出，健康扶贫对象为农村建档立卡贫困人口，按大病集中救治、慢病签约服务管理、重病医疗费用保障、因病因残失去劳动能力人口等分类建立台账，落实健康扶贫政策。具体措施包括：①对建档立卡贫困人口、民政部门核准的农村特困人员和低保对象中罹患50种重大疾病患者,按照先诊疗后付费、"一站式"结算原则,进行集中救治;②对其中的慢病患者进行签约服务管理,提供绿色双向转诊、专科诊疗服务等。

通过一系列的政策组合,甘肃藏区医疗卫生资源不断增加,服务能力不断增强,群众各项健康指标稳步提升,健康扶贫事业得到长足发展,甘肃藏区因病致贫、因病返贫情况得到有效遏制,因病致贫、因病返贫人口不断下降。

青海藏区在健康扶贫工程上大力实施"三个一批"行动计划。2017年8月,青海省卫计委、民政厅联合发布了《青海省健康扶贫工程"三个一批"行动方案》,"三个一批"具体包括:①大病集中救治一批,确定了包括患有食管癌、包虫病、肺结核在内的14种重大疾病的贫困人群为救助对象,同时设置定点治疗医院,贫困群众自付费用应控制在住院总费用的5%以内;②慢病签约服务管理一批,统筹推进基本公共卫生服务均等化项目和家庭医生签约服务工作,完善门诊慢性病救助措施,定期开展健康体检;③重病兜底保障一批,包括进一步完善医疗保险和救助制度,探索建立商业健康保险,落实城乡居民基本医疗保险经办机构、大病保险承办机构、医疗救助经办机构、医疗机构之间基本信息共享、互联互通,相关医保、救助政策在定点医院通过统一窗口、统一信息平台完成"一站式"结算,同时广泛动员社会救助力量,发挥社会组织在健康扶贫中的重要作用。针对青海藏区等深度贫困地区,2017年12月青海省卫计委出台《青海省深度贫困地区健康扶贫三年行动计划》,对深度贫困地区实施"十大工程",即:重病兜底保障工程、大病救治慢病签约扩面提质工程、基层医疗卫生服务能力填平补齐工程、医疗卫生信息互联互通工程、基层卫生人才队伍建设工程、对口帮扶精准深化工程、健康促进与健康知识传播工程、重大疾病防控工程、妇幼健康和计划生育服务保障工程、乡村环境卫生综合整治工程。

通过一系列的救助政策,青海藏区医疗卫生事业得到长足发展,医疗卫生体系不断完善,医疗人才培养不断加强,同时贫困人口政策范围内住院报销比例接近90%,特困户、五保户达到100%,藏区因病致贫、因病返贫人数不断降低，增量得到有效遏制，群众健康水平得到极大提高。

云南藏区健康扶贫的特色在于制定和实施《云南省健康扶贫 30 条措施》。为确保云南藏区健康扶贫工程的实施，保障贫困人口享有基本医疗卫生服务，努力防止因病致贫、因病返贫，云南省各级部门出台了一系列政策措施。2016 年 10 月，云南省卫计委等 12 个部门下发《关于印发云南省健康扶贫行动计划(2016—2020 年)的通知》，为云南健康扶贫确立了方向，2017 年 8 月云南省人力资源和社会保障厅、扶贫办等部门印发了《关于印发云南省医疗保险健康扶贫工作方案的通知》，2017 年 9 月省卫计委等在充分学习调研四川、贵州、重庆等周边省市健康扶贫办法措施的基础上，在省政府办公厅的牵头组织和各有关部门的密切配合下，针对贫困地区群众最关心的"看得起病、方便看病、看得好病和少生病"问题，形成了《云南省健康扶贫 30 条措施》，这一系列政策措施对指导推动各地开展健康扶贫工作起到积极作用。《云南省健康扶贫 30 条措施》针对藏区农村建档立卡贫困人口"看得起病、方便看病、看得好病、尽量少生病"问题，形成四个方面的政策措施，这些政策措施可以概括为"四重保障""九个确保"，即：从 2017 年起，建立完善城乡居民基本医疗保险(以下简称基本医保)、大病保险、医疗救助、医疗费用兜底保障机制"四重保障"措施；确保建档立卡贫困人口 100%参加基本医保和大病保险；确保建档立卡贫困人口家庭医生签约服务率达到 100%；确保建档立卡贫困人口 28 种疾病门诊政策范围内报销比例达到 80%；确保建档立卡贫困人口符合转诊转院规范的住院治疗费用实际补偿比例达到 90%；确保 9 类 15 种大病集中救治覆盖所有建档立卡贫困人口；确保医疗救助覆盖所有建档立卡贫困人口；确保符合手术条件的建档立卡贫困人口白内障患者得到免费救治；确保建档立卡贫困人口个人年度支付的符合转诊转院规范的医疗费用不超过当地农村居民人均可支配收入；确保贫困县脱贫摘帽时至少有 1 所县级公立医院达到二级医院标准(30 万人口以上的达到二级甲等)，每个乡镇有 1 所标准化乡镇卫生院，每个行政村有 1 所标准化村卫生室。

云南省通过一系列政策举措，云南藏区因病致贫、因病返贫人口数量上升趋势得到有效遏制，人均预期寿命进一步提高，医疗卫生服务条件明显改善，服务能力和可及性显著提升，整体环境卫生得到极大改善，基本实现大病不出县，建档立卡贫困人口个人就医费用负担大幅减轻，因病致贫、因病返贫问题得到有效解决。

总体来看，青海藏区、云南藏区、四川藏区、甘肃藏区都根据本省的实际情况，制定了符合本省实际的健康扶贫政策，近期来看，健康扶贫有效解决了四省藏区因病致贫、因病返贫情况，这些政策对于四省藏区这类深度贫困地区确保2020年在现行贫困标准下如期实现脱贫，消除绝对贫困，实现全面建成小康社会具有重大意义。长远来看，这些政策也改变了四省藏区长期以来医疗卫生事业建设落后、群众健康水平偏低、地方病严重的现状，为四省藏区乡村振兴战略的实施打下坚实基础。

6.3.4　典型案例——"9+3"免费教育计划

"9+3"免费教育计划（简称"9+3"计划）是四川省委省政府实施的免费职业教育扶贫项目，项目以中等职业教育为契机，主要针对少数民族地区的青少年学生，为其在九年义务教育的基础上再提供三年免费职业教育，开拓其就业能力，提高贫困地区群众的就业层次，举全省之力所开创实施的大规模跨区域少数民族地区免费职业教育。

1. 案例背景

四川藏区是全国第二大藏区，受自然环境恶劣、经济发展滞后等因素的制约，虽然政府连年加大对该地区的扶贫投入，使少数民族地区的贫困面貌有明显改善，但多地轻视教育的传统观念仍是制约其自主发展的根源问题，使贫困地区可持续发展的人力资本迟迟未能有所突破。2009年初，四川省政府出台《关于藏区免费职业教育的实施意见》，标志"9+3"计划的正式启动。

2. 主要举措

(1) 为少数民族地区适龄学生免费提供职业教育。"9+3"计划鼓励藏区的初中毕业生和未升学的高中毕业生在九年义务教育基础上，到省内其他具有优质教育资源的地区免费就读职业院校，为期三年。项目不仅为学生免去所有学费，还在日常生活、就医等方面给予全面、细致的帮扶。参与学生每人每月可获得300元生活补助，以及住宿、往返学校交通、一次性冬装等杂费补助。

(2) 不断扩大覆盖范围，让更多的少数民族学子享受政策。"9+3"计划自2009年起实施，成效显著、反响热烈，得到藏区贫困家庭、基层政府及教育等相关部门的一致认可。学生在校期间可享受与学校驻地城镇居民同等的医疗保障。在少数民族地区就读中级职业学校的学生，也可享受免除学费、获得生活补助等支持。

(3) 重视政府引领作用。"9+3"是四川省教育扶贫、人才培养、扶持民族地区发展的创新举措，从2009年以来，中央和四川省投入该计划的经费已超过20亿元，政府为项目的成功实施发挥了重要的引领作用。为确保计划的顺利实施，15个省级部门共同参与，省教育厅也组建"9+3"专项工作办公室。

3. 成效与启示

(1) 开创少数民族区域大规模免费职业教育先河。"9+3"计划在四川，乃至全国教育史上写下了浓墨重彩的一笔。这是少数民族地区的学生首次大规模奔赴内地就学，享受先进地区优质的教育资源。参加计划的学生中近九成来自少数民族地区农牧民家庭，提供免费职业教育不仅解决了少数民族地区部分孩子因贫失学的问题，同样是职业教育模式的创新，弥补了少数民族地区职业教育的"短板"。

(2) 项目覆盖面广，教育成效显著。"9+3"计划自实施以来，全省除3个民族自治州以外的全部18个市均已覆盖承担教育任务的学校，且均是国家级示范、国家级重点和省级重点的优质中职学校。

(3) 少数民族地区职业教育发展，可以充分利用发达地区职业教育资源。少数民族地区经济发展滞后，职业教育落后，中职学校基础薄，缺乏吸引力和竞争力，如果用传统思维去发展民族地区职业教育，既要提升学校的教学条件、教学设施、基础建设等，又要考虑师资、生源和规模效益等，需要较长时间才能转变职业教育薄弱基本态势。而在"9+3"计划的推动下，少数民族地区完成义务教育的孩子被吸纳到内地优质成熟的国家级、省级示范和重点中职学校免费就读，既开辟了少数民族地区孩子到内地接受优质中职教育的新路，又丰富了少数民族地区教育体系，拓展了少数民族地区教育的外延。

6.3.5　典型案例——《云南省健康扶贫 30 条措施》

《云南省健康扶贫 30 条措施》是云南省为贯彻落实《中共中央国务院关于打赢脱贫攻坚战的决定》《中共云南省委云南省人民政府关于举全省之力打赢扶贫开发攻坚战的意见》以及国家卫计委等 15 部委《关于实施健康扶贫工程的指导意见》精神，努力让包括云南藏区在内的所有建档立卡贫困人口看得起病、方便看病、看得好病、尽量少生病，有效防止因病致贫、因病返贫，结合云南省实际制定的健康扶贫 30 条措施。

1. 案例背景

迪庆藏族自治州是云南唯一的藏族自治州，位于云南省西北部，滇、藏、川三省区交界处及青藏高原延伸部分南北纵向排列的横断山脉，平均海拔 1486 米，绝对高差达 5254 米，自然条件极其恶劣。其下辖的香格里拉市属国家级贫困县，是云南省扶贫一类县之一，2017 年被列为深度贫困县。截至 2017 年底，全县总人口为 17.66 万人，有建档立卡户 32493 人，贫困发生率高达 18.40%，其中因病致贫、因病返贫的有 2951 人，占现有贫困人口的 10% 以上，健康扶贫面临的任务还相当艰巨。

张三(化名)今年 50 岁，居住在迪庆藏族自治州香格里拉市建塘社区，家中有妻子、一儿一女，共4口人，夫妻俩多年来疾病缠身，基本丧失劳动能力，女儿有精神障碍，儿子在校读书，平日的生活基本全靠各类补助，无其他收入。这样的情况让张三一家不敢多花一分钱，更别谈去医院看病，每天只能忍着病痛的折磨。针对张三家中的特殊情况，各级政府部门为其想办法、出点子，安排专人负责，派医务人员同村党支部书记一起到张三家中细心讲解健康扶贫政策（《云南省健康扶贫30条措施》），耐心劝说并动员他们到医院接受系统规范的治疗。由于乡镇卫生院条件有限，不具备张三夫妻二人所患疾病的诊疗条件，但是张三一家符合健康扶贫中大病双向转诊条件，于是建塘社区卫生服务站工作人员将患病人员转诊至迪庆藏族自治州人民医院治疗。

由于张三家庭除了维持日常生活的开支，并无余钱，入院时身无分文，迪庆州人民医院优先为张三一家提供诊疗救治，乡政府在生活上也给予补助。张三一家此次住院治疗总费用为20920元，按照健康扶贫相关政策执行"一站式结算"后，张三一家只需支付2092元的医疗费用和3250元的生活费。考虑到其家庭情况，自付费用也由乡政府全部包干。目前，患者已出院回家。乡卫生院的医生还会对他们一家不定期随访，提供常规体检和健康指导。云南省健康扶贫政策，让张三这样因病致贫、因病返贫贫困户的生活又照进了阳光，看到了希望。

2. 主要举措

（1）落实四重保障措施，让云南藏区建档立卡贫困人口"看得起病"。具体措施包括：①确保云南藏区建档立卡贫困人口100%参加基本医保和大病保险；②落实基本医保倾斜政策（门诊报销、住院报销比例为70%~95%）；③落实大病保险倾斜政策；④落实医疗救助制度；⑤建立医疗费用兜底保障机制；⑥实施大病专项集中救治；⑦鼓励通过体制机制创新，解决建档立卡贫困人口看病负担重的问题。

（2）落实便民惠民措施，让建档立卡贫困人口"方便看病"。具体措施包括：实行县域内先诊疗后付费；实行定点医疗机构"一站式"即时结报，方便藏区贫困群众看病；实施家庭医生签约全覆盖（为藏区65

岁以上的建档立卡贫困人口每年免费开展1次健康体检)。

(3)提升医疗服务能力,让建档立卡贫困人口"看得好病"。具体措施包括:加强基层卫生人才队伍建设;完善"拴心留人"政策,推动优秀人才向基层流动;全面提升市(州)、县两级医疗机构服务能力;实施乡镇卫生院标准化建设和村卫生室标准化建设;提升基层医疗卫生机构中医药服务能力;全面建成远程医疗服务体系和推进县乡村医疗共同体建设。

(4)加强疾病预防控制,让建档立卡贫困人口"尽量少生病"。具体措施包括:加大重点疾病防控工作力度(传染病、慢性病和严重精神障碍患者管理覆盖所有贫困县);提高妇女儿童健康水平;在藏区大力开展环境卫生综合整治,改善人居环境;广泛开展健康教育;推进农村中小学校保健室标准化建设。

3. 成效与启示

(1)因病致贫、因病返贫情况得到有效遏制。云南藏区通过《云南省健康扶贫30条措施》为看不起病的建档立卡困难群众提供重要保障,该项政策有效解决了藏区贫困群众看不起病,看病不方便和多地方病的历史顽疾。为云南藏区困难群众开创了一条看得起病、看病方便、看得好病和尽量少生病的健康之路。

(2)藏区健康扶贫要"软""硬"兼施。《云南省健康扶贫30条措施》对于云南藏区健康扶贫做了两方面的政策制定,一方面加大医疗卫生基础设施建设,不断提高乡镇、村的基本医疗能力,加大村卫生所、乡镇卫生院以及县级人民医院的标准化建设力度,这一系列政策举措可以称为硬件建设;另一方面,云南藏区健康扶贫,在医疗人员培养、建设远程医疗服务体系和改善藏区群众环境卫生以及生活习惯做了详细的政策制定,这一系列政策措施可以称为软件建设。只有"软""硬"两手抓,云南藏区、四省藏区乃至全国的深度贫困地区的健康扶贫工程才能取得重要成效。

(3)注重政策宣传,强化政策落实。《云南省健康扶贫30条措施》

专门制定了政策落实、考核的保障措施，为该项政策的正确实施提供了重要保障。同时从前文张三的案例可以看到，基层政府工作人员细心为张三讲解健康扶贫政策，动员张三到医院看病，可见云南藏区在实施《云南省健康扶贫 30 条措施》时，加大了宣传力度，该项政策也得到困难群众的广泛认可。

(4)强化部门协作、动员社会参与。云南藏区健康扶贫政策的实施，涉及多个政府部门，这就需要各级卫生计生、扶贫、民政、人力资源和社会保障、财政等部门要加强协调配合，定期召开健康扶贫工作协调推进会，形成上下联动、左右衔接的工作格局。提升健康扶贫工作信息化水平，加强部门之间信息共享，定期跟踪监测、通报反馈健康扶贫工作进展情况。同时，要鼓励各类企业开展社会捐赠，支持设立专项基金参与健康扶贫。充分发挥协会、学会、基金会等社会组织作用，整合社会资本、人才技术等资源，为贫困地区送医、送药、送温暖。搭建政府救助资源、社会组织救助项目与建档立卡贫困人口救治需求对接的信息平台，引导支持慈善组织、企事业单位和爱心人士为患重大疾病的建档立卡贫困人口提供慈善救助。

6.4 旅 游 扶 贫

6.4.1 旅游扶贫的内涵

旅游扶贫(pro-poor tourism，PPT)是藏区贫困治理的重要手段。旅游扶贫即通过开发贫困地区丰富的旅游资源，兴办旅游经济实体，使旅游业形成区域支柱产业，实现贫困地区居民和地方财政双脱贫致富(丁焕峰，2004)。换言之，旅游扶贫是一种能够促进减轻贫困的旅游发展方式，是旅游为贫困人口产生的净效益，强调穷人旅游收益必须远远大于他们付出的成本。旅游扶贫的目标主要包括经济利益、其他生活利益(自然、社会、文化)和无形的福利(李会琴 等，2015)。因此，旅游扶贫的目的是通过规划、政策的制定等措施，帮助贫困人口增加收入以使其越过贫困线。在精准扶贫、精准脱贫的背景下，四省藏区拥有独特的旅游资源，旅游扶贫也成为四省藏区脱贫致富的最主要途径。相关一系列旅游扶贫政策相继出台，为四省藏区旅游扶贫指明了方向，构建了制度基础。

6.4.2 旅游扶贫的主要政策措施

在全面建成小康社会的背景下，我国出台了一系列旅游扶贫的政策，将旅游发展作为带动贫困人口脱贫致富的重要手段(表6-7)。2014年11月，国家发改委等6个部门颁布《关于实施乡村旅游富民工程推进旅游扶贫工作的通知》，明确提出选择一些具有较好条件的连片特困行政村作为旅游扶贫重点村，同时要充分把握连片特困地区的旅游资源，发挥好旅游产业带动扶贫的作用。2015年5月，国务院扶贫办和国家旅游局出台《关于启动2015年贫困村旅游扶贫试点工作的通知》，在全国选取560个建档立卡贫困村开展试点工作，各级扶贫部门和旅游部门坚持规划引导、金融支持，切实把贫困村旅游扶贫试点工作抓出成效。2016年9月，国家旅游局印发《关于乡村旅游扶贫工程行动方案的通知》，提出"十三五"规划期间，通过发展乡村旅游业，带动230万贫困户实现脱贫，区域涵盖全国25个省(区、市)。其中，位于四川西部和西北部的甘孜州和阿坝州的227个建档立卡贫困村，甘肃省甘南州的75个建档立卡贫困村，云南省迪庆州的58个建档立卡贫困村，青海省海北、黄南、海南、果洛、玉树、海西州的407个建档立卡贫困村作为乡村旅游扶贫工作主要实施对象。2016年，国家旅游局颁布《四省藏区旅游业协同发展规划(2016—2025年)》，甘肃省的甘南藏族自治州和天祝藏族自治县被纳入规划。规划指出，将在甘肃藏区建设旅游特色小镇7个、骨干高速公路2条、国家5A级景区4个。由此可知，四省藏区贫困地区旅游资源禀赋较好的建档立卡贫困村成为精准扶贫精准脱贫中以旅游发展为脱贫手段的重点对象。

表 6-7　国家及四省藏区旅游和旅游扶贫相关政策文件

时间	颁布单位	政策类型	发文字号	政策	政策主要内容
2014年11月	国家发改委	旅游综合规定	发改社会〔2014〕2344号	《关于实施乡村旅游富民工程推进旅游扶贫工作的通知》	加强基础设施建设,改善重点村旅游接待条件;大力发展乡村旅游,提高规范管理水平;发挥精品景区辐射作用,带动重点村脱贫致富
2015年5月	国务院扶贫办	扶贫救灾救济;旅游综合规定	国开办司发〔2015〕61号	《关于启动2015年贫困村旅游扶贫试点工作的通知》	加强规划引导,编制旅游扶贫试点村开发建设指南;加大资金投入,优先支持革命老区县中的试点村乡村旅游扶贫专项建设;加大金融支持,相关金融机构提供小额信贷的支持
2016年10月	国家旅游局等	旅游综合规定	旅发〔2016〕121号	《关于印发乡村旅游扶贫工程行动方案的通知》	科学编制乡村旅游扶贫规划;加强旅游基础设施建设;大力开发乡村旅游产品;加强乡村旅游扶贫人才培训
2016年	国家旅游局	旅游综合规定	—	《四省藏区旅游业协同发展规划(2016~2025年)》	构筑四省藏区旅游交通大环线;联动构建历史文化特色主题旅游线、生态文化景观主体旅游线
2011年11月	甘孜州人大	旅游综合规定	—	《甘孜州实施〈四川省旅游条例〉的变通规定》	新建、改建、扩建的旅游建设项目应当与其民族、宗教特色和历史风貌相协调;重点旅游地区城镇的新区规划和旧区改造,应当统筹规划城镇的旅游功能。建筑风格应当突出民族和地域特色,并与周围景观相协调
2013年8月	四川省政府	旅游综合规定	川府发〔2013〕42号	《四川省人民政府关于加快建设旅游经济强省的意见》	完善大九寨世界级旅游目的地,建设大香格里拉、环贡嘎山、藏羌走廊等新兴旅游目的地
2015年12月	甘肃省政府	旅游综合规定	甘政办发〔2015〕174号	《甘肃省人民政府办公厅关于进一步促进旅游投资和消费的实施意见》	落实精准扶贫小额贷款实施方案,对有意愿发展乡村旅游、农家乐的建档立卡贫困户,可享受银行免抵押、免担保,省财政全额贴息5万元以内的精准扶贫专项贷款政策
2017年3月	云南省政府	旅游综合规定	云政办发〔2016〕151号	《云南省人民政府办公厅关于加快乡村旅游扶贫开发的意见》	以提升乡村旅游为目标,以旅游开发为抓手,实施全域旅游富民工程,加快民族特色存在、保护和合理开放旅游传统村落

续表

时间	颁布单位	政策类型	发文字号	政策	政策主要内容
2016年6月	青海省政府	旅游综合规定	青政办〔2016〕99号	《青海省人民政府办公厅关于进一步加强扶贫产业园和乡村旅游项目建设精准到户到人的紧急通知》	必须把有劳动能力且有发展愿望的贫困人口，吸纳到扶贫产业园和乡村旅游扶贫项目中直接从事生产经营；对有劳动能力但无经营能力的贫困人口必须优先吸纳进入扶贫产业园和乡村旅游项目进行务工经商
2016年6月	青海省政府	农业管理；旅游综合规定	青政办〔2016〕98号	《青海省人民政府办公厅关于加快发展休闲农牧业与乡村旅游的意见》	力争到2020年休闲农牧业经营主体达到2500家，乡村旅游扶贫重点村发展到243个，乡村旅游接待点达到4000家，其中星级乡村旅游接待点达到1200家，休闲农牧业与乡村旅游收入达到10亿元，带动20万农牧民从中受益

  云南、青海、四川、甘肃四省藏区为旅游扶贫制定了更为详细的发展规划，为藏区农牧户发展乡村旅游脱贫致富构建了保障机制（表6-7）。2013年，《四川省人民政府关于加快建设旅游经济强省的意见》明确指出，大力打造阿坝藏区的大九寨世界级旅游目的地，建设大香格里拉、环贡嘎山、藏羌走廊等新兴旅游目的地。同时，加快川藏等铁路通道建设。这为四川藏区的旅游、交通发展建立了制度保障。2015年《甘肃省人民政府办公厅关于进一步促进旅游投资和消费的实施意见》强调，落实精准扶贫小额贷款实施方案，对有意愿发展乡村旅游的建档立卡贫困户，提供免抵押的全额贴息5万元以内的贷款。到2020年，甘肃省支持500个贫困村大力发展乡村旅游业，目标是让70万贫困人口通过发展旅游业实现脱贫。而云南省《关于加快发展休闲农牧业与乡村旅游的意见》同样也强调推出旅游扶贫，加强对乡村旅游扶贫重点村的规划指导，对有条件的建档立卡贫困村实施政策推进。发挥旅游扶贫的综合带动效应，促进一、二、三产业融合发展，提高旅游扶贫总体效益。

6.4.3 典型案例——乡村旅游扶贫

2016年全国两会(中华人民共和国第十二届全国人民代表大会第四次会议和中国人民政治协商会议第十二届全国委员会第四次会议)上，郑学炳等14名委员，共同提出《以发展藏区特色旅游为抓手解决民族地区区域性整体贫困问题的建议》的提案。四省藏区旅游资源丰富，开发潜力巨大，乡村旅游(rural tourism)出现在工业革命以后，在国内，由程益民在2003年正式提出，现阶段已作为一种新兴的产业用于扶贫举措之中。

1. 案例背景

在四川开展旅游扶贫，是一项任务艰巨、过程繁杂的大工程。阿坝州理县以旅游反哺农业、脱贫依托旅游的思想，在旅游景点对乡村旅游的积极带动背景下，开辟出一条"旅游公司+贫困户"的乡村旅游扶贫道路，乡村旅游微景观浮云牧场在旅游经营过程中对所在地通化乡西山村有着积极的减贫作用。

2. 主要举措

(1) 解决就业岗位促进旅游就业扶贫。浮云牧场与西山村的村民签订用工合同，招聘西山村的当地村民到公司的一线岗位工作，比如保洁员、服务员、门卫等。现阶段公司员工40%为西山村人，其中有5人为贫困人员。

(2) 采购农特产品实现以旅助农增收。浮云牧场根据经营市场需求，与西山村31户贫困户签订4年期限的农土特产品采购协议，协议规定采购价高于当年市场价的10%，最大限度保证贫困户利益，该采购协议确保31户贫困户年人均收入至少在3500元以上。

(3) 互利共赢合作壮大集体经济。该公司与村两委协商，村两委利用产业扶贫基金开发文化旅游商品，公司负责文化旅游商品创意，村两委负责生产，双方共同销售，互惠互利。村集体经济也寻求到一条创新可持续发展之路。

3. 成效与启示

浮云牧场自 2016 年 8 月运营以来，旅游市场火爆，供不应求，已带动当地农户获得销售收入近 200 万元，同时带动当地农户自发投入旅游产业，目前，已有 1 户从事旅游接待，5 户正在新(改)建，准备旅游接待，还有更多的村民正积极准备投入到旅游接待中来。

(1) 规划引领，政策扶持。加快编制完善乡村旅游发展专项规划，与四省藏区总体规划衔接，整合利用水利、交通、农业扶贫等专项资金，合力推进休闲旅游观光发展。

(2) 优化环境，升级发展。规划建设停车场、公厕、观景亭等公共服务设施，完善农村客运、公交车等交通设施，整治村内环境卫生，逐步完善现有乡村旅游景区和农家乐手续，实施改厨(改厕)、改水工程，打造更加优美的旅游环境和"农家乐"特色品牌。

(3) 整合产品，强化营销。积极筹备藏族文化节等大型庆祝活动，利用各类媒体强化宣传营销，结合阿坝州的其他旅游资源，整合旅游线路产品，纳入旅行社产品体系，向周边客源市场推介。

6.5 对口支援

6.5.1 对口支援内涵

对口支援是缩小各民族或者各地区之间政治、经济、文化和社会等方面发展水平的差距，推动不发达地区的发展而建立的一种比较稳定的支援关系，实现协调发展、增进民族团结、达到共同富裕、共同繁荣的一种政策模式(杨道波，2006)。由于自然、地理、历史、社会等各方面的因素，四省藏区经济社会发展滞后，区域间发展不平衡，为了改变藏区落后面貌，缩小四省藏区与全国其他发达区域的差距，推动藏区经济社会跨越式发展，国家制定政策实行东部发达省市对口支援四省藏区建设，对口支援主要包括基础设施建设、公共服务、产业发展、干部援助等（表6-8）。

表6-8　发达省市对口支援四省藏区关系表

支援省市	青海藏区	川、滇、甘藏区
浙江	海西州	阿坝州、木里县
江苏	海南州	—
山东	海北州	—
北京	玉树州	—
天津	黄南州	甘南州、天祝县
上海	果洛州	迪庆州
广东	—	甘孜州

资料来源：由北京市对口支援和经济合作网（http://www.bjzyhzb.cn/jggk）等网站资料整理得到。

6.5.2　对口支援主要内容

（1）教育支持援助。在教育方面，支持藏区硬件设施如校舍、仪器设备等的建设，以及师资力量的培训等软实力的提升，支持藏区双语教育、职业教育、外地班建设；在卫生方面，加强农牧区医疗卫生软硬件设施建设，培养医疗卫生人才，建立援受双方医疗卫生人才联合培养机制；在社会保障方面，多形式开展职业培训，开拓就业渠道，鼓励和引导藏区毕业生到内地就业和创业。2012年，首届"9+3"计划的学生实现就业8271人，其中584人参军，362人升入高一级学校深造，初次就业率达到98.31%。

（2）基础设施援助。相对落后的基础设施是制约四省藏区发展的重要因素。发达省市利用多领域综合优势，支援贫困地区以改善其生产生活条件，加强民生基础设施建设和公益性设施建设。同时，建设农田水利和重大水利工程，提升农业发展潜力；对农村电网的改造升级，解决边远农牧民无电、用电难的问题。截至2016年底，云南藏区累计实施项目1344个，完成固定资产投资1039万元；甘肃藏区公路通车总里程达10046公里，建制行政村通公路比率达95%以上；青海藏区公路总里程达65117公里，建制村100%通达；四川藏区新建机场3个，建成雅康、汶马等高速公路，公路通车总里程达54200公里。

(3) 智力支持援助。在对口援助工作中，援藏干部的作用得到较好发挥。援藏干部作为支援地和受援地之间的纽带，在多领域宣传推广受援地，为藏区招商引资提供必要条件，同时发挥援藏干部职业和技术专长，积极参与所在地的规划制定、项目开发等工作，协调有关部门和单位引进新项目、新技术。同时，认真开展调查研究，为所在地党委政府科学决策建言献策；发挥宣传作用，援藏干部充分运用多种形式，宣传所在州的经济社会发展、特色优势资源等情况，扩大了所在州、县的知名度，进一步加深了支援方所在省市对援受地的了解，加强支援地和受援地企业之间的沟通与联系，提高投资热情。截至2015年底，参与援藏工作的17个省市、60个中央国家机关及17家中央企业，已累计向西藏和四省藏区选派各类干部人才7个批次、逾6000人。

(4) 产业发展援助。对口支援积极扶持受援藏区发展现代农牧业，建设产业示范区，利用藏区丰富的自然资源大力发展旅游业，打造精品旅游线路，大力发展民族工业，如牦牛、蔬菜、藏药材等产业。结合当地特有的民族文化，发展少数民族特色加工业。同时，积极牵线搭桥，鼓励和引导从事优势资源开发的大型企业入驻藏区。如援青企业青海聚能潍度饮料股份有限公司将三江源活水作为原料，并聘用当地上百名藏族群众在企业工作，年产值上亿元，利税达2000万元。

(5) 灾后重建援助。四省藏区部分县(市)位于地质灾害频发地带，地质灾害频繁发生，严重影响当地人民的生产生活。实施灾区灾后重建援助，使地震重灾区迅速恢复重建，生产和生活尽快恢复。

国家援助四省藏区主要的政策及举措如表6-9所示，发达省市援助四省藏区主要政策及举措如表6-10所示。

表6-9 国家援助四省藏区主要支持政策及举措

类别	年份	主要政策措施
中央西藏工作座谈会	2010年	第五次西藏工作座谈会提出，四川、云南、甘肃、青海省党委和政府要切实把本省藏区工作摆到重要议事日程，作为本省经济社会发展的重点任务来抓，中央要加大政策支持力度，推动四省藏区发展迈出新步伐，确保四省藏区到2020年实现全面建成小康社会目标

续表

类别	年份	主要政策措施
	2015 年	第六次西藏工作座谈会提出,加大中央对四省藏区政策支持力度,统筹推进西藏和四省藏区协调发展,统筹推进四省藏区和本省协调发展,统筹解决交界地区突出问题
相关支持性文件	2008 年	《国务院关于支持青海等省藏区经济社会发展的若干意见》(国发〔2008〕34 号)
	2010 年	《中共中央国务院关于加快四川云南甘肃青海省藏区经济社会发展的意见》(中发〔2010〕5 号)
	2011 年	中央部署西藏和四省藏区"十二五"发展规划
	2012 年	国务院批准,国家发改委《"十二五"支持新疆自治区、新疆生产建设兵团和四川云南甘肃青海四省藏区经济社会发展规划建设项目方案》(发改投资〔2012〕1784 号)
	2014 年	国务院办公厅《发达省(市)对口支援四川云南甘肃省藏区经济社会发展工作方案》(国办发〔2014〕41 号)
	2015 年	中共中央《关于进一步推进四川云南甘肃青海省藏区经济社会发展和长治久安的意见》
	2016 年	交通部批准《四省藏区公路"十三五"发展规划》

表 6-10 发达省市援助四省藏区主要政策及举措

时间	颁布部门	政策	相应内容
2016 年	天津市人民政府办公厅	《天津市"十二五"对口支援甘肃藏区经济社会发展规划》	—
2012 年	上海市人民政府办公厅	《上海对口支援与合作交流"十二五"规划》	甘肃果洛:试点推进一批生态移民安居(定居)项目,援建配套基础设施;支持发展特色优势产业等。云南迪庆:支持集中办学,援建规范化中心学校;援建标准化卫生院、科技服务站、文化活动室等
2015 年	广东省人民政府办公厅	《广东省对口支援四川省甘孜藏族自治州经济社会发展工作的实施方案》	2014 年援助资金按平均每县每年不低于 1000 万的标准安排,总数为 1.8 亿元,从 2015 年开始每年按 5%比例递增,重点援助甘孜州教育、特色优势产业等的发展
2014 年	浙江省人民政府办公厅	《浙江省对口支援四川藏区工作实施方案》	抓好教育提升、产业扶持、民生帮扶、人才培训、就业创业和生态保护六大工程。2015~2020 年,浙江省对口支援四川藏区无偿援助资金每年按照 5%的幅度增长,资金基数为 1.4 亿元

续表

时间	颁布部门	政策	相应内容
2012 年	北京市人民政府办公厅	《北京市对口支援青海玉树"十二五"规划》	2011 年对口支援玉树州资金为 1.6 亿元,按每年 8%递增安排援助资金。2011~2015 年约安排援助资金共 9.4 亿元。重点将优先用于改善民生、加强公共服务设施建设等
2012 年 5 月	山东省人民政府办公厅	《山东省对口支援海北州"十二五"规划》	加强海北州基础设施建设;扶持特色优势产业发展;加强行业人才交流等

资料来源:由广东省人民政府办公厅官方网站(http://www.gd.gov.cn/)等资料整理得到。

6.5.3 典型案例——天津对口支援海南州

1. 案例背景

青海藏区经济社会发展相对滞后,区域间发展不平衡,为了改变其落后面貌,缩小藏区与其他区域的差距,推动藏区经济社会实现跨越式发展,2010 年第五次西藏工作座谈会提出,中央以及四省要加大政策支持力度,推动藏区迈出新步伐。2010 年,天津市人民政府合作交流办公室颁布《天津市对口支援青海省黄南藏族自治州"十二五"规划》,确定从项目援建、人才交流等方面对青海黄南藏族自治州进行支援。2014 年,国务院出台《发达省(市)对口支援四川云南甘肃省藏区经济社会发展工作方案》,确定由天津市对口支援青海省海南州、甘南州、天祝县。

2. 主要举措

(1)项目援助。援助包括黄南州博物馆、泽库县市政设施建设在内的 88 个公共基础设施项目,援助建设尖扎、同仁等 4 县保障性住房和游牧民困难群众定居工程。

(2)智力援助。接收藏区学生到天津学习,如增设"天津黄南中班",截至 2016 年,累计接收 300 余名海南藏族学生到天津交流学习;加强师资培养,安排中小学教师到青海师大交流学习,同时将天津大学职业教育学院等院校作为青海职业教师师资培训基地；深化干部交流，在天津举办 11 期干部培训班，培养各类优秀藏区干部 500 余人，同时选派优秀干部到天津挂职锻炼。

（3）医疗援助。投入资金对青海海南州医疗卫生设施进行新建和改建，加强医疗人才培养，"十二五"规划期间交流人才 10 批；实施免费医疗，包括天津眼科医院、天津泰达心血管医院在内的多所医院为海南州群众免费实施心脏手术、白内障手术 300 余例，并与黄南州医院开通心脏诊疗远程系统。

（4）经济协作。经济协作最典型的为援青企业——青海聚能瀞度饮料股份有限公司，为利用好海南州丰富的矿泉水资源，由天津滨海聚成投资集团公司投资 6000 万元设立。该企业年均生产矿泉水 7.2 万吨，产值上亿元，创造税收 2000 万元。同时，天津市还积极参加"青洽会"，为藏区州县引进项目数十个，达成意向资金 50 亿元。

3. 成效与启示

（1）多维度援助齐头并进，推动藏区跨越式发展。由于自然、地理、历史等因素的影响，藏区的自身发展能力有限，要实现跨越式发展，必须依靠自身援助与对外援助相结合，加强基础设施、智力支持、公共服务、医疗卫生等多维度的援助，以提升藏区的经济竞争力、人力支持力和社会保障力。

（2）"输血"与"造血"式援助共存，实现对口支援可持续。在对藏区实施项目、资金援助，增强藏区经济社会发展动力的基础上，发展藏区特色产业，如藏区农牧业、旅游业、特色加工业，从根本上增强藏区经济社会发展能力；通过智力支持援助，提高藏区人口综合素质，提升藏区综合发展"软实力"；实施生态扶贫，保护藏区绿水青山，守住"金山银山"，以实现藏区可持续发展。

第7章 四省藏区多维贫困治理成效分析

多维贫困治理成效反映的是针对贫困各维度投入相应资源，从而使贫困缓解的程度，是对治理结果和效果的评价，其中既有客观评价，也有主观评价。客观评价侧重于扶贫项目的成效测度，主观评价更侧重于贫困人口的感受。2015年12月，《中共中央国务院关于打赢脱贫攻坚战的决定》明确指出坚持精准扶贫，提高扶贫成效，让贫困人口有更多的获得感，因此贫困人口对于脱贫帮扶的感知具有重要政策启示。本章将基于主客观两个视角，对四省藏区贫困治理成效进行研究。本章研究的主要问题包括：从客观和主观层面看，四省藏区多维贫困治理的成效如何？存在哪些问题？四省藏区多维贫困治理成效影响因素有哪些？

7.1 四省藏区多维贫困治理成效概况

总体上，在贫困治理方面，四省藏区的贫困发生率大幅度下降，贫困人口不断减少，农牧民人均可支配收入持续增加。由图 7-1 可知，2011~2015 年，四省藏区贫困人口从 206 万减少为 88 万；贫困发生率从 42.8%降低为 16.5%；2014 年四省藏区的人均可支配收入为 5726 元，比上年增长了 15.4%；人均消费支出为 5010 元，比上年增长了 6.8%；2015 年四省藏区的人均可支配收入为 6457 元，比上年增长了 12.8%；人均消费支出为 5437 元，比上年增长了 3.5%。可以发现，四省藏区的贫困情况得到较大程度的缓解。但是，值得注意的是，四省藏区农牧户的收支差额较小，说明四省藏区的农牧户生活水平得到了一定程度提升，但是，收入结余有限，对风险的抗逆性不强，这也暗含四省藏区脱贫农牧户的返贫风险较大。

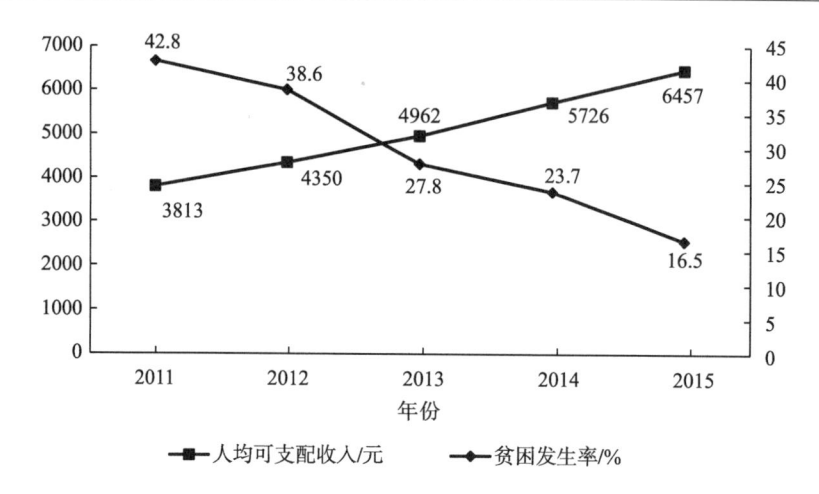

图 7-1　2011~2015 年四省藏区贫困发生率和人均可支配收入情况①

数据来源于 2011 年、2015 年和 2016 年的《中国农村贫困监测报告》

(1)四省藏区农牧户生活条件改善，生活水平得到提升。2014 年，四省藏区 89.7%的农牧户家庭使用照明电，60.5%的农牧户家庭使用管道供水；76.9%的农牧户家庭实现无困难饮水；78.4%的农牧户家庭使用上独用厕所；2015 年，四省藏区 92%的农牧户家庭使用上照明电，62.8%的农牧户家庭使用管道供水；76.9%的农牧户家庭实现无困难饮水；78.4%的家庭使用上独用厕所。由此可见，四省藏区农牧户用电、用水、卫生方面的条件得到较大改善。

(2)四省藏区村庄基础设施条件得到改善。2014 年，四省藏区通电自然村为 90.7%，通电话的自然村为 90.9%，通有线电视信号的自然村为 58.5%，通宽带的自然村为 19%；通客运班车的自然村为 38.7%。有文化活动室的行政村为 86.2%，有卫生站(室)的行政村为 74.2%，有小学且就学方便的行政村为 29.7%。2015 年，四省藏区通电自然村为 90.7%，通电话的自然村为 90.9%，通宽带的自然村为 25.5%；通客运班车的自然村为 43.5%。有卫生室的行政村为 78%；有小学且方便就学的行政村为 35.4%。由此可见，四省藏区农牧户对外交流、娱乐、学习、健康等方面的需求能够得到较好的满足。综上，经过多年的贫困治理，

---

① 2011 年和 2012 年人均可支配收入是由 2014 年和 2015 年人均可支配收入增长率估计得到。

四省藏区农牧户生活水平得到提升，健康保障条件得以加强，对外交流和开放度得以提高。

(3) 四省藏区农牧户贫困治理主观成效初见。总体上，农牧户贫困治理成效主观感知的统计分析显示，农牧户普遍对贫困治理中社会发展改善成效、生活改善成效表示满意。具体的，71.9%的农牧户表示村委会的治理水平较高或非常高；62.5%的农牧户表示居住条件方面的改善效果比较好或非常好；56.2%的农牧户表示娱乐设施方面的改善效果较好或非常好。

7.2 基于客观视角下贫困治理成效分析

从农牧户的收入、生产等客观具体条件对四省藏区多维贫困治理成效进行测算，能够直观地反映四省藏区多维贫困治理成效的具体水平。此外，从客观角度对四省藏区多维贫困的治理成效进行评价，更能够厘清四省藏区发展过程中的优势和不足。

7.2.1 评价指标构建

本节根据我国贫困治理的综合成效内容，采用多指标综合测定方法，从综合指标、主体指标、群体指标三个层次进行具体的指标构建和分析。具体的层次内容如下。

第一层次是综合指标，代表四省藏区多维贫困治理综合成效，具体用四省藏区多维贫困治理综合成效指数表示(龚霄侠，2009)。第二层次是主体指标，代表四省藏区多维贫困治理成效各个主要方面的水平，分别为经济发展水平指标、生产生活条件指标、基础设施条件指标和减贫水平指标(胡鞍钢 等，2009)。第三层次是群体指标，这个层次反映的主要内容是多维贫困治理综合成效的各项指标，共13项，如表7-1所示。

表 7-1　四省藏区多维贫困治理综合成效水平评价指标体系

目标层	准则层	指标层
四省藏区多维贫困治理综合成效(A)	经济发展水平(B_1)	人均可支配收入(B_{11})
		人均消费支出(B_{12})
	生产生活条件(B_2)	照明电使用率(B_{21})
		使用管道供水农户比例(B_{22})
		独用厕所的农户比例(B_{23})
		百户洗衣机拥有量(B_{24})
	基础设施条件(B_3)	通宽带自然村比例(B_{31})
		通客运班车自然村比例(B_{32})
		有文化活动室的村比例(B_{33})
		有卫生站行政村比例(B_{34})
		有小学的行政村比例(B_{35})
	减贫水平(B_4)	贫困发生率(B_{41})
		脱贫率(B_{42})

为了便于更好地刻画四省藏区多维贫困治理综合成效水平，需要对每个评价指标定义一个明确而又简便易理解的赋分标准。鉴于此，本书将评价指标划分为优、良、中和差四个标准。对于优，可以认为是该项指标达到了非常好的水平，记为 100 分；对于良，可以认为是该项指标达到了较好水平，记为 80 分；对于中，可以认为是该项指标到达了一般水平，记为 60 分；对于差，可以认为是该项指标仅达到了较低水平，记为 40 分。各指标层的标准值如表 7-2 所示。

表 7-2　各指标的评判和赋分标准

指标层次	优(100)	良(80)	中(60)	差(40)
人均可支配收入(B_{11})/元	>6400	5100～6400	3840～5100	<3840
人均消费支出(B_{12})/元	>4800	3840～4800	2880～3840	<1920
照明电使用率(B_{21})/%	>90	60～80	40～60	<40
使用管道供水农户比例(B_{22})/%	>90	60～80	40～60	<40
独用厕所的农户比例(B_{23})/%	>90	60～80	40～60	<40
百户洗衣机拥有量(B_{24})/台	>90	60～80	40～60	<40

续表

指标层次	优(100)	良(80)	中(60)	差(40)
通宽带自然村比例(B_{31})/%	>90	60~80	40~60	<40
通客运班车自然村比例(B_{32})/%	>90	60~80	40~60	<40
有文化活动室的村比例(B_{33})/%	>90	60~80	40~60	<40
有卫生站行政村比例(B_{34})/%	>90	60~80	40~60	<40
有小学的行政村比例(B_{35})/%	>90	60~80	40~60	<40
贫困发生率(B_{41})/%	≤3	3~10	10~15	>15
脱贫率(B_{42})/%	≥10	5~10	0~5	0

7.2.2 评价结果

1. 权重确定

基于四省藏区多维贫困治理综合成效测算要求，根据德尔菲法的原理，通过专家打分，得到具体的权重。整个专家咨询表包括两个部分。

第一部分：基于四省藏区多维贫困治理综合成效这一综合指标，对应下面的 4 项主体指标：经济发展水平、生产生活条件、基础设施条件和减贫水平。

第二部分：共包括四张表格：①经济发展水平，包含人均可支配收入和人均消费支出 2 个群体指标；②生产生活条件，包含照明电使用率、使用管道供水农户比例、独用厕所的农户比例和百户洗衣机拥有量 4 个群体指标；③基础设施条件，包含通宽带自然村比例、通客运班车自然村比例、有文化室的村比例、有卫生站行政村比例、有小学的行政村比例 5 个群体指标；④减贫水平，包含贫困发生率和脱贫率 2 个群体指标。

首先，采用特征根法对主体指标的权重进行计算(李俊丽，2009)。本书采用方根法对各指标的权重进行计算，通过计算得到一致性系数 $C.I=(\lambda_{max}-4)/3=(4.116-4)/3=0.0038$，然后，计算随机一致性比例 $C.R.=C.I/R.I=C.I/0.9=0.0038/0.9=0.0043<0.1$。因此，可以说明主体指标之间存在良好的一致性，如表 7-3 所示。

表 7-3　主体指标的判断矩阵及权重

A	B_1	B_2	B_3	B_4	W
B_1	1	1/3	5	1/3	0.240
B_2	3	1	3	1/3	0.264
B_3	1/5	1/3	1	1/5	0.063
B_4	3	3	5	1	0.433

同理，我们运用特征根法计算出经济发展水平群体指标的权重。同样，采用方根法对各指标的权重进行计算，通过计算得到一致性系数 $C.I=(\lambda_{max}-2)/1=(2.01-2)/1=0.0038$，然后，计算随机一致性比例 $C.R.=C.I/R.I=0.00<0.1$。因此，可以说明经济发展水平指标之间存在良好的一致性，如表 7-4 所示。

表 7-4　经济发展水平群体指标的判断矩阵及权重

B_1	B_{11}	B_{12}	W
B_{11}	1	1/2	0.33
B_{12}	2	1	0.67

同理，我们运用特征根法计算出生产生活条件群体指标的权重。同样，采用方根法对各指标的权重进行计算，通过计算得到一致性系数 $C.I=(\lambda_{max}-4)/3=(4.20-4)/3=0.067$，然后，计算随机一致性比例 $R.=C.I/R.I=0.067/0.9=0.074<0.1$。

因此，可以说明生产生活条件指标之间存在良好的一致性，如表 7-5 所示。

表 7-5　生产生活条件群体指标的判断矩阵及权重

B_2	B_{21}	B_{22}	B_{23}	B_{24}	W
B_{21}	1	1/4	1/3	3	0.212
B_{22}	4	1	1/2	1/2	0.278
B_{23}	3	2	1	3	0.417
B_{24}	1/3	1/3	1/3	1	0.093

同理，我们运用特征根法计算出基础设施条件群体指标的权重。同样，采用方根法对各指标的权重进行计算，通过计算得到一致性系数 $C.I=(\lambda_{max}-5)/4=(5.001-5)/4=0.00025$，然后，计算随机一致性比例 $C.R.=C.I/R.I=0.00025/1.12=0.0002<0.1$。因此，可以说明基础设施条件指标之间存在良好的一致性，如表 7-6 所示。

表 7-6 基础设施条件群体指标的判断矩阵及权重

B_3	B_{31}	B_{32}	B_{33}	B_{34}	B_{35}	W
B_{31}	1	1/3	3	1/5	1/5	0.125
B_{32}	3	1	5	1/2	3	0.262
B_{33}	1/3	1/5	1	1/3	1/2	0.052
B_{34}	5	2	3	1	1/2	0.304
B_{35}	5	1/3	2	2	1	0.258

同理，我们运用特征根法计算出减贫水平群体指标的权重。同样，采用方根法对各指标的权重进行计算，通过计算得到一致性系数 $C.I=(\lambda_{max}-2)/1=(2.09-2)/1=0.09$，然后，计算随机一致性比例 $C.R.=C.I/R.I=0.09<0.1$。因此，可以说明减贫水平群体指标之间存在良好的一致性，如表 7-7 所示。

表 7-7 减贫水平群体指标的判断矩阵及权重

B_4	B_{41}	B_{42}	W
B_{41}	1	1/2	0.33
B_{42}	2	1	0.67

综上，可以得到各个主体指标和群体指标的权重（表 7-8）。需要指出的是，随着四省藏区多维贫困治理水平的不断提升，评价指标体系及其权重在不同治理阶段也会发生相应的变化。

表 7-8 四省藏区多维贫困治理综合成效评价指标体系中各指标的权重

综合指标(权重)	主体指标(权重)	群体指标	权重
四省藏区多维贫困治理综合成效(1)	经济发展水平(0.240)	人均可支配收入(B_{11})	0.33
		人均消费支出(B_{12})	0.67
	生产生活条件(0.264)	照明电使用率(B_{21})	0.212
		使用管道供水农户比例(B_{22})	0.278
		独用厕所的农户比例(B_{23})	0.417
		百户洗衣机拥有量(B_{24})	0.093
	基础设施条件(0.063)	通宽带自然村比例(B_{31})	0.125
		通客运班车自然村比例(B_{32})	0.262
		有文化活动室的村比例(B_{33})	0.052
		有卫生站行政村比例(B_{34})	0.304
		有小学的行政村比例(B_{35})	0.258
	减贫水平(0.433)	贫困发生率(B_{41})	0.33
		脱贫率(B_{42})	0.67

2. 评价模型的构建

根据上述四省藏区多维贫困治理综合成效指标体系的设计，构建四省藏区多维贫困治理综合成效评价模型，其计算公式如下：

$$Z = \sum_{j=4}^{4} W_j Y_j \tag{7-1}$$

式中，W_j 表示各主体指标的权重，Y_j 表示各主体指标的标度，Z 为四省藏区贫困治理综合成效评价指数，反映某一时期四省藏区多维贫困治理综合成效水平，综合指数与现代化水平呈正相关关系。

根据汪芳等(2008)的研究，我们将优、良、中、差分别赋值为 100 分、90 分、80 分和 70 分(表 7-9)。

表 7-9 2014 年和 2015 年四省藏区多维贫困治理综合成效评价指标数据

主体指标	群体指标	2014 年	得分	2015 年	得分
经济发展水平(B_1)	人均可支配收入(B_{11})	5726 元	90	6457 元	100
	人均消费支出(B_{12})	5010 元	80	5437 元	80

续表

主体指标	群体指标	2014年	得分	2015年	得分
生产生活条件(B_2)	照明电使用率(B_{21})	89.7%	100	92%	100
	使用管道供水农户比例(B_{22})	60.5%	60.5	62.8%	62.8
	独用厕所的农户比例(B_{23})	78.4%	78.4	78.4%	78.4
	百户洗衣机拥有比例(B_{24})	68.1台	68.1	73.1台	73.1
基础设施条件(B_3)	通宽带自然村比例(B_{31})	19%	40	25.5%	40
	通客运班车自然村比例(B_{32})	38.7%	40	43.5%	40
	有文化活动室的村比例(B_{33})	86.2%	100	86.8%	100
	有卫生站行政村比例(B_{34})	74.2%	74.2	78%	78
	有小学的行政村比例(B_{35})	29.7%	40	35.4%	40
减贫水平(B_4)	贫困发生率(B_{41})	24.2%	40	16.5%	40
	脱贫率(B_{42})	11.97%	90	14.56%	90

注：数据来源于2015年和2016年的《中国农村贫困监测报告》。

通过式(7-1)计算出2014年四省藏区多维贫困治理综合成效为61.03分；2015年四省藏区多维贫困治理综合成效为62.18分。具体来看，2014年四省藏区多维贫困治理经济发展水平得分为83.3分、生产生活条件得分为77.045分、基础设施条件治理得分为53.557分、减贫水平治理得分为40分；2015年四省藏区多维贫困治理经济发展水平成效得分为86.6分、生产生活条件成效得分为78.15分、基础设施条件成效得分为54.712分、减贫水平成效得分为90分。

7.2.3 结论和启示

本节基于客观视角对四省藏区多维贫困治理成效进行了测算，结论如下。

(1)四省藏区多维贫困的治理成效整体上比较显著，且贫困治理成效数值呈不断上升趋势。具体的，四省藏区贫困发生率大幅度下降，贫困人口不断减少，农牧民人均可支配收入持续增加。

(2)四省藏区多维贫困治理成效主要体现在对经济发展水平的治理

方面，以及区域性生产、生活条件治理方面，而基础设施和贫困人口脱贫方面治理成效仍需提高。

基于客观视角对四省藏区多维贫困成效的测算，可以得到以下启示。

(1) 单一维度治理效果比较有限，需要多维度综合治理。以经济发展改善贫困的治理方式，尽管可以实现"让所有的船儿"水涨船高的效果，但是面对四省藏区贫困人口致贫原因多元化的特征，如对同时因病、缺技术等多种原因致贫的农牧户而言，必须要同时补齐缺劳动力、缺技术的短板后，才能实现以经济增长来改善其贫困状况。因此，以单一的经济增长实现四省藏区多维贫困治理的效果是有限的。

(2) 四省藏区贫困程度较深、脱贫难度较大，导致脱贫率增长有限。同时，由于四省藏区基础设施等治理成效并不显著，农牧户发展机会有限，脱贫稳定性不强。此外，与其他片区相比，四省藏区深度贫困、贫困人口"死库容"现象非常突出。那么，针对四省藏区的脱贫攻坚工作，一方面，要坚持因户施策、多措并举，以多元化的扶贫方式，补齐贫困农牧户的短板；另一方面，加强对贫困农牧户脱贫后的后续支持，做到"扶上马、送一程"，确保四省藏区农牧户稳定脱贫。面对四省藏区深度贫困问题，更加需要地方政府、援藏单位、社会扶贫机构"下足绣花功夫"。同时，四省藏区的脱贫稳定性不高，面对返贫问题，更需扶贫干部的毅力和决心，以及针对致贫原因对症下药。

7.3 基于感知视角下多维贫困治理成效分析

《中共中央、国务院关于打赢脱贫攻坚战的决定》(中发〔2015〕34号)明确提出，要切实提高扶贫成果可持续性，让贫困人口有更多的获得感。基于农牧户主观视角的贫困治理成效分析，可以深入考察农牧户对贫困治理成效的真切感受。因此，从农牧户主观感受的角度去探讨四省藏区多维贫困治理成效，能全面地反映四省藏区多维贫困治理水平。

7.3.1 多维贫困治理成效感知的特征分析

1. 教育医疗成效

由表 7-10 可知，对于教育条件的改善情况，38.24%的农牧户表示一般或者基本没有改善。仅有五成的农牧户表示治理效果比较好或非常好。对于技能培训条件改善情况，47.06%的农牧户表示一般或基本没有改善。对于医疗救助条件的改善情况，52.94%的农牧户一般或基本没有改善。总体来看，在贫困治理过程中，农牧户对教育医疗卫生条件的改善情况并不满意。

表 7-10　农牧户教育医疗成效感知情况 (%)

变量	教育条件	技能培训	医疗救助
完全没有改善	8.82	20.59	2.94
基本没有改善	20.59	26.47	20.59
一般	17.65	20.59	32.35
效果比较好	20.59	14.71	17.65
效果非常好	32.35	17.64	26.47

2. 生产生活成效

由表 7-11 可知，对于生活水平的改善情况，26.40%的农牧户表示一般或基本没有改善，而 67.70%的农牧户表示改善效果较好或非常好。对于交通条件的改善方面，32.30%的农牧户表示改善一般或基本没有改善，67.70%的农牧户表示改善效果较好或非常好。对于农业生产条件改善方面，41.18%的农牧户表示改善一般或基本没有改善。整体来讲，农牧户对四省藏区贫困治理在生产生活方面的改善成效表示一般。

表 7-11　农牧户生产生活成效感知情况 (%)

变量	生活水平	交通条件	农业生产条件
完全没有改善	5.90	0.00	11.76
基本没有改善	2.90	2.90	20.59

续表

变量	生活水平	交通条件	农业生产条件
一般	23.50	29.40	20.59
效果比较好	53.00	44.20	38.24
效果非常好	14.70	23.50	8.82

3. 社会成效

由表 7-12 可知，对于居住条件的改善方面，29.42%的农牧户表示一般或基本没有改善，但有 64.70%的农牧户表示改善效果比较好或非常好。对于娱乐设施改善方面，38.24%的农牧户表示一般或基本没有改善，而 58.82%的农牧户则表示改善效果较好或非常好。对于村委会治理方面，26.47%的农牧户表示村委会治理水平一般或基本没有改善，而 73.53%的农牧户表示村委会的治理水平较高或非常好。整体来看，农牧户对于四省藏区贫困治理过程中，社会成效的改善情况普遍表示满意。

表 7-12　农牧户社会成效感知情况(%)

变量	居住条件	娱乐设施	村民大会
完全没有改善	5.88	2.94	0
基本没有改善	14.71	14.71	8.82
一般	14.71	23.53	17.65
效果比较好	49.99	38.23	67.65
效果非常好	14.71	20.59	5.88

4. 经济成效

由表 7-13 可知，对于收入水平的改善方面，58.80%的农牧户表示收入水平改善一般或基本没有改善。对于固定资产的改善方面，47.10%的农牧户表示改善一般或基本没有改善。对于产业发展方面，44.20%的农牧户表示改善一般或基本没有改善。总体来看，农牧户普遍对四省藏区贫困治理过程中，在经济方面的治理成效表示不满意，尤其在固定资产改善方面。

表 7-13　农牧户经济成效感知情况(%)

变量	收入水平	固定资产	产业发展
完全没有改善	2.90	11.80	11.80
基本没有改善	14.70	26.50	32.40
一般	44.10	20.60	11.80
效果比较好	23.50	11.80	23.50
效果非常好	5.90	2.90	0.00

5. 生态成效

由表 7-14 可知，对于生态环境的改善方面，47.06%的农牧户表示改善情况一般或基本没有改善。对于生活燃料的改善方面，42.94%的农牧户表示改善情况一般或基本没有改善。对于耕地质量的改善方面，41.18%的农牧户表示改善情况一般或基本没有改善。整体上来看，农牧户对四省藏区贫困治理过程中，生态改善的满意度不高，尤其对生活燃料方面的满意度较低。

表 7-14　农牧户生态成效感知情况(%)

变量	生态环境	生活燃料	耕地质量
完全没有改善	8.82	2.94	2.94
基本没有改善	5.88	26.47	20.59
一般	41.18	26.47	20.59
效果比较好	41.18	35.42	45.98
效果非常好	2.94	8.70	9.90

7.3.2　多维贫困治理成效感知的内在关系分析

1. 数据来源及特征

本书研究数据主要来自"四省藏区多维贫困及治理研究"课题组、西南减贫与发展研究中心四川省精准扶贫高水平研究团队的藏区调查，该数据已在前文交代，在此不再赘述。

具体来看，被调查农牧户中，77.6%为男性，年龄多数为 31~50 岁，且多数为藏族(占比为 83.0%)。被调查农牧户户主的文化程度不高，农牧户拥有的劳动力资源和自然资源较为匮乏。具体表现为，农牧户家庭人口多数在 5 人以下，且 3 人以下的农牧户家庭占了接近 4 成。在户均耕地面积方面，农牧户拥有的耕地面积多在 6 亩以下，且近 4 成的农牧户家庭拥有耕地面积不足 3 亩。在户均草地面积方面，近 9 成的农牧户家庭拥有的草地资源不足 4 亩。总体来看，四省藏区农牧户家庭普遍文化程度不高，家庭人口数量较少，拥有的自然资源有限，整体发展水平不高(表 7-15)。

表 7-15　样本农牧户基本特征

变量	类型	人数/人	比例/%
户主性别	男性	375	77.6
	女性	108	22.4
户主年龄	30 岁以下	39	8.1
	31~50 岁	314	65.0
	51 岁及以上	130	26.9
民族	藏族	401	83.0
	汉族	82	17.0
文化程度	6 年以下	359	74.3
	6~12 年	119	24.7
	12 年以上	5	1.0
家庭人口数	3 人以下	187	38.7
	4 或 5 人	265	54.9
	6 人及以上	31	6.4
耕地面积	3 亩及以下	192	39.7
	3~6 亩	137	28.4
	6 亩以上	154	31.9
草地面积	4 亩以下	421	87.2
	4~10 亩	12	2.4
	10 亩以上	50	10.4

2. 变量特征

本节使用李克特(Likert)五级量表，客观反映回答者的意图。同时，本节采用问卷调查法，以四省藏区农牧民贫困治理成效感知为研究对象，主要测量四省藏区农牧民对经济、社会、生态、收入方面的成效感知。对被调查农牧民贫困治理成效感知变量的具体统计特征如表 7-16 所示。

表 7-16 四省藏区农牧民多维贫困治理成效感知变量的描述性统计情况

编码	类别	指标	均值	最小值	最大值	方差
Eco1	教育医疗成效	教育条件	1.17	1	5	0.696
Eco2		技能培训	1.08	1	4	0.405
Eco3		医疗救助	1.15	1	5	0.629
Lif1	生产生活成效	生活水平	1.19	1	5	0.725
Lif2		交通条件	1.20	1	5	0.757
Lif3		农业生产条件	1.14	1	5	0.602
Soc1	社会成效	居住条件	1.17	1	5	0.691
Soc2		村里娱乐设施	1.17	1	5	0.702
Soc3		村委会治理	1.18	1	5	0.700
Cap1	经济成效	收入水平	1.14	1	5	0.576
Cap2		固定资产	1.09	1	5	0.458
Cap3		产业发展	1.10	1	5	0.479
Ecol1	生态成效	居住生态环境	1.17	1	5	0.649
Ecol2		生活燃料	1.11	1	5	0.500
Ecol3		耕(草)地质量	1.13	1	5	0.576

3. 模型选择

本书所研究的农牧民多维贫困治理成效感知多数为农牧民的主观认识，难以直接测量。具体的矩阵方程式如下：

$$\eta = B\eta + \Gamma\xi + \zeta \tag{7-2}$$

$$Y = \Lambda_y \eta + \varepsilon \qquad (7\text{-}3)$$

$$X = \Lambda_x \xi + \sigma \qquad (7\text{-}4)$$

式(7-2)为结构模型，η 为内生潜变量，ξ 为外生潜变量，η 通过 B 和 Γ 系数矩阵以及误差向量 ζ 把内生潜变量和外生潜变量连接起来。式(7-3)和式(7-4)是测量模型，X 为外生潜变量的可观测变量，Y 为内生潜变量的可观测变量，Λ_x 为外生潜变量与可观测变量的因子载荷矩阵，Λ_y 为内生潜变量与可观测变量的因子载荷矩阵，ε、σ 为残差项(吴明隆，2009)。

本书将四省藏区多维贫困治理成效分为教育医疗成效、生产生活成效、社会成效、经济成效和生态成效 5 个方面。从农牧民主观感知角度进一步分析教育医疗成效、生产生活成效、社会成效、经济成效和生态成效相互之间的内在关系，构建如下理论模型，如图 7-2 所示。

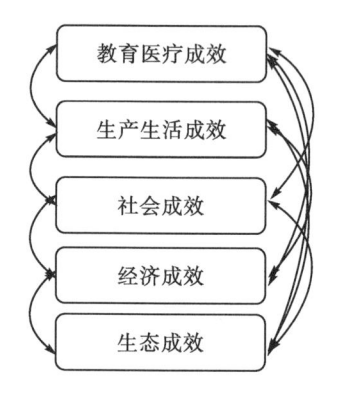

图 7-2　四省藏区农牧民贫困治理成效感知理论模型

4. 实证分析

1) 信度和效度

通过运用 SPSS 19.0 软件对数据进行信度和效度检验后，结果显示：四省藏区农牧民贫困治理绩效感知的各变量的 KMO 测试系数均大于 0.7，说明可以接受；样本分布的 Barlett 球形检验值达到显著效果，说明数据可以进行因子分析。详细结果如表 7-17 所示。

第7章 四省藏区多维贫困治理成效分析

表 7-17 效度和信度分析结果

测量题项	KMO	Barlett 球形检验（显著性）	因子共同成分	Cronbach's α
Eco1			0.864	
Eco2	0.717	676.133 (0.00)	0.873	0.834
Eco3			0.911	
Lif1			0.985	
Lif2	0.73	1979.763 (0.00)	0.965	0.965
Lif3			0.962	
Soc1			0.965	
Soc2	0.771	1999.971 (0.00)	0.975	0.973
Soc3			0.981	
Cap1			0.833	
Cap2	0.700	733.281 (0.00)	0.896	0.851
Cap3			0.923	
Ecol1			0.954	
Ecol2	0.754	1212.541 (0.00)	0.928	0.928
Ecol3			0.933	

2) 模型检验

测量模型的适配度检验主要采用增值适配指数、简约适配指数。首先，从模型的整体拟合情况来看（表 7-18），模型的卡方自由度比为 0.153，远大于 0.05，表示理论模型与调查数据适配度较高。同时，重点考虑了增值适配指数和简约适配度指数。结果显示，IFI、CFI 和 NFI 都大于 0.9，并且，PCFI 大于 0.5，说明模型适配度指标都达到了适配标准。可以认为，从整体上看，本书构建的四省藏区农牧户贫困治理成效感知模型与实际观察数据拟合情况非常好。

表 7-18 四省藏区农牧民多维贫困治理成效感知模型适配度的评价指标体系及拟合结果

指数类别	检验量	实际拟合值	标准	适配判断
绝对适配度指数	X^2	9.667 (p=0.153)	显著性概率值 p>0.05	是
	GFI	0.946	>0.90	是

续表

指数类别	检验量	实际拟合值	标准	适配判断
	RMR	0.045	<0.05	是
	RMSEA	0.021	<0.05	是
	NCP	0	<0.05	是
	ECVI	0.7941<0.9108<10.853	理论模型值小于独立和饱和模型	是
增值适配度指数	NFI	0.838	>0.90	接近
	IFI	0.905	>0.90	是
	TLI	0.911	>0.90	是
	CFI	0.907	>0.90	是
简约适配度指数	PCFI	0.627	>0.50	是
	PNFI	0.553	>0.50	是
	CN	484	>200	是
	X^2自由度比	1.496	<2	是
	AIC	158.39<182< 579.07	理论模型值小于独立和饱和模型	是

3) 结果分析

根据设定的理论模型，运用 AMOS 23.0 软件运行后，得到本书研究的结果模型各变量之间的路径系数运算结果，由于本书研究建立的结构方程模型中潜变量的测量模型在前面经过了因子分析的检验，因此此处只显示结构模型及其路径系数，如表 7-19 所示。

表 7-19 模型的估计系数表

路径	标准化估计系数	C.R	P
教育医疗成效←教育条件	0.592	2.443	**
教育医疗成效←技能培训	0.256	1.938	**
教育医疗成效←医疗救助	1.000	—	—
生产生活成效←交通条件	0.535	2.696	***
生产生活成效←农业生产条件	0.926	3.630	***

续表

路径	标准化估计系数	C.R	P
生产生活成效←生活水平	1.000	—	—
社会成效←村里娱乐设施	4.564	1.067	0.286
社会成效←村委会治理	0.844	1.961	*
社会成效←居住条件	1.000	—	—
经济成效←固定资产	0.600	1.985	*
经济成效←产业发展	0.867	2.843	***
经济成效←收入水平	1.000	—	—
生态成效←生态环境	0.765	1.936	*
生态成效←生活燃料	1.725	2.196	**
生态成效←耕(草)地质量	1.000	—	—

注：*表示10%水平上显著，**表示5%水平上显著，***表示1%水平上显著。标准化估计系数则表示自变量改变一个标准差时，因变量的改变量。

从农牧民对多维贫困治理成效感知的内部关系来看(图7-3)，教育医疗成效和经济成效之间存在 0.94 的正向影响关系。教育医疗成效和生产生活成效之间存在 0.75 的正向影响关系。教育医疗成效和社会成效之间存在 0.39 的正向影响关系。教育医疗成效和生态成效之间存在 0.15 的正向影响关系。此外，生产生活成效和社会成效之间存在 0.53 的正向影响关系，社会成效与经济成效之间存在 0.23 的正向影响关系，经济成效和生态成效之间存在 0.51 的正向影响关系。

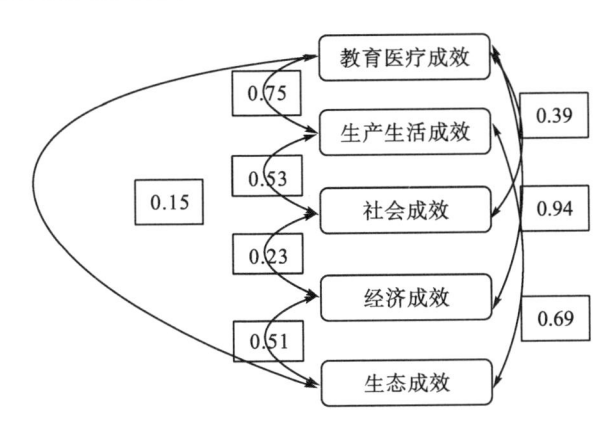

图 7-3 四省藏区农牧民多维贫困治理成效感知的结构方程模型结果

5. 结论和启示

通过对四省藏区多维贫困治理综合成效的测算分析，主要得出：2015年四省藏区贫困治理综合成效为62.18分。具体来看，2015年四省藏区贫困治理经济发展水平成效得分为86.6分、生产生活条件成效得分为78.15分、基础设施条件成效得分为54.712分、减贫水平成效得分为40分。

通过对四省藏区农牧户多维贫困治理成效的感知分析，主要得出以下结论。

(1) 总体来看，通过对农牧户贫困治理成效主观感知的统计分析发现，四省藏区贫困治理的成效还不显著。具体来看，农牧户普遍对贫困治理中的教育医疗改善成效、经济改善成效、生态改善成效不满意，对生产生活改善成效表示一般，而对社会发展改善成效表示满意。

(2) 从农牧户贫困治理成效各因素之间的关系来看，重点从教育医疗方面对四省藏区贫困进行治理的效果最好。具体来看，教育医疗成效和经济成效、生产生活成效、社会成效、生态成效分别有0.94、0.75、0.39、0.15的正向作用关系。因此，以教育扶贫、医疗救助等扶贫方式在四省藏区进行多维贫困治理，将有助于贫困治理成效的最大化。

由此我们可以得到以下启示。

通过对四省藏区多维贫困治理主客观成效的结果对比可知，长期以来，我国对四省藏区的贫困治理多以发展经济为主，即以大力提升农牧户家庭收入水平，发展地区产业等方式促进四省藏区贫困人口脱贫。四省藏区经济发展水平已经有所提高，但是，值得注意的是，农牧户对经济改善成效的满意度并不高。一方面，可能是四省藏区贫困治理过程中，忽视了对农牧户收入水平等切身利益的提升；另一方面，四省藏区经济水平的不断提升虽然使得农牧户整体的收入水平得以提高，但是四省藏区农牧户收入多数仍是依靠农牧业，在藏区自然条件恶劣的背景下，农牧户综合效益持续增长乏力，导致农牧业收入来源单一。并且，在贫困治理的过程中，四省藏区农牧户城乡收入差距在不断扩大。苏海红等

(2008)的研究就显示，与 2000 年相比，四省藏区城乡收入差距扩大了 0.579 倍。"不患寡而患不均"，由此可知，城乡收入差距不断扩大也导致农牧户对四省藏区多维贫困治理经济成效不满意。鉴于此，重视在四省藏区多维贫困治理过程中收入差距的缩小，对于提升四省藏区多维贫困治理成效具有重要的作用。并且，改变单一经济发展的贫困治理方式，坚持以多措并举的方式进行四省藏区多维贫困治理，将有助于提升四省藏区多维贫困治理综合成效。

农牧户生产生活条件的改善是有目共睹的，农牧户所在村的交通、通信等基础设施的改善是比较显著的。但是，四省藏区减贫水平的提升有限。事实上，无论在人力、物力还是财力方面，中央和地方政府对四省藏区的投入是巨大的。巨大的资金投入，能够直接改善四省藏区的交通、通信、文化活动等基础设施的水平。然而，四省藏区基础薄弱，贫困农牧户脱贫难度较大，这在四省藏区贫困发生率上就能得到印证。2015 年四省藏区贫困发生率是全国贫困发生率的 2.89 倍。因此，加强对四省藏区贫困农牧户的精准扶贫，以实现四省藏区贫困农牧户脱贫为核心的精准扶贫战略是着实有效的。

7.4　多维贫困治理成效影响因素分析

整体上，四省藏区多维贫困治理成效仍有较大的提升空间。并且，在全面建成小康社会的背景下，要如期实现每一个民族的全面小康，进一步提升四省藏区多维贫困治理成效就变得非常迫切，提升其治理成效将为全面实现小康社会提供有效保障。那么，如何实现四省藏区贫困治理成效的进一步提升？首先，应从影响多维贫困治理成效的因素着手，厘清其主客观因素；其次，找出四省藏区多维贫困的主要影响因子；最后，对症下药、因户施策，实现四省藏区多维贫困治理成效的进一步提升。因此，本节将重点对四省藏区多维贫困治理成效的影响因素进行实证分析。需要说明的是，本章数据来源于课题组调研数据，具体数据情况在第一章已经交代，在此不再赘述。

7.4.1 指数测算

通过借鉴中共中央办公厅、国务院办公厅印发的《关于建立贫困退出机制的意见》中贫困人口的退出维度标准，并结合四省藏区自身特点以及数据的可得性，将多维贫困治理成效指标划分为收入、衣食住行、教育、医疗四个类别。其中，收入指标主要用人均纯收入衡量，衣食住行指标主要包括食物是否充足、住房是否安全、住房结构、有无人畜混居及交通便利程度等衡量，教育指标主要用有无因贫辍学衡量，医疗指标主要用若生病如何处理衡量。各个指标被治理的临界值与占比如表7-20所示。

表7-20 多维贫困治理成效指标定义与占比

类别	指标	被治理临界值	占比
收入	人均纯收入	人均纯收入达标赋值为1，否则赋值为0	1/9
衣食住行	食物是否充足	充足赋值为1，否则赋值为0	1/9
	饮水是否安全	安全赋值为1，否则赋值为0	1/9
	住房是否安全	住房安全赋值为1，否则赋值为0	1/9
	住房结构	石木、砖木、砖混、钢筋混凝土赋值为1，否则赋值为0	1/9
	有无人畜混居	无人畜混居赋值为1，否则赋值为0	1/9
	交通便利程度	有入户硬化路赋值为1，否则赋值为0	1/9
教育	有无因贫辍学	无辍学赋值为1，否则赋值为0	1/9
医疗	若生病如何处理	有病立即看医生赋值为1，否则赋值为0	1/9

本书借鉴 A-F 双临界值法，对多维贫困治理的成效进行测量，该方法主要包括对贫困治理的识别、加总和分解三个步骤。具体计算方法如下所示。

(1) 构建多维贫困治理指标体系，并将数据输入对应的数据矩阵中。设计贫困户数据矩阵 $Y \in (X_{ij})_{(n \times m)}$，其中，$n$ 是贫困户样本数量，m 是测量指标数量。

(2)依据指标临界值和矩阵 $Y \in (X_{ij})_{n \times m}$，计算治理矩阵 $[g_{ij}]$。其中，治理矩阵 $[g_{ij}]$ 表示贫困户被治理情况；如果贫困户在某指标 j 下处于被治理状态，则在治理矩阵 $[g_{ij}]$ 中给相应指标赋值为 1；否则，赋值为 0。

(3)在治理矩阵中根据临界值 k 确定多维贫困治理的个体，并进行归零化处理。$g^0(k)_{n \times m}$ 表示多维贫困个体指标的治理情况。其中，k 表示临界值。

(4)根据 $g^0(k)_{n \times m}$ 的贫困个体治理信息进行加总，计算出相应的多维贫困治理成效指数，运用其指数分析研究该区域多维贫困治理成效。计算结果表 7-21 所示。

表 7-21 四省藏区多维贫困治理成效

K	多维贫困治理率/%	平均治理程度	多维贫困治理指数
1	100.00	0.645	0.645
2	100.00	0.645	0.645
3	98.97	0.650	0.643
4	94.01	0.666	0.626
5	85.12	0.689	0.587
6	61.36	0.741	0.455
7	31.82	0.810	0.258
8	7.85	0.909	0.071
9	1.45	1.000	0.014

从表 7-21 可以看出，四省藏区多维贫困治理率为 1.45%，即 1.45% 的农户的贫困在 9 个指标中全部被治理。在 UNDP 发布的多维贫困测度指标中，把 30% 左右指标被剥夺的对象定义为贫困户，故用此标准将 $k=6$ 设定为多维贫困治理临界值。当 $k=6$ 时，四省藏区的多维贫困治理率为 61.36%，即有 61.36% 的农户在 9 个指标中的任意 6 个指标及以上已经被治理。

表 7-22 表明在不同的维度下，每个指标的贡献率存在差异。从横

向来看，多维贫困指数伴随 K 的增加呈现递减趋势，在 K 为 1 时，多维贫困治理指数为 0.645，而在 K 为 9 时，治理指数下降为 0.014。其中，收入达标、住房安全维度与 K 呈负向变化趋势，人畜混居和交通便利维度则呈波动递减趋势，医疗普及、食物充足、饮水安全等指标则呈波动递增趋势。从纵向来看，各个维度对多维贫困治理成效指数的贡献率存在明显差异，在 K 为 1 时，收入达标维度对指数的贡献率为 16.83，而医疗普及维度的贡献率仅为 6.16。随着 K 的增加，二者的贡献率排名依然没有改变。可以看出，在不同 K 下，多维贫困治理主要是依靠提高农户收入，这与以往主要以农村居民人均纯收入为贫困衡量的标准相一致。

表 7-22　多维贫困治理指数——不同 K 时各维度的贡献率(%)

K	1	2	3	4	5	6	7	8	9
多维贫困治理指数	0.645	0.645	0.643	0.626	0.587	0.455	0.258	0.071	0.014
收入达标	16.83	16.83	16.82	16.61	16.12	14.99	13.71	12.22	11.11
食物充足	7.33	7.33	7.36	7.55	7.55	7.93	8.55	9.97	11.11
饮水安全	9.18	9.18	9.21	9.31	9.55	9.54	10.69	10.93	11.11
住房安全	15.52	15.52	15.50	15.29	14.95	14.34	13.36	12.22	11.11
住房结构	9.68	9.68	9.71	9.75	9.86	10.15	10.60	10.93	11.11
人畜混居	12.92	12.92	12.96	13.01	13.30	13.68	13.45	12.22	11.11
交通便利	12.03	12.03	11.96	12.06	11.97	12.22	11.84	12.22	11.11
有无辍学	10.36	10.36	10.29	10.19	10.21	9.89	9.62	9.65	11.11
医疗普及	6.16	6.16	6.18	6.23	6.49	7.27	8.19	9.65	11.11

总体来看，四省藏区多维贫困治理成效以收入达标贡献度最大，反映出该区域的贫困治理还是以提高人民收入水平以及保障住房安全为主；人畜混居、交通便利、住房结构指标同样对多维贫困治理成效产生了重要的影响，表明近年来四省藏区多维贫困治理成效显著，主要体现在人畜分离、交通等基础设施以及住房结构改善上；食物、饮水、医疗

三项指标居于多维贫困治理的弱势区。其中，医疗普及维度的贡献率最低，仅为收入达标维度的 50%，远远低于收入和住房安全的贡献率，反映出四省藏区的医疗普及亟待改善。由于藏区特有的地理环境和生活方式，因病致贫在四省藏区所占比例较大，例如藏区常见的地方病：包虫病、大骨节病等。因此，加强四省藏区的医疗普及力度将有助于提升其多维贫困治理的成效。

7.4.2 实证研究

1. 指标选取与描述

运用熵值法对成效指标的客观权重进行测算，并计算单个农户家庭的多维贫困指数，作为模型的因变量 Y_n，其中，n 表示第 n 个家庭单位，$0<Y_n<1$。Y_n 越大，表示多维贫困治理的成效越好。具体分布如图 7-4 和图 7-5 所示。

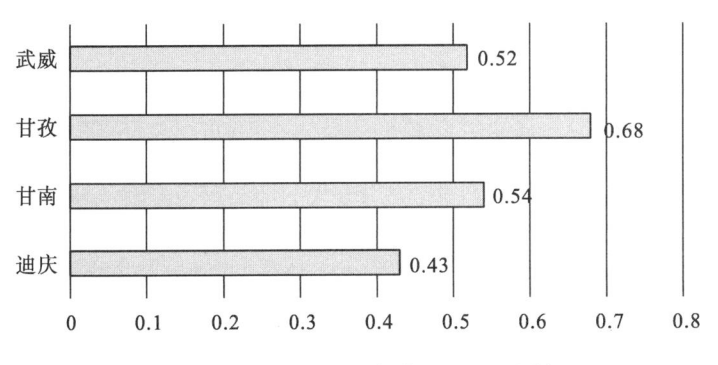

图 7-4 分地区多维贫困治理成效

- 武威：0.52
- 甘孜：0.68
- 甘南：0.54
- 迪庆：0.43

从图 7-4 可以看出，在调研的四个自治州中，甘孜的多维贫困治理成效排在第一位，治理指数为 0.68，而迪庆排在最后一位，治理指数为 0.43。这可能与甘孜州大量扶贫资金的投入有关。2014 年，甘孜州通过"三抓三实"，扶贫资金投入总量超过 8 亿元，增幅达 25%，完成全年改善 2.65 万贫困人口生产生活条件的目标，在多维贫困治理成效上相对优势明显。

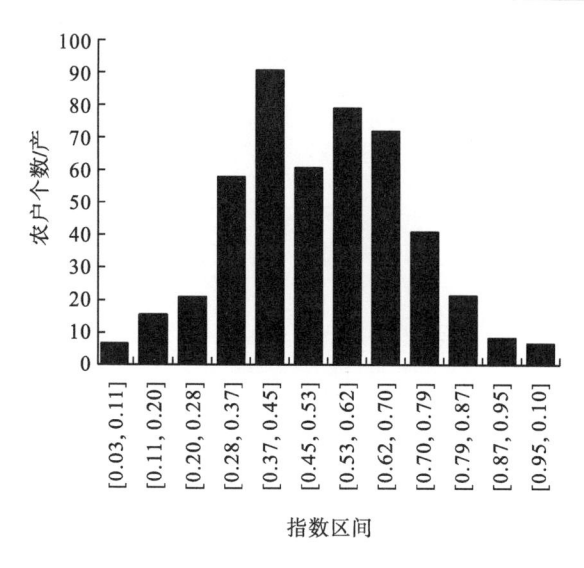

图 7-5 多维贫困治理指数分布

从图 7-5 可以看出，四省藏区居民的多维贫困治理成效指数呈正态分布，即指数为 0.28~0.79 的农户占大多数，反映出多维贫困的思想逐渐被政府所接受，贫困治理的方式由过去的以提高居民收入为主要目标的单维逐渐转变为多维，其治理的成效也有所显现。但值得注意的是，治理指数为 0.79~1 的农户家庭规模仍然较小，反映出现阶段四省藏区的多维贫困治理成效亟待提升，突破中水平治理瓶颈，避免陷入"中水平治理陷阱"。

在现实情况之中，多维贫困治理的成效会受各种不同因素的影响。在多重共线性的检验基础上，剔除共线性较强的影响因素之后，确定自变量 X。将自变量分为 4 种：①政府行为变量，主要由村民对村干部的信任程度衡量；②家庭特征变量，包括是否村中第一大姓、家庭成员数等基本特征；③家庭行为变量，包括是否参加职业技能培训、家庭决策民主与否以及是否参加合作社；④虚拟变量，包括地理区域。自变量的类别及详细解释如表 7-23 所示。

表 7-23　自变量解释定义表

自变量		变量类型	自变量定义	均值
X_1	对村干部的信任程度	政府行为	1 代表很不信任；2 代表较不信任；3 代表一般；4 代表较信任；5 代表很信任	3.08
X_2	是否村中第一大姓	家庭特征	1 代表是；0 代表否	0.91
X_3	家庭成员数	家庭特征	人	4.16
X_4	户主年龄	家庭特征	岁	47.21
X_5	户主民族	家庭特征	1 代表藏族；2 代表羌族；3 代表彝族；4 代表汉族；5 代表回族；6 代表傈僳族；7 代表其他	1.69
X_6	户主性别	家庭特征	1 代表男；2 代表女	1.20
X_7	户主受教育年限	家庭特征	年	3.74
X_8	户主婚姻状况	家庭特征	1 代表已婚；2 代表离婚/分居；3 代表丧偶；4 代表未婚	1.37
X_9	家庭成员健康状况	家庭特征	1 代表身体健康；2 代表有疾病成员	1.21
X_{10}	劳动力数量	家庭特征	人	2.77
X_{11}	是否有干部	家庭特征	1 代表是；0 代表否	0.23
X_{12}	是否有党员	家庭特征	1 代表是；0 代表否	0.31
X_{13}	宗教信仰	家庭特征	1 代表佛教；2 代表道教；3 代表伊斯兰教；4 代表天主教；5 代表基督教；6 代表其他教；7 代表不信教	2.23
X_{14}	是否是建档立卡户	家庭特征	1 代表是；0 代表否	0.94
X_{15}	亲戚朋友在政府机构(包括村两委)任职的人数	家庭特征	人	1.57
X_{16}	居住在城里的亲戚朋友人数	家庭特征	人	5.27
X_{17}	是否参加职业技能培训	家庭行为	1 代表是；0 代表否	0.23
X_{18}	家庭决策民主与否	家庭行为	1 代表是；0 代表否	2.35
X_{19}	是否参加合作社	家庭行为	1 代表是；0 代表否	0.34
X_{20}	地理区域	虚拟变量	县	—

2. 回归模型构建

由于本书探讨的因变量即多维贫困治理成效指数具有上限和下限特征(0~1)，因此采用此模型①：

$$Y_i = \beta_0 + \beta_t X_i + \mu_i \tag{7-5}$$

式中，i 代表不同的农户家庭($i=1,2,3,\cdots$)；Y_i 为表征多维贫困治理成效的第 i 个农户的指数值；X_i 是反映第 i 个农户贫困治理成效影响因素的各解释变量；β_t 是未知参数向量；$\mu_i \sim N(0, \sigma^2)$。

如前所述，本书根据上述自变量建立 Tobit 回归模型：

$$Y_i = \beta_0 + \sum \beta_i X_i + \mu \tag{7-6}$$

式中，β_0 表示常数项；β_i 中，$i=1,2,\cdots,19$，表示各个自变量的回归系数；μ 表示回归式的误差项；Y_i 表示因变量单个农户家庭的多维贫困治理指数；X_i 中，$i=1,2,\cdots,19$，表示自变量(即影响多维贫困治理成效的因素)。

此外，本书考虑到四省藏区不同地区在地理环境、经济发展、思想文化等方面存在一定的差异，例如：从藏区文化来看，云南藏区属于康巴藏族，甘肃藏区属于安多藏族；从经济发展来看，青海藏区经济发展水平相对较好，而甘肃藏区总体经济水平较为落后，四川藏区与云南藏区在四省藏区中总体处于中间水平；从地理环境来看，四省藏区又可分为农耕区、半农半牧区和全牧区。因此，本书引入地区虚拟变量 area_i，i=1,2,3,4 分别表示实地调研的甘南藏族自治州、武威市天祝藏族自治县、迪庆藏族自治州和甘孜藏族自治州。

3. 实证结果分析

本书研究运用 Stata13.1 软件对调查的 483 户农户的横截面数据进行 Tobit 回归处理。结果如表 7-24 所示。

---

① 由于通过上述计算的因变量是多维贫困治理成效指数的离散数据，并且数值为 0~1。如果用普通最小二乘法进行回归系数分析，则参数估计值会出现有偏且不一致的情况。为避免这种情况的发生，Tobit 于 1958 年提出了采用极大似然法的截取回归模型(censored regression model)，又称 Tobit 模型。

表 7-24 四省藏区多维贫困治理成效影响因素 Tobit 回归结果

变量	参数估计值	标准差	Z
goverment	-0.0056	0.0074	-0.75
name	-0.0632*	0.0346	-1.83
number	0.008	0.0066	1.21
age	0.0001	0.0007	0.20
nation	0.0027	0.0081	0.33
sex	-0.0233	0.0218	-1.07
education	0.0053**	0.0023	2.33
marriage	0.0006	0.0098	0.06
health	-0.0330	0.0207	-1.59
labour	-0.0170**	0.0070	-2.42
lead	-0.0225*	0.0119	-1.89
party	0.0239	0.0201	1.19
religion	0.0085	0.0062	1.36
poverty	-0.0355	0.0417	-0.85
Gnumber	-0.0001	0.0037	-0.02
CITYnumber	0.0012**	0.0006	2.17
train	-0.0135	0.0227	-0.60
decision	-0.0207**	0.0096	-2.16
cooperative	-0.0121	0.0180	-0.67
Constant	0.6920***	0.0843	—
Observations	—	483	—
Prob>F	—	0.0000	—
R^2	—	—	—

注：*表示 10%水平上显著；**表示 5%水平上显著；***表示 1%水平上显著。

通过对表 7-24 中的回归结果进行分析，可以得出以下结论。

（1）农户户主的受教育年限与其多维贫困治理的成效呈正相关关系，且在 5%的水平上显著。这表明农户户主的受教育年限有助于提升多维贫困的治理成效，换言之，在其他条件不变的情况下，农户户主的受教育年限越高，多维贫困治理的成效就越显著，这一结果与本书通过实地考察调研的初期预期和现有研究结论相一致。无论是在四省藏区还是其他贫困地区，教育是我国贫困治理过程中的重要一环。这也可能与四省藏区的文化程度基数相对较低有关。

(2) 农户家庭劳动力数量与其多维贫困治理的成效呈负相关关系，且在5%的水平上显著。这可能是由于四省藏区的劳动力质量相对较弱，虽然家庭劳动力数量较多，但劳动力本身的文化程度较低、就业技能缺乏以及思想观念的相对落后，可能会导致其无法通过就业等途径改善家庭生活条件。与此同时，劳动力质量的相对弱势一定程度上可能会造成家庭负担的增加，进一步导致多维贫困治理的成效不增反降。

(3) 农户拥有居住在城里的亲戚朋友人数与其多维贫困治理的成效呈正相关关系，且在5%的水平上显著，这表明社会资本是影响四省藏区多维贫困治理成效的重要因素之一。这意味着，在其他条件不变的情况下，农户的社会资本越丰富，其贫困治理的成效越显著。一方面，居住在城里的亲戚朋友人数越多，越能够反映出该家庭的自我发展能力相对较强，其对贫困治理政策、项目的接受度和参与度也就越高；另一方面，居住在城里的亲戚朋友人数越多，一定程度上可以理解为生活条件相对较好的亲戚朋友越多，对农户家庭提供帮助的可能性就越大，因此其多维贫困治理的成效就越显著。

(4) 农户家庭决策的民主性与其多维贫困治理的成效呈负相关关系，且在5%的水平上显著。换而言之，农户家庭决策越民主化，则该家庭多维贫困治理的成效就越小，这与笔者的预期结果相反。这可能是由于四省藏区的农户家庭在进行日常决策时，民主式可能会造成家庭成员意见的分歧，在进行协商的过程中，可能会导致脱贫致富决策方向的偏差，进一步影响贫困治理的成效。与此同时，由于户主自身的家庭责任以及生活阅历，适当的户主独自决策可能会促进其家庭贫困治理的成效。

7.4.3 结论与启示

对四省藏区居民进行问卷调研的分析结果表明，当地居民多维贫困治理有所成效但仍普遍偏低，收入维度贡献率最大，但医疗普及亟待提升。其治理成效主要是受户主受教育年限、农户人力资本、社会资本和家庭民主决策这几个因素的影响。在研究基础上,本书提出三点启示。

(1)贫困治理应加快由单维向多维转变。以往仅依靠大力发展经济增加农户家庭收入的方式已行不通,单维的贫困治理方式、无法解决四省藏区深度贫困和脱贫稳定性弱的问题。现阶段贫困治理应从农户生产生活条件、教育、医疗等多维度着手,把握该区域贫困的根源,建立藏区贫困群体的"现代性伦理",从源头上铲除病根,从根本上解决区域贫困问题。尤其是针对藏区地方病的医疗普及迫在眉睫,通过提升藏区医疗水平的横向普及与纵向普及,在四省藏区建立医疗服务中心,鉴于藏区医疗人员缺乏的现状,可以探索以医疗流动站的方式进行流动式服务。

(2)加大教育投入力度,注重藏区人力资本建设与积累。根据上述结论,户主的受教育年限和家庭劳动力的就业能力对四省藏区多维贫困治理有显著的正向影响,因此将教育放在贫困治理的中心位置,加大对四省藏区的教育投入,扩展义务教育覆盖面,加大失业人员的就业培训力度,将有助于提升农户人力资本的质量,减少贫困的代际传递,从而提升其多维贫困治理的成效。并且,教育脱贫的可持续性突出,以技能、文化水平的提升实现农牧户脱贫,其返贫率较低。在教育方面,贫困文化不可能在短期内消失,也很难通过一般的教育来消除,在四省藏区建立学前教育和儿童营养计划尤为重要。同时,也要认识到该地区的教育资源质量远远落后于其他地区,即使有大量的投入,但如果不解决以教师为主体的教育质量问题,该地区将会演化为"教育致病"区。在劳动力培训方面,首先要坚持"走出去,引进来"的双向发展战略,以适应外向型需求为取向,以技能培训为依托,以充分考虑少数民族文化特殊性为前提,改进和加大针对藏区贫困户的生存与发展能力的培训;其次要特别注意语言与生活习惯的适应,有近一半的藏区群众不能熟练使用汉语,一些文化习惯对他们与外界的沟通和交流有一定的限制作用,所以应当开展与劳动技能培训相结合的语言培训,在不违反民族宗教传统的前提下，提升对多样性生活习俗的理解力和适应力。

(3)加快倡导信息交流互通，增强社会资本助力脱贫。由上述分析得出，农户的社会资本对其贫困治理的成效有显著影响。与此同时，值得我们注意的是，一方面，四省藏区的现实状况是贫困群体无论是从文化能力还是经济能力上，以及获得市场信息方面都处于劣势；另一方面，现行的大部分扶贫措施采用以外部市场主体带动产业开发的路径，但是在这种不对等的权利博弈过程中，藏区的贫困群体往往处于劣势。因此，通过完善信息基础设施建设，为藏区居民增强人际关系提供硬件保障，丰富的社会资本将有助于农户更快地摆脱贫困。同时，加快倡导农户的信息交流沟通，扩散其社会资本覆盖面，有利于将外界社会资本中新的资源、新的知识输送到四省藏区，进一步开阔农牧户的视野，有助于提升多维贫困治理的综合成效。

第8章 四省藏区多维贫困治理模式与保障体系研究

四省藏区的多维贫困状况既有与全国其他贫困地区的共通性，也存在其独特性。四省藏区的贫困治理既需要借鉴国内外其他地区的贫困治理模式，也需要考虑其独特性，因地制宜施策。本章主要从宏观和微观双重视角，分析藏区区域发展陷阱和家庭微观恶性循环形成机理，立足于区域和人口脱贫，构建了协同治理模式和相机治理模式。

8.1 国内多维贫困治理模式

8.1.1 "双轮驱动"治理模式

"双轮驱动"治理模式是指将农村最低生活保障制度和扶贫开发相结合，即做好低保贫困户与建档立卡贫困户的有效衔接，将符合农村低保条件的建档立卡贫困户纳入低保范围、将符合扶贫条件的农村低保家庭纳入扶贫范围。将"低保"作为维持生存、解决温饱问题的基本手段；将扶贫开发作为鼓励和帮助贫困人口通过自身努力脱贫致富的重要途径。在贫困人口的社会保障方面，主要有健全农村最低生活保障制度、新型农村社会养老保险制度、调整新型农村合作医疗制度，提升五保供养水平。在资源综合开发方面，主要是将基础设施建设与经济社会发展相协调，以市场为导向开发地区资源。

案例1：江西省友南县关西镇全面开展精准扶贫工作，围绕"扶持谁、谁来扶、怎么扶"三个问题，按照"找准人、聚焦难、落在干"的措施，各项"滴灌"到户的扶贫政策陆续实施，黄树森一家也顺利评为建档立卡贫困户。五年前，他唯一的儿子在一次车祸中去世，家庭的经济支柱倒下了；儿媳妇改嫁到他乡，留下了两个年幼的孙女。年老的夫妇再次撑起整个家，但是两个孙女日渐长大，而他们日益年迈，沉重的生活负担压得他们喘不过气来。

(1) 低保做保障，资助促就学。镇党委李书记对黄树森一家情况进行调研后，亲自安排老黄作为自己的精准扶贫结对帮扶户。李书记帮他们办理了低保手续，初步保障了一家人的生活问题。为了帮助老黄减轻孙女就学的压力，李书记向淦龙集团和县妇联说明了黄树森一家的情况，老黄的孙女芳芳获得淦龙集团发起的贫困学子基金会的资助，这个基金会将会一直资助芳芳到大学毕业，小学、初中阶段每年资助3000元。

(2) 公益岗位再就业，鸭子油茶促增收。老黄夫妇俩人都60多岁了，文化水平比较低，平时的收入就靠几亩薄田。为了给老黄家增加收入，李书记征求老黄的意见，为他安排了村小组保洁员的扶贫公益岗位，让老黄有了一份固定的收入。当了解到产业扶贫的优惠政策后，老黄风风火火地搞起了自家10亩低产油茶林的低产改造。同时，他还利用农闲时间养了200多只鸭子，这批鸭子通过镇里的电商扶贫微信平台"扶贫e店"很快销售一空。通过各项扶贫开发政策，黄树森一家的经济状况明显好转。

(3) "低保"与扶贫开发政策相辅相成，二者融合能更好促进贫困户生计发展，并实现脱贫致富。最低生活保障政策针对性较强，易于操作，有效解决贫困人口温饱问题；在此基础上进行扶贫开发，结合其家庭实际情况，谋求就业与产业发展。贫穷在一定程度上抑制家庭生活的希望，但通过扶贫开发政策，如教育扶贫圆梦助学、扶贫公益岗位就业、发展油茶的产业扶贫、"互联网+"电商扶贫等，能使贫困人口自力更生、重燃信心，使贫困人口的可持续生计能力得以激发。

8.1.2 "三位一体"治理模式

"三位一体"治理模式是融合政府力量与民间社会组织力量治理贫困的模式。一方面，重点运用行业贫困治理的功能，发展贫困地区卫生、科技、文化、电力、水利等基础设施，充分调动相关事业单位的力量；另一方面，财政专项资金提供贫困地区发展所需资金，并确定分年度贫困人口和贫困地区的资金投入实施方案。

案例2：杭锦旗是内蒙古自治区的一个少数民族贫困旗县，该县建档立卡贫困人口有4192户10428人，在当地属重度贫困地区。该县近年来注重通过结合政府力量与当地企业力量来提升扶贫攻坚水平。

(1) 该县于2015年结合"十个全覆盖"工程，组织政府各部门，统筹涉农涉牧项目，着力改善贫困人口生存生产环境。在此期间，组织实施了危房改造、农网改造、饮水安全工程、牧区节水、牧区水利重点县、巩固退耕还林、基本口粮田、抗旱水源、水价改革、土地整理、水土保持、沿黄排干、街巷硬化、便民连锁超市、村村通建设等15项重点扶贫工程。

(2) 依靠市直21个单位、旗直135个单位及3965名帮扶干部职工，精准帮扶4192户10428人贫困人口，因村施策，因户施法。独贵塔拉镇隆茂营村，由帮扶单位筹资组织流动畜群，每组10户，每户10只，无偿提供给贫困户，滚动发展，解决贫困人口生产问题；吉日嘎朗图镇苏布日格村争取70万元项目资金，通过互助资金形式，下放到村两委，以年息6厘的低息贷款发放到贫困户，解决生产周转资金及建设资金困难的问题。

(3) 通过借助企业力量解决贫困人口就业与产业发展的问题。以锡尼镇阿门其日格村为例，引进龙头企业，承包贫困人口的耕地，建设马铃薯特色种植基地，每亩流转费用为100元，并在此基础上，每年递增30元，同时企业用工全部聘用当地贫困人口，仅2014年，用工费用企业出资37万元，贫困群众人均增收8000元。

高效、合理利用各种资源致力于扶贫攻坚工作是今后的趋势。不少贫困地区具有相同的特点：致贫原因复杂，扶贫攻坚任务艰巨。政府在帮助贫困人口解决水、电、路、视、住房等基本生存问题之后，更需考虑的是贫困地区如何取得长效发展。引进企业对周边劳动力、经济的带动作用无疑十分有效，公益组织也对弱势群体的帮扶更为专业。政府借助社会各界的合力开发贫困地区的发展潜力,将更全面改善贫困人口的生存与就业环境。

8.1.3 "多元化发展"治理模式

"多元化发展"治理模式是指充分考虑贫困地区的实际状况,因地制宜,支持不同资源禀赋的地区多元化发展相应支柱产业,并吸引贫困人口参与其中,即不拘泥于固定模板,鼓励贫困地区多元化探索脱贫致富道路。其中,支柱产业是在国民经济中生产发展速度较快,对整个经济起引导和推动作用的先导性产业。支柱产业具有较强的连锁效应,诱导新产业崛起;对为其提供生产资料的各部门、所处地区的经济结构和发展变化,有着深刻而广泛的影响。

案例3:武川县是国家级扶贫开发重点县,其西北部属风蚀沙化区,生态环境脆弱,资源匮乏,自然条件恶劣,水、电、路等基础设施较差,劳动力缺乏。扶贫工作的主要措施是发展生态产业。①适度发展生态畜牧业,建成牛舍10栋以及1.5万只散养鸡项目。②实施生态移民工程。③建设清洁能源基地,依托清洁能源基地建设,鼓励企业吸纳贫困农民就业,促进农村富余劳动力有序转移。

武川县东部属丘陵区,自然条件和生态环境较好,可以发展食用菌、马铃薯、优质牧草、肉牛肉羊等特色产业。武川县南部属山区,自然条件和生态环境较好,旅游资源丰富,旅游基础设施较为完善。扶贫工作的主要措施是发展休闲观光农业和红色旅游项目。同时,推进植树造林和绿化工程,并抓好3个国营林场建设工作,大力发展种苗花卉和林果产业,鼓励扶持农户建设家庭小牧场、小农场。重点发展红色绿色旅游、药材种植、山林虫草鸡产业。

因地制宜发展多元化产业侧重于贫困人口、贫困地区的生产性开发,与以往"输血式"扶贫不同的是,其重点在于"造血",激发内生动力,这种模式是与精准扶贫紧密结合的产业发展。一方面,贫困人口加入地区的产业发展过程,有利于贫困劳动力的转化,解决就业问题、利于增收;另一方面,贫困人口共享地区发展的成果,将有利于提升其参与感，增强脱贫自信心。

8.2 四省藏区多维贫困治理模式构建

破解四省藏区贫困治理难题，重点是要厘清四省藏区贫困形成的机制，找出影响脱贫的关键因素，从"标本兼治"的角度，短期内瞄准如期脱贫达标问题，长期瞄准稳定脱贫、不返贫问题，重塑贫困治理的模式，并在此基础上进一步构建相应的政策保障体系。

8.2.1 "协同治理"模式

1. 协同治理的基本要义

协同治理（synergetic governance）属于新兴政府管理理论范畴，其理论渊源来源于德国物理学家赫尔曼·哈肯创立的协同学。协同治理理论是自然科学中的协同论和社会科学中的治理理论的交叉理论。协同治理的核心是竞争与协作，是在不排除各组织之间既有竞争的情境之下，强化各组织之间的协作，通过对具有不同程度自主性的个人和组织进行指导、控制和协调，使各主体共同围绕实现一个既定目标并参与其中，从而实现有效治理。

协同治理是政府对社会各个方面进行治理的有效途径。在过去几十年，全世界范围内，政府行政效率低下问题备受关注，各国政府面临着不断提高效率和政府服务效能机构改革的压力。由此，许多国家开始实施政府的行政化改革。但是，随着政府改革深入，人们发现，政府行政和服务效率、质量的提高，不仅仅是政府自身的事情，还涉及私人机构、非营利组织等社会各方的参与。于是关于不同参与主体的协同问题凸显出来，协同治理成为政府治理转型的一个重要途径。

2. 四省藏区协同治理模式的构建

从宏观区域层面看，协同治理模式有利于强化四省藏区区域发展与脱贫的整体效果。一方面，四省藏区的地理位置处于四川、云南、甘肃、青海的省际交界地区，在政府主导扶贫的模式下，远离政府行政核心区域，是容易被"忽略"的区域，在交通建设和片区发展中容易成为"治理盲区"，需要区域间的协同。另一方面，四省藏区致贫因子和贫困特征相互交织，呈现多维特性，贫困治理要有持续效果，要能够起到"治标"的作用，就必须从各个维度综合治理，这就需要涉及各个维度的各个部门相互配合，统筹协调。根据四省藏区贫困特点，构建瞄准于持续、稳定脱贫的协同治理模式，如图 8-1 所示。

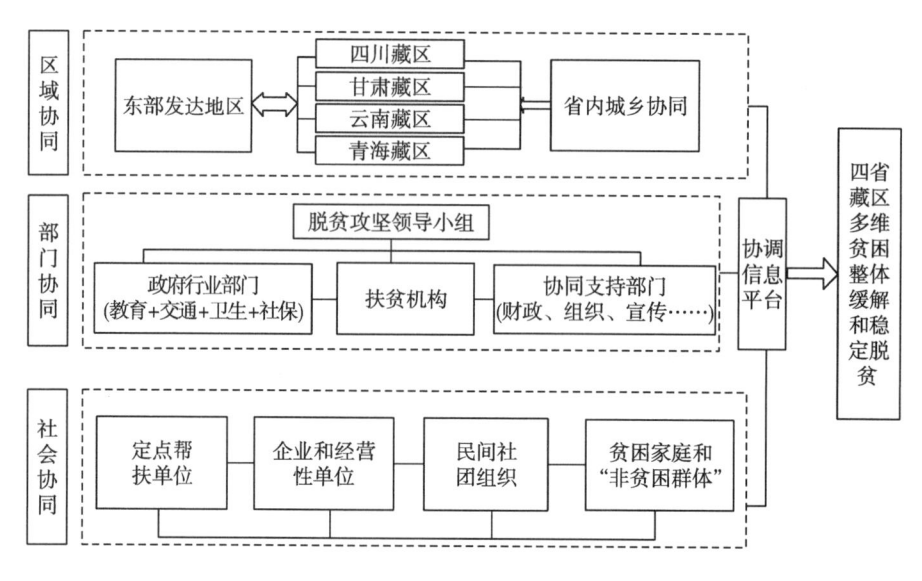

图 8-1 四省藏区协同治理模式

(1)区域间的协同。区域间的协同包括东西协作、省际协作和省内城乡协作。从资源配置来讲，东部发达地区的管理经验、区域开发模式和资金等输入有利于四省藏区的区域发展。在东西协作过程中，重点在于强化东西协作的资源供需对接机制和考核机制。强化东部沿海地区对四省藏区的扶贫对接效率，在基础建设、教育和卫生等方面，以四省藏区需求为参考，在区域开发、经济发展等方面，充分发挥东部沿海地区的能动性，以市场为动力、经济效率为准绳，增强扶贫项目的可持续性和经济益贫性，同时强化考核机制，增大东部地区专项支持四省藏区的积极性。在省际协作过程中，重点强化四省在交通、区域发展方面扶贫的协同，可探索专门针对四省边界区域，特别是位于四省边界的藏族地区扶贫联席会议机制。在省内城乡协作方面，重点在强化从省到县的城乡协同，可以模仿东西协作的模式，促进省内较发达地区和较发达城市对省内藏区的对口帮扶。

(2) 部门协同。藏区的贫困具有较强的多维性，这就决定了其扶贫需求也是多维的，涉及的部门也是多维的，而在扶贫资源有限的情况下，集中力量发挥优势资源，优先破解发展瓶颈，是重中之重。在此过程中，部门间的协同尤为重要。一方面，继续坚持和强化从省到县的脱贫攻坚领导小组领导、组织、协调和瞄准纠偏能力，脱贫攻坚领导小组重在指挥和协调，需要覆盖扶贫全过程，特别要在资金整合、项目整合方面，充分发挥整体调动的能力，强化部门间信息共享和沟通机制，对于在某一维度贫困程度特别深的区域和贫困村，要能够协调资源统筹治理，对于在多个维度贫困程度深、强度大的区域和村，要能够集中资源综合治理，对于重复建设、建设项目和贫困需求不对接的情况要及时发现和纠偏。另一方面，完善部门考核机制，在大扶贫背景下，四省藏区扶贫过程中对部门的考核需要根据藏区稳定脱贫目标实现程度，从大扶贫角度出发，综合评价和考核，在贫困地区应减少单纯对各业务部门业务的考核，根据脱贫攻坚领导小组下达扶贫任务完成情况进行考核。

(3) 社会协同。强化社会协同扶贫核心是强化社会各界参与扶贫的积极性和发挥市场化服务优势。一方面，需要完善社会扶贫信息工作平台，以扶贫网站和贫困建档立卡信息库为核心，以广播、电视、报纸、互联网为补充，构建社会扶贫信息工作平台，畅通社会扶贫信息渠道，多形式、多途径地为贫困群体、帮扶单位、爱心人士开通"扶贫济困直通车"。另一方面，强化参与激励机制，针对四省藏区贫困状况，重点强化定点帮扶和非贫困群体、贫困人口家庭的参与。特别在村内非贫困群体的参与有利于非贫困人口对扶贫工作的理解，有利于扶贫资源传递给贫困户时不至于引发村内贫困人口和非贫困人口之间的矛盾。促进贫困家庭的参与，重点是强化贫困老年人家庭子女参与扶贫的积极性，强化家庭内源扶贫的动力。此外，应重视发挥市场机制作用，探索通过竞争的方式，由政府财政资金购买社会组织服务方式，推动社会组织打造社会扶贫精品项目和品牌。

8.2.2 "相机治理"模式

1. 贫困动态循环的微观机理探究

多维贫困指标包括受教育程度、健康状况、劳动消费比率、生活设施、资产，受教育程度、健康状况和劳动消费比率的具体表现随着家庭生命周期阶段的变化有明显不同。教育水平低、健康状况差、劳动消费比率大，这三种致贫因素在贫困家庭（人口）的贫困"循环"过程中，既是造成贫困家庭（人口）多维贫困的原因，又是其多维贫困的表现，即这些维度的贫困可能造成下一代多维贫困的恶性循环。生活设施（新修住房）不完善和资产太少，这两个维度并不是直接造成贫困家庭下一代仍处于贫困的深层原因，因此并不属于贫困家庭（人口）的贫困"循环"过程。

(1) 夫妇核心家庭的贫困。夫妇核心家庭的成员仅有户主与配偶两人，在理论上都属于年轻劳动力。劳动力在家庭生产生活中十分重要，直接影响家庭收入，因此劳动力的数量与质量和家庭贫困与否息息相关。少数民族聚居区，尤其是四省藏区所在的西部，普遍受教育程度较低，甚至有年轻人不会说普通话，这限制了劳动力的流动。藏区的自然条件恶劣，高原病、包虫病等地方病对家庭成员的健康造成威胁。因此，这一类家庭致贫原因主要是受教育程度低和健康状况差。

(2) 标准核心家庭的贫困。标准核心家庭的成员包括户主、配偶和未成年子女。这一类家庭一般是年轻夫妇两人。但藏区家庭一般会选择生育两个及以上的孩子，纯消费者增多，劳动消费比率明显增大。虽然国家实行九年制义务教育，但抚育多个孩子的负担仍然较重。因此，这一类家庭的致贫因素除了与夫妇核心家庭相同的两点外，还受劳动消费比率变化的影响，即致贫原因主要是受教育程度低、健康状况差、劳动消费比率大。

(3) 扩大核心家庭的贫困。扩大核心家庭的成员包括户主、配偶和子女，其中的长子女已成年。这类家庭的纯消费者因长子女成年而减少，劳动消费比率降低。其他情况不变，当所有子女都成年时，劳动消费比率降至最低，不再对致贫产生显著影响，但劳动力质量仍是影响家庭收入及生活水平的重要因素。因此，这一类家庭的致贫原因主要是受教育程度低、健康状况差。

(4) 直系家庭的贫困。直系家庭的成员包括户主、配偶、子女及子女的配偶。子女结婚是这一家庭新的生命周期开始的标志性事件。藏区的普遍情况是，不论家庭经济情况如何，男方都会尽全家之力为新婚夫妇修新房，甚至由此"因婚致贫"。直系家庭中新加入了子女配偶，劳动力充足，劳动力质量仍受到教育水平和健康状况的影响。因此，这类家庭的致贫原因主要是新修住房开支大、受教育程度低、健康状况差。

(5) 扩大直系家庭的贫困。扩大直系家庭的成员包括户主、配偶、子女、子女的配偶、孙子女。孙子女的出生是这一家庭生命周期阶段开始的标志性事件。与标准核心家庭相似，因有未成年家庭成员存在，纯消费者增多；同时在此阶段的后期，户主与配偶可能因年老而体弱多病，家庭劳动力减少，而使劳动消费比率增加。未成年家庭成员的教育、生活消费支出和年老家庭成员的赡养、医疗费用是家庭的主要经济负担。因此，这一类家庭的致贫原因主要是受教育程度低、健康状况差、劳动消费比率大。

(6) 萎缩家庭的贫困。萎缩家庭的成员包括户主和配偶，即老年夫妇。这类家庭的形成，往往是因为子女结婚而分家，原户主与配偶独自居住。因家庭成员年龄较大，劳动力不足，不能靠发展传统农业（种养殖）或打工来增加家庭收入，而主要靠积蓄和子女赡养费生活。成员一旦有较严重的老年病（高血压、心脏病等），极易致贫或返贫。因此，这类家庭的致贫原因主要是健康状况差、资产少。

基于以上分析，得出贫困的循环机理情况，如图 8-2 所示，由内至外的圆圈分别是 A、B、C 层。A 层与 B 层的边界线是贫困标准线，最内层的整个圆圈代表贫困程度最深的群体；B层为脆弱带（过渡带），处于此区域家庭的期望收入低于贫困线，即已脱贫但返贫率极高；C层为成功脱贫且返贫概率极低的群体。圆圈被划分为6个阶段（6个阶段在时间间隔上不一定相等），1～6分别代表家庭生命周期阶段中的夫妇核心家庭、标准核心家庭、扩大核心家庭、直系家庭、扩大直系家庭、萎缩家庭。

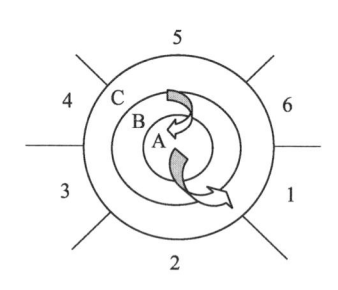

图8-2　家庭生命周期与贫困循环示意图

各家庭顺时针依次经历家庭生命周期的6个阶段（单亲家庭等特殊情况不考虑在内，仅考虑主流的家庭周期发展阶段），在A、B、C层的空间里如同星体在轨道中运行。一个家庭经历成员病重、子女上学等情况，消耗家庭积蓄或负债导致经济状况恶化，甚至陷入贫困，即受到向A层迁移的力，标记为致贫向心力；同时家庭可能有成员通过农业生产经营、外出打工等方式提高家庭收入，使其摆脱贫困状态或减小陷入贫困的风险，即受到推离A层的力，标记为脱贫离心力。

本书认为，一个家庭是否陷入贫困状态是致贫向心力与脱贫离心力相互作用的结果。致贫向心力小于脱贫离心力时，家庭状态将向外层发展变化，运动A-B表现为脱贫，运动B-C表现为致贫风险大大减小；脱贫离心力小于致贫向心力时，家庭状态将向内层发展变化，运动C-B表现为返贫风险急剧增加，运动B-A表现为致贫或返贫。

2. 基于贫困动态循环的相机治理模式构建

本书提出设想，以社区或行政村为单位，将藏区家庭户口登记的家庭成员信息按照六大家庭生命周期阶段进行归类，参考多维贫困的维度指标，构建贫困识别机制，并根据家庭的生命周期阶段特点构建贫困干预机制。在干预机制中，区别对待不同维度的致贫因素。教育水平低、健康状况差、劳动消费比率大，这三个维度的致贫原因易造成家庭下一代的贫困，应以"治本"为主进行治理；生活设施不健全、资产不足则应以"治标"为主进行治理。

1) 识别机制

(1) 预防贫困与预防返贫阶段识别。现行的识别贫困户的标准是收入贫困线，主要从收入的角度来划分贫困户，是有局限性的。处在某些阶段的家庭虽然并未表现出贫困，但此类家庭存在典型的隐性贫困因素（如缺乏劳动力、年老体弱等）仍可能诱发贫困，即处于图 8-2 中 B 层的家庭易陷入贫困或返贫。因此有必要对这类非贫困家庭进行政策扶助，从而达到预防贫困的目的。

不同类型家庭的主要致贫原因有所区别，因此对不同类型的家庭着重考量的维度指标有所不同。以夫妇核心家庭为例，受教育程度低和健康状况差是两大主要致贫原因，因此在考虑是否将某个处于这一家庭生命周期的家庭纳入贫困预警系统时，家庭成员的受教育程度和健康状况在多维贫困指标中占据的权重应最大。

本书构建的贫困前识别机制为：将家庭成员平均收入在贫困线以上（超额部分不超过 500 元），但家庭状况符合当前所处家庭阶段主要致贫原因中的一个或多个的家庭纳入贫困预警系统中。也就是说，构建贫困预警系统，其中能清晰地列明正处于图 8-2 中的 B 层脆弱带的非贫困家庭及其潜在致贫因素。这些家庭的特点是易陷入贫困或易再次返贫。

(2) 贫困发生阶段识别。通过多维贫困指标，包括受教育程度、健康状况、劳动消费比率、生活设施、资产五个维度，构建多维贫困指数。本书的多维贫困指标与现行脱贫标准相比，均考虑了教育、医疗、住房条件、资产，但本书略有不同。①新增了劳动消费比率维度，从家庭生命周期视角考量家庭的负担及贫困的脆弱性。②现行政策中虽考虑到贫困家庭中可能有缺资金导致在义务教育阶段辍学的家庭成员，但并未对家庭成员的平均受教育水平有所考量。事实上，学历在一定程度上与家庭收入存在正相关关系。

本书构建的贫困发生阶段识别机制为：将家庭成员平均收入在贫困线以下、多维贫困指数低的家庭纳入贫困识别系统中。也就是说，构建贫困识别系统，其中能清晰地列明处于图 8-2 中 A 层"贫困圈"的贫困家庭及其致贫原因。这些家庭的特点是已（再次）陷入贫困状态。

2）干预机制

(1) 预防阶段前期干预。这一时期的干预是在家庭陷入贫困前进行的，即对贫困预警系统中未陷入过贫困的家庭实施贫困干预扶助。一方面，根据其所属的家庭类型，针对其潜在致贫因素来采取措施，增强其脱贫离心力，减弱致贫向心力，降低其贫困脆弱性。例如，夫妇核心家庭致贫原因主要是受教育程度低和健康状况差。针对其受教育少的特点，可以使其通过参与农民夜校等方式提升科学文化水平与培训实用农业技术；针对健康状况差的情况，可以通过增强医疗保障，或者介绍公益性岗位就近务工，增加家庭收益。另一方面，对于以"治标"的不属于贫困"循环"过程的致贫因素，即生活设施不健全和资产不足，当地有关部门提供适当资金与措施即可，主要解决近期的问题。生活设施基础建设包括道路、照明等，贫困家庭资产不足可提供适当贷款或补贴等。

(2) 贫困发生阶段事中干预。在贫困发生阶段采取的干预措施，应是在短期内将贫困家庭迫切需要解决的问题摆在首位。首先找出该贫困家庭所处的家庭周期阶段的典型致贫原因，然后再具体分析该家庭的具体致贫因素，再对这些致贫因素的发展进行阻断，进而增强贫困家庭脱贫离心力。例如，对于受教育程度低的家庭，通过义务教育或农民夜校的方式提升受教育水平；对于生活设施十分落后的家庭，通过政府识别贫困后进行统一改善。

(3) 已脱贫阶段事后再干预。一方面，在针对这类家庭的帮扶措施中，应着重参考其首次陷入贫困时的致贫因素，避免因同样原因再次返贫，即形成贫困追踪机制。应当结合预防阶段前期干预的措施，从家庭生命周期的角度考量，着重将年轻家庭成员的劳动力质量增强，即增强家庭内部的能力建设，减小致贫向心力的作用。本阶段的干预措施可分为两类：第一类的干预是针对首次脱贫的家庭；第二类的干预是针对脱贫又再次返贫的家庭。另一方面，根据其当前所处的生命周期阶段的下一阶段，制定预防贫困的对策，增强其脱贫离心力，即提前对即将到来的生命周期阶段的"高危"致贫因素进行预防，防止返贫。在这一阶段中，重点在于"治本"，加强关注受教育程度、健康状况、劳动消费比率等维度，从而治理贫困顽症问题。

8.3 四省藏区多维贫困治理保障体系研究

8.3.1 强化机制保障

随着精准扶贫、精准脱贫的深入开展，面向2020年全面建成小康社会期间，四省藏区的贫困治理政策体系已经清晰，即围绕精准识别、精准帮扶、精准管理，落实六个精准、五个一批等扶贫措施，形成一系列政策体系，其内容涉及贫困治理的各个维度。当前一段时期，四省藏区应当坚决坚持现有贫困治理机制和政策方向，积极强化、落实和完善现有贫困治理机制和政策体系，着力盘活现有政策资源。其中，重点需要完善和强化以下机制。

(1) 精准识别机制。着眼于藏族农牧户长期、稳定脱贫，完善贫困识别机制，使贫困的识别更加精细化、动态化，特别在贫困人口的识别机制设计中，要强化"两头"识别，对于已经陷入贫困的人口，要及时识别进来，对于达到脱贫标准的人口，要跟踪识别，直至稳定脱贫。在识别中，还需要进一步完善脱贫达标标准，不仅要考察收入水平，还应考察收入结构，防范主要靠政府补贴脱贫，而脱贫后获得补贴减少又陷入贫困的非稳定性脱贫问题。可以进一步探索将贫困人口脱贫稳定性纳入参考范围，对于政府临时救济等收入超过一定比例的脱贫人口应重点关注。

(2) 精准帮扶机制。宏观层面，强化协同治理机制，完善东西协作扶贫中援藏扶贫机制，针对四省藏区地理位置特点，加强四省藏区省际协作，特别在区域扶贫开发、交通建设等方面探索省际协作扶贫，同时加强省内发达地区对藏区的帮扶，带动藏区区域发展。微观层面，强化相机治理机制，针对不同类型贫困家庭，从根源上消除致贫因子。同时，正视返贫问题，对于返贫，重点是建立好前期"防治"、期中识别、后期"救治"的机制。另外，在帮扶政策上，目前虽然已经确定了贫困县摘帽不摘政策，但是脱贫人口是否还能享受之前的扶贫政策，还需要明确的政策指导。

8.3.2 强化组织保障

（1）细化扶贫责任。完善和落实藏区贫困县政绩考核和扶贫考核制度，注重发挥藏区党委统揽全局、统筹各方的核心作用，依托人大、政协的工作职能和代表委员的特殊优势，推动形成县乡村三级联动、四大班子协同发力、职能部门共同推进的工作格局。坚持藏区各乡镇党委政府成立"一把手"任组长的扶贫攻坚工作领导小组，制订扶贫考核和问责办法，实行扶贫开发攻坚专项目标管理，加大日常监控和督察督办工作力度，坚持每年将减贫任务、扶贫开发项目向群众公示，村组、乡镇、部门要逐级承诺，坚持逐级签订责任书、层层落实责任人，分类制定工作标准。

（2）夯实基层基础。把脱贫攻坚与基层组织建设结合起来，强基层、抓基础、定思路、谋发展，抓好以村党组织为核心的村级组织配套建设，选好配强村级领导班子，注重从脱贫攻坚工作一线选拔干部，选派政治素质高、工作能力强、基层工作经验丰富的干部担任县(市)、乡镇党政主要领导，鼓励和选派思想好、作风好、能力强、真心为群众服务的优秀年轻干部、退伍军人、高校毕业生到贫困村工作，认真落实向贫困村党组织选派"第一书记"举措。整顿软弱涣散村级组织，注重从致富能手、大学生村官、外出务工经商人员、复员退伍军人中选拔优秀人才进村"两委"班子。对乡镇班子进行分析研判，差异化考核，精准对接扶贫攻坚需求，选好干部配强班子。把基层党组织建设成为带领群众脱贫致富的坚强战斗堡垒，使贫困群众有盼头，不断夯实脱贫致富的思想基础和组织保证。实施强乡带弱乡、富村带穷村、先进带后进"三带"帮扶行动。

8.3.3 强化资金保障

(1) 强化资金投入，特别是在基础设置建设方面的投入力度和投入水平。一方面，由于四省藏区基础设施建设起点低，比照现有脱贫标准，很多通村道路都还没有硬化，入户道路更是很少硬化。这样的现实背景下，在资金投入方面理应重点倾斜。同时，应当注意扶贫的优先序问题，把基础设施建设放在前，基础设施建好了，产业发展等就会跟上。另一方面，由于四省藏区地理位置比较偏远，又多处在高海拔、地质环境脆弱地区，地形起伏较大，地质灾害频发，其基础设施施工条件难度极大。因此在建设投入标准上，应当高于通常水平。同时，由于四省藏区的贫困县财政收入水平较低，因此在基础设施建设当中，应当适当下调本区财政配套比例。

(2) 进一步强化四省藏区资源整合力度和使用透明度、参与度。重点推进涉农资金整合，统筹整合上级转移支付资金和本级财力，优先解决贫困村、贫困户的突出问题，全力支持脱贫攻坚。由于藏区生产生活、基础设施建设等受季节性影响比较明显，因此特别需要在省、市（州）级层面，加快转移支付预算下达进度，在提前下达各项转移支付资金时，尽可能地将补助贫困县的该项转移支付资金予以全额下达，便于统筹编制预算，科学编制资金统筹整合使用方案。应坚持贫困地区均衡性转移支付单列单算，加大对四省藏区贫困县的转移支付力度，提高四省藏区贫困县财政保障能力。在县级层面，应集中资金力量，优先解决基础问题和突出问题，避免"撒胡椒面"式的扶贫方式，特别针对四省藏区较为普遍的饮水困难、交通困难等问题，要优先解决。

8.3.4 强化服务保障

强化四省藏区服务保障，特别是强化自然灾害保险服务，强化医疗、教育保障质量，进一步提高藏区农牧户保险参与度和藏区医疗、教育的"软件"建设是当务之急。和其他贫困地区相比，四省藏区自然灾害频发，因自然灾害返贫问题突出，且在医疗、教育方面特别薄弱，具有社会服务水平较低和社会服务实施成本高的特点。医疗和教育方面不仅仅是投入不足，更重要的是医疗、教育资源聚集难。比如，在藏区乡村卫生室建设过程中，因为在艰苦的高海拔地区，难以引进乡村医生，而本地医生因限于文化素质又很难培养起来，所以具有区域性的普遍情况往往是硬件跟上了、卫生室建好了，却没有相应的乡村医生。又比如教育方面，藏区免费基础教育和职业教育都已得到较好的实施，取得了成效，但是藏区农村师资力量还比较薄弱，引进师资比较难，农村学生的教育质量亟待提高。

一方面，坚持对因病致贫，特别是因患大病、慢性病而导致贫困的人群，采用医疗救助扶持一批措施，帮助其缓解资金压力，减轻贫困，与此同时，把长期性大力培养本地乡村医生和驻村医疗、流动医疗相结合，在各县、乡之内培养一批乡村医生，在藏区乡村卫生室建设中，强化卫生室的"驿站"功能，更多地开展县城医生流动下乡服务和乡村卫生室将病人与医生及时对接的服务，既要解决长期的乡村医疗资源缺乏问题，又要解决短期内医疗服务应急问题。另一方面，强化本地区师范教育人才培养，加大藏区基础教育教师队伍建设，支持贫困家庭子女到内地发达地区接受高质量的职业教育，通过高质量教育摆脱贫困。此外，在应对灾害方面，应加大政府支持力度，鼓励藏区农牧户参与农业灾害保险和房屋财产保险，通过中央和省级专项财政增加藏区贫困农牧户保费补贴和保险公司在贫困地区保险业务的费用补贴，积极推进农业产量保险、农业收入保险、气象指数保险。

8.3.5 强化产业保障

充分挖掘优势资源，三产融合带动脱贫。藏区产业发展具有两大优势：①藏区产品本身具有的地域特色，如藏香猪、藏茶、藏酒、牦牛，藏区饰品、水电、自然风光等；②藏区人力资源挖掘空间比较大。汉区村内劳动力明显不足,发展产业面临劳动力缺乏不同,藏区外出打工的年轻人相对较少,留在村内的年轻人多,这些年轻人中不少是仅仅做一点简单的放牧等工作。因此,在四省藏区发展产业具有动力资源丰富的特点。依据四省藏区资源特点,可以重点发展特色农业及农产品加工业、能源产业、旅游产业,加快设立藏区产业投资基金,支持特色农牧产品生产基地、农牧产业园区、民族文化保护园区和商贸流通体系建设。鼓励农牧业特色产业向资源优势明显的区域集聚,并适当提高项目补助标准。建立畅通的产业退出和转移机制,有序转移与区域主体功能严重相悖的产业和加工企业。

着力发展"宜耕区"特色农业,充分发挥"宜耕区"耕地丰富、光照充足、昼夜温差大的优势,大力发展生态型高产、优质、高效农业、畜牧业和天然药业,形成具有区域特色的绿色食品、天然药业生产基地,拉长农业产业链条,使农牧民在享受农畜产品产出利润的同时,还能分享农畜产品加工和流通的利润,推进农林牧业的产业化发展,实现传统农林牧业向现代化农林牧业的跨越;着力发展"宜游区"的旅游业,提高旅游业的文化含量,延伸旅游产业链,推进旅游、购物、度假一体化,探索民宿游等新型旅游形式,加大农牧户旅游产业参与度;着力发展能源产业,在充分利用本地能源特别是水电、风能、地热等资源优势的过程中增强项目的本地益贫性,将自然资源可持续利用与本地农牧户可持续受益相结合;着力强化本地劳动力培训,充分挖掘藏区年轻劳动力数量优势,重点加强与产业发展、本地产业知识相匹配的技术培训。

第 9 章 结论与展望

本书创新性地将多维贫困、贫困治理理论和精准扶贫理论相结合，以四省藏区作为研究对象，在大量实地调研的基础上，结合宏观和微观数据，通过定性和定量研究，分析了四省藏区在宏观层面和微观层面的多维贫困态势、贫困治理成效，指出了多维贫困的致贫机理和影响贫困治理的客观因素，在此基础上，构建了四省藏区多维贫困治理的模式及保障体系。

9.1 结　　论

通过系统性研究多维贫困及贫困治理理论，定性研判四省藏区多维贫困现状与态势，定量测度四省藏区多维贫困指数值，通过计量分析和案例分析实证研究四省藏区妇女、老人和儿童多维贫困程度和致贫机理，梳理四省藏区贫困治理的主要措施，并通过实证分析深入探究四省藏区多维贫困治理的成效及影响因素，构建四省藏区多维贫困治理的模式及路径。得出的主要结论如下。

(1)多维贫困、贫困治理和精准扶贫是有着内在紧密联系的，在理论研究中不能割裂，需要融合创新。一方面，对于多维贫困和精准扶贫的关系，分析认为多维特征是现实依据，从脱贫路径来看，贫困多维特征是精准扶贫方略产生的现实基础，而多维贫困的测度则是为更精确地了解一个区域或一个地区贫困人口的情况提供了方法，多维贫困从理论层面拓宽了扶贫的瞄准范围。而精准扶贫则是多维度缓解贫困的必然选择，是我国政府依据以往经验和当前贫困形式做出的创新之举；另一方面，对于贫困治理与精准扶贫的关系，分析认为在目标的关系上，精准扶贫和贫困治理都是瞄准改善贫困地区、贫困人口的生活水平，精准扶贫工作的开展是当下最全面的多维度贫困治理，是贫困治理理论发展的最新成果。

(2) 四省藏区致贫原因多样性与贫困多维性相互交织，是全国连片特困地区多维贫困最深的地区，且四省藏区中各省间贫困存在一定异质性。通过与全国连片特困地区对比分析发现，四省藏区贫困面广人多，贫困程度深。四省藏区经济贫困突出，与其他连片特困地区经济差距大，信息贫困严重，基础设施亟待改善，如 2015 年四省藏区通电的自然村比例为 90.7%，是 14 个片区中最低的，且主干道路经过硬化处理的自然村比例为 61.4%，低于全国片区近 10 个百分点。四省藏区生活水平低下，农户基本生活标准有待提高，在住房条件方面，四省藏区 2015 年仍有 9.5%的农户居住在竹草土坯房中，高于全国片区的 6.1%，在饮水方面，76.9%的农户饮水无困难，仅高于西藏区的 65.8%和乌蒙山区的 76.2%，78.4%的农户使用了独立厕所，占比相对较低。四省藏区医疗水平落后且差距较大，教育水平较低，四省藏区 2015 年拥有合法行医证医生或卫生员的行政村比例为 76.5%，远远低于全国片区的 90.8%，而四省藏区有幼儿园或学前班的行政村比例位于全部连片特困地区之后，有小学且就学便利的行政村比例为 35.4%，也较低。通过分省对比分析发现，各省藏区经济水平差距较大，甘肃藏区整体经济发展水平较弱，云南藏区贫困程度最深，云南藏区城乡贫富差距大，藏族人口就业问题需重视，青海、云南藏区医疗发展不均衡，青海藏区教育水平、交通建设、社会保障尤其需要加强。

(3) 藏区农牧户多维贫困覆盖率很高，分布范围广，其程度随着 K 增加而逐渐加深，且部分加深维度之间相互关联，存在恶性循环的可能。通过定量分析发现，首先，处于多维贫困状态的农牧户比例高，按照 UNDP 发布的多维贫困标准，四省藏区农牧户中有高达 88.01%的家庭属于多维贫困范畴，并且在指标数量为 4 个、5 个、6 个的水平上仍分别有 62.61%、35.96%、16.64%的农牧户被剥夺。这意味着调查区域内有超过六成的农牧户处于维度为 4 的多维贫困状态，超过 1/3 的农牧户处于维度为 5 的多维贫困状态，表明多维贫困覆盖率很高，分布范围广。其次，调查区域仍然存在严重的多维贫困情况。虽然农牧户不存在 10 个及以上指标均被剥夺的情况，但由测量结果可知，有 7.33%的农牧户在 7 个指标上被剥夺，2.15%的农牧户在 8 个指标上被剥夺，有 0.36%的家庭在 9 个指标上被剥夺，即同时在 9 个维度上都处于贫困状态。这样的家庭多是深度贫困的农户，脱贫难度非常大。再次，多维贫困程度逐渐加深。随着 K 的增加，多维贫困发生率在下降，但是平均被剥夺份额在波动中增加，表明多维贫困的深度在逐渐加深，因此实现藏区农牧户稳定脱贫仍然任重而道远。此外，在单维贫困上，"家庭成年成员平均受教育年限""厕所类型""劳动能力"等指标表现出较高的贫困发生率，教育、住房、劳动能力和燃料对多维贫困的贡献合计超过 60%，容易形成"受教育水平低下—技能培训不足—劳动技能低下—营收能力不足—生活水平低下—投资教育不足—受教育水平低下"的恶性循环。

(4)四省藏区妇女、老人贫困程度较儿童深，在缓解妇女贫困时需重点关注教育、工作等维度，在缓解儿童贫困时需注意女童贫困的具体维度和男童贫困的深度，在缓解老人贫困时应重点关注居住和健康维度。通过对四省藏区妇女分析发现，其多维贫困比单维贫困程度深，当 $k=1$ 时，100%的妇女存在着 15 个维度中任意 1 个维度的贫困；但当 $k=2$、$k=3$、$k=4$ 时，藏区妇女的多维贫困发生率仍达到 100%；且当 $k=9$ 时，26.56%的仍处于至少 9 个维度的贫困状态下。藏区妇女在教育年限、工作情况等维度上受到的贫困剥夺最严重，贫困发生率均超过 70%。通过案例分析认为，四省藏区妇女照顾家庭和增收之间存在一定矛盾，藏区妇女就近就业率低、收入来源单一，疾病、自然灾害成为藏区妇女及其家庭贫困的重要因素。通过对四省藏区儿童分析发现，其多维贫困严重程度相对轻一些，当 $k=1$ 时，儿童多维贫困指数仅为 26.09%；$k=5$ 时，儿童多维贫困发生率降至 3.30%。藏区儿童在教育水平、饮食条件、社会权利和身体健康等维度上受到的剥夺相对较为严重，其中以女童多维贫困为主。通过案例分析认为，藏区儿童的贫困代际传递程度严重，社会权利缺失是儿童贫困的重要特征。通过对四省藏区老人贫困问题分析发现，其经济贫困状况严重，物质生活水平较低，藏区老人居住环境堪忧，存在人畜混居问题，藏区老人发生健康贫困的可能性大，51.39%的老人处于身体健康被剥夺的贫困状态中，藏区老人得到的家庭关照较多，但家庭自我养老能力弱。通过案例分析认为，老人收入来源结构单一成为家庭养老帮扶难题，现代生产方式下老人经济资源获取困难，财富非均衡性转移恶化老人生活状况。

(5) 四省藏区多维贫困治理的客观成效大于主观感知成效，且成效数值呈不断上升趋势，在微观层面的客观因素中，其治理成效受农牧户可行能力的反作用力影响。我国政府针对藏区贫困的特殊性、特殊性贫困问题以及优势资源，制定了一系列方针、政策，采取了一系列扶贫措施，主要涉及生态、教育、旅游扶贫、医疗卫生扶贫、对口支援等方面，整体上成效较为显著。在客观成效分析中，通过各维度治理的测算得出，2014 年四省藏区多维贫困治理综合成效为 61.03 分，2015 年四省藏区多维贫困治理综合成效为 62.18 分，在分解各维度之后发现，区域性生产、生活条件治理等方面亟待提高。在主观成效感知分析中，通过测算得出 2015 年四省藏区贫困治理综合成效为 62.18 分，贫困治理的成效还较弱，具体来看，农牧户普遍对贫困治理中的教育医疗改善成效、经济改善成效、生态改善成效不满意，对生产生活改善成效表示一般，而对社会发展改善成效表示满意，因此微观层面的治理服务水平的提高将有利于提升四省藏区多维贫困治理综合成效。通过因素分析发现，四省藏区多维贫困治理成效主要是受户主受教育年限、农户人力资本、社会资本和家庭决策等因素的影响，因此在治理过程中对农户可行能力的提升至关重要。

(6) 融合多维贫困、贫困治理和精准扶贫理论，构建四省藏区宏观和微观层面的治理模式是提高贫困治理成效的重要途径。对协同治理模式进行分析认为，协同治理首先需要区域间的协同，区域间的协同包括东西协作、省际协同和省内城乡协同，其次是部门间的协同，部门间的协同重点在坚持和强化从省到县的脱贫攻坚领导小组领导、组织、协调和瞄准纠偏能力。对相机治理模式进行分析认为，在理论认识上，可以将四省藏区农牧户家庭根据家庭生命周期阶段分为六种类型，通过对农牧户家庭生产生活消费等多维特征的认识，在政策上进一步探索将藏区家庭户口登记的家庭成员信息按照六大家庭生命周期阶段进行归类，参考多维贫困的维度指标，构建贫困识别机制，并根据家庭的生命周期阶段特点构建贫困干预机制，在干预机制中，区别对待不同维度的致贫因素。对治理路径进行分析认为，应坚持好现有贫困治理机制和政策方向，积极强化、落实和完善现有贫困治理机制和政策体系，着力盘活现有政策资源，强化组织保障和资源整合力度、透明度和参与度，强化服务，特别是自然灾害保险服务。

9.2 展　　望

目前，四省藏区脱贫攻坚已进入"深水"阶段，四省藏区精准扶贫、精准脱贫的机制与政策设计趋于成熟并不断完善。四省藏区的精准扶贫、精准脱贫是中国在少数民族深度贫困地区开展贫困治理的新理念，为中国乃至世界在少数民族贫困治理中积累了宝贵的经验。面对未来的新形势和新问题，对四省藏区精准扶贫、精准脱贫进一步开展研究将有助于在理论层面不断升华，推动形成有中国特色的贫困治理理论，并指导未来中国乃至世界的少数民族贫困治理实践。其中，特别需要在以下方面着重关注。

(1) 四省藏区贫困治理过程中的难点和新问题还需进一步细化现有研究。本书对四省藏区贫困治理现状、成效、模式等进行了探讨，在个别脱贫难点问题上还需要在未来的研究中继续深化，比如自然灾害与保险问题，四省藏区因为泥石流、地震等地质灾害以及气象灾害而陷入贫困的情况较为明显，如何在区域层面提高农牧户抵抗自然灾害的能力，完善农牧户参与灾害保险的机制，需要着重强化研究。又比如，在四省藏区脱贫攻坚中，对于"临界贫困人口"，这部分群体既容易脱贫，又容易陷入贫困，特别容易在识别中被排斥在外，如何强化这部分群体的动态识别和帮扶机制，需要学术方面的关注。总之，在四省藏区脱贫攻坚实践过程中，还可能出现一些难题，凸显一些新问题，需要理论界及时给予回应。

(2)面向后小康时代的贫困问题需要前瞻性强化相关研究。在后小康时代，四省藏区的贫困问题仍然值得研究，还需要重视区域上从深度贫困到浅度贫困过程中的贫困治理方式变化问题，特别是贫困维度的动态变化后，治理战略和战术应该需要调整，如何将原来浅度贫困地区的贫困治理经验融合到四省藏区贫困治理中，并形成适合该地区的治理模式，这些值得深思。此外，随着后小康时代四省藏区贫困治理成效的显现，"运动式"的扶贫将会更多地转变为"制度化"的扶贫，如何通过社会福利制度进行扶贫，构建一体化的城乡扶贫机制，需要开展前瞻性的研究。

总之，随着贫困治理的深入和阶段性转变，在理论上应该对相关分析方法进行改进，及时跟进治理实践，提高研究的前瞻性和指导性，为四省藏区稳定脱贫和全面建成小康社会提供强有力的理论依据和参考。

参 考 文 献

阿马蒂亚·森，2002. 以自由看待发展[M]. 任赜等译. 北京：中国人民大学出版社.

阿马蒂亚·森，2004. 贫困与饥荒[M]. 王宇等译. 北京：商务印书馆.

北京师范大学中国扶贫研究中心课题组，2015. 中国绿色减贫指数研究[J]. 经济研究参考，（10）：3-72.

蔡昉，陈凡，张车伟，2001. 政府开发式扶贫资金政策与投资效率[J]. 中国青年政治学院学报，（2）：60-66.

陈美招，2009. 在华海外民间组织教育扶贫模式的比较研究[D]. 中山大学.

陈升，毛咪，刘泽，2014. 灾后重建能力与绩效的实证研究——以汶川地震灾区县级政府为例[J]. 中国人口资源与环境，24(8)：156-161.

陈诗一，张军，2008. 中国地方政府财政支出效率研究：1978—2005[J]. 中国社会科学，（4）：65-78.

陈树强，2003. 增权：社会工作理论与实践的新视角[J]. 社会学研究，（5）：70-83.

陈友华，苗国，2015. 老年贫困与社会救助[J]. 山东社会科学，（7）：104-113.

邓维杰，2014. 精准扶贫的难点、对策与路径选择[J]. 农村经济，（6）：78-81.

邓雪，李家铭，曾浩健，等，2012. 层次分析法权重计算方法分析及其应用研究[J]. 数学的实践与认识，42(7)：93-100.

丁焕峰，2004. 国内旅游扶贫研究述评[J]. 旅游学刊，（3）：32-36.

丁建军，2014. 中国 11 个集中连片特困区贫困程度比较研究[J]. 地理科学，（12）：1418-1427.

董家丰，2014. 少数民族地区信贷精准扶贫研究[J]. 贵州民族研究，（7）：154-157.

杜君，嵇景岩，2011. 论有效提升领导干部的领导力与执行能力[J]. 理论探讨，（4）：157-161.

杜胜利, 2004. 没有控制系统就没有执行能力——构建基于执行能力的管理控制系统[J]. 管理世界, (10): 145-146.

范斌, 2004. 弱势群体的增权及其模式选择[J]. 学术研究, (12): 73-78.

方劲, 2011. 可行能力视野下的新阶段农村贫困及其政策调整[J]. 经济体制改革, (1): 73-78.

傅勇, 张晏, 2007. 中国式分权与财政支出结构偏向：为增长而竞争的代价[J]. 管理世界, (3): 4-22.

高刚, 2015. 民族地区扶贫开发的成效、问题及思维转向[J]. 贵州民族研究, (9): 131-135.

高晓路, 陈田, 樊杰, 2010. 汶川地震灾后重建地区的人口容量分析[J]. 地理学报, 65(2): 164-176.

葛志军, 邢成举, 2015. 精准扶贫：内涵、实践困境及其原因阐释——基于宁夏银川两个村庄的调查[J]. 贵州社会科学, (5): 157-163.

龚霄侠, 2009. 西部民族地区反贫困：绩效评估与未来取向[J]. 西北人口, 30(4): 117-121.

郭建宇, 吴宝国, 2012. 基于不同指标及权重选择的多维贫困测量——以山西省贫困县为例[J]. 中国农村经济, (2): 12-20.

郭庆旺, 吕冰洋, 张德勇, 2003. 财政支出结构与经济增长[J]. 经济理论与经济管理, 11(5): 5-12.

郭晓鸣, 丁延武, 2006. 社会主义新农村建设与扶贫模式创新[J]. 中国经贸导刊, (17): 22-23.

郭占锋, 2010. 走出参与式发展的"表象"——发展人类学视角下的国际发展项目[J]. 开放时代, (1): 56.

韩佩玉, 蔡华, 2014. 相对剥夺视角下的凉山彝区"特殊困难儿童"现状及思考——以昭觉县为例[J]. 西南民族大学学报：人文社会科学版, 35(2): 48-53.

韩峥, 2004. 脆弱性与农村贫困[J]. 农业经济问题, (10): 8-12.

和武杰, 2015. 创新目标考核聚力扶贫攻坚[J]. 前进, (11): 38-38.

黑格尔, 1982a. 逻辑学(上卷)[M]. 杨一之译. 北京：商务印书馆.

黑格尔, 1982b. 逻辑学(下卷)[M]. 杨一之译. 北京: 商务印书馆.

洪名勇, 2009. 开发扶贫瞄准机制的调整与完善[J]. 农业经济问题, (5): 68-71.

胡鞍钢, 胡琳琳, 常志霄, 2007. 中国经济增长与减少贫困(1978—2004)[J]. 清华大学学报: 哲学社会科学版, 21(5): 105-115.

胡鞍钢, 童旭光, 诸丹丹, 2009. 四类贫困的测量: 以青海省减贫为例(1978—2007)[J]. 湖南社会科学, (5): 45-52.

华平, 1992. 一条折衷的发展思路——评介世界银行《1991年发展报告》[J]. 世界经济, (8): 81-83.

黄承伟, 覃志敏, 2015. 论精准扶贫与国家扶贫治理体系建构[J]. 中国延安干部学院学报, (1): 131-136.

黄万华, 陈矗, 2014. 农村能力贫困、权利贫困与农民阶层固化、政府信任感——以湖北省鄂东北农村地区为例[J]. 经济论坛, (4): 115-118.

黄兴生, 史策, 郑恒峰, 2010. 提升领导干部执行能力的思考[J]. 中国福建省委党校学报, (12): 17-22.

黄玉银, 王凯, 2015. 公益性农业科技服务体系的绩效、问题及优化路径——基于江苏三个水稻示范县的调查分析[J]. 江海学刊, (3): 95-98.

蒋翠侠, 许启发, 李亚琴, 2011. 中国家庭多维贫困的统计测度[J]. 统计与决策, (22): 92-95.

蒋永穆, 2013. 构建四川综合扶贫开发新机制[J]. 四川社科界, (6): 57-58.

康云海, 1997. 扶贫攻坚阶段农村区域扶贫与扶贫到户的关系[J]. 云南社会科学, (4): 33-38.

匡远配, 汪三贵, 2012. 揭开"贫困帽"下的机制缺陷[J]. 学习月刊, (4): 27-28.

蓝红星, 2013. 民族地区慢性贫困问题研究——基于四川大小凉山彝区的实证分析[J]. 软科学, (6): 73-78.

李博, 司汉武, 2013. 技术在精细社会建设中的地位与作用[J]. 太原理工大学学报: 社会科学版, 31(5): 69-72.

李灿, 辛玲, 2008. 调查问卷的信度与效度的评价方法研究[J]. 中国卫生统计, 25(5): 541-544.

李飞，唐丽霞，于乐荣，2013. 走出多维贫困研究的"内卷化"与"学徒陷阱"[J]. 中国农业大学学报（社会科学版），（3）：148-153.

李含琳，韩坚，1998. 中国扶贫资金来源结构及使用方式研究[J]. 农业经济问题，（4）：6-10.

李会琴，侯林春，杨树旺，等，2015. 国外旅游扶贫研究进展[J]. 人文地理，（1）：26-32.

李佳路，2010. 扶贫项目的减贫效果评估：对30个国家扶贫开发重点县调查[J]. 改革，（8）：125-132.

李俊杰，刘松，2013. 乌蒙山片区产业结构趋同度比较研究[J]. 黑龙江民族丛刊，（5）：83-87.

李俊丽，2009. 基于层次分析法的农户信用评估[J]. 商业研究，（10）：125-127.

李明，徐志刚，2011. 小额信贷扶贫的治理机制、运营模式及发展困境——以中国社会科学院扶贫经济合作社为例[J]. 农村经济，（6）：63-67.

李祥云，陈建伟，2010. 我国财政农业支出的规模、结构与绩效评估[J]. 农业经济问题，（8）：20-25.

李小云，2001. 参与式发展概论：理论·方法·工具[M]. 北京：中国农业大学出版社.

李小云，2013. 我国农村扶贫战略实施的治理问题[J]. 贵州社会科学，（7）：101-106.

李小云，叶敬忠，张雪梅，等，2004. 中国农村贫困状况报告[J]. 中国农业大学学报(社会科学版)，（1）：1-8.

李小云，李周，唐丽霞，等，2005. 参与式贫困指数的开发与验证[J]. 中国农村经济，（5）：39-46.

李晓明，2006. 贫困代际传递理论述评[J]. 广西青年干部学院学报，（2）：75-78，84.

李勋华，何雄浪，2012. 村级干部能力指标体系构建与实证研究——以四川川南为例[J]. 北京工业大学学报(社会科学版)，（6）：22-28.

李永友，2010. 中国地方财政资金配置效率核算与分析[J]. 经济学家，（6）：95-102.

林广毅,2016. 农村电商扶贫的作用机理及脱贫促进机制研究[D]. 中国社会科学院研究生院.

林万龙,钟玲,陆汉文,2008. 合作型反贫困理论与仪陇的实践[J]. 农业经济问题,(11):59-65.

刘纯阳,陈准,2013. 农村贫困对象瞄准中的道德风险及其防范[J]. 湖湘论坛,25(6):76-80.

刘红梅,2010. 扶贫项目评估应注重项目的社会性指标——以云南农户对扶贫项目的评价为例[J]. 南方农村,(6):77-80.

刘娟,2012. 扶贫新挑战与农村反贫困治理结构和机制创新[J]. 探索,(3):110-114.

刘敏,2009. 贫困治理范式的转变——兼论其政策意义[J]. 甘肃社会科学,(05):213-215.

刘欣,2015. 近40年来国内妇女贫困研究综述[J]. 妇女研究论丛,(01):116-123.

刘一伟,2017. 社会保险缓解了农村老人的多维贫困吗——兼论"贫困恶性循环"效应[J]. 科学决策,(02):26-43.

刘一伟,汪润泉,2017. "加剧"还是"缓解":社会保障转移支付与老年贫困——基于城乡差异分析的视角[J]. 山西财经大学学报,2:12-21.

刘远波,2012. 浅谈党员干部队伍执行能力建设[J]. 理论学刊,(S1):16.

陆汉文,2015. 落实精准扶贫战略的可行途径[J]. 国家治理,(38):28-31.

吕小瑞,2010. 提高乡镇领导干部执行能力研究——以安徽省为例[J]. 中共中央党校学报,(6):57-61.

吕志祥,等,2013. 藏区生态法研究——从藏区传统生态文明的视角[M]. 北京:中央民族大学出版社.

马东平,2011. 社会性别视角下的少数民族妇女贫困问题研究[J]. 甘肃理论学刊,(5):79-84.

马广海,2004. 社会排斥与弱势群体[J]. 中国海洋大学学报(社会科学版),(4):81-85.

马尚云,2014. 精准扶贫的困难及对策[J]. 学习月刊,(10):25-26.

参考文献

马文军,潘波,2000. 问卷的信度和效度以及如何用 SAS 软件分析[J]. 中国卫生统计,17(6):364-365.

莫勇波,2005a. 政府执行能力:当前公共行政研究新课题[J]. 中山大学学报,(1):26.

莫勇波,2005b. 政府执行能力刍议[J]. 上海大学学报(社会科学版),(9):79-84.

莫勇波,刘国刚,2009. 地方政策执行能力评价体系的构建及测度[J]. 四川大学学报(哲学社会科学版),(5):69-77.

纳克斯,1966. 不发达国家的资本形成问题[M]. 谨斋译. 北京:商务印书馆.

冉光和,鲁钊阳,2008. 扶贫资金运用中存在的问题及对策研究——以 A 村 2002—2007 扶贫资金的运用为例[J]. 南京社会科学,(9):68-74.

让·德雷兹,阿马蒂亚·森,2006. 饥饿与公共行为[M]. 苏蕾译. 北京:社会科学文献出版社.

尚云川,2005. 藏族妇女与藏区社会经济的发展[J]. 西藏民族学院学报(哲学社会科学版),(2):31-35,106.

沈茂英,2015. 四川藏区精准扶贫面临的多维约束与化解策略[J]. 农村经济,(6):62-66.

沈新忠,2013. 关于锁定扶贫对象实施动态化管理的思考[J]. 农业经济,(6):33-34.

石绍宾,邵文珑,2013. 农业科技服务的需求特征及农户支付意愿分析[J]. 统计与决策,(16):83-86.

司汉武,2014. 知识、技术与精细社会[M]. 北京:中国社会科学出版社.

苏海红,杜青华,2008. 中国藏区反贫困战略研究[M]. 兰州:甘肃民族出版社.

唐丽霞,罗江月,李小云,2015. 精准扶贫机制实施的政策和实践困境[J]. 贵州社会科学,(5):151-156.

唐任伍,2015. 习近平精准扶贫思想阐释[J]. 人民论坛,(10,下):28-30.

汪芳,郝小斐,2008. 基于层次分析法的乡村旅游地社区参与状况评价——以北京平谷区黄松峪乡雕窝村为例[J]. 旅游学刊,23(8):52-57.

汪厚安，王雅鹏，2010. 粮食主产区农业综合开发财政资金使用效率评价[J]. 统计与决策，（15）：96-98.

汪乃澄，2010. 论治理理论的中国适用性[J]. 当代社科视野，（12）：8-12.

汪三贵，1997. 扶贫投资效率的提高需要制度创新[J]. 农业经济问题，（10）：21-24.

汪三贵，李文，李芸，2004. 我国扶贫资金投向及效果分析[J]. 农业技术经济，（5）：45-49.

汪三贵，Albert Park，2010. 中国农村贫困人口的估计与瞄准问题[J]. 贵州社会科学，（2）：68-72.

汪三贵，郭子豪，2015a. 论中国的精准扶贫[J]. 贵州社会科学，（5）：147-150.

汪三贵，张雁，杨龙，等，2015b. 连片特困地区扶贫项目到户问题研究——基于乌蒙山片区三省六县的调研[J]. 中州学刊，（3）：68-72.

王朝明，2004. 中国转型期城镇反贫困理论与实践研究[M]. 成都：西南财经大学出版社.

王朝明，2008. 中国农村 30 年开发式扶贫：政策实践与理论反思[J]. 贵州财经学院学报，137(6)：78-84.

王国勇，邢溦，2015. 我国精准扶贫工作机制问题探析[J]. 农村经济，（9）：46-50.

王利清，2013. 农民视角下的农业科技推广困境与出路研究[J]. 科学管理研究，（2）：67-70.

王亮，2013. 高等教育公平：过程与结果的双重思索[J]. 社会科学战线，（1）：277-278.

王胜，2010. 分税制以来中国地方财政支农绩效评价：基于分级支出视角[J]. 中国管理科学，18(1)：26-32.

王思铁，2015. "六个精准"指引脱贫奔小康[J]. 四川党的建设（农村版），（8）：19-20.

王薇，李燕凌，2013. 农村科服务与管理绩效评估方法创新研究[J]. 科技管理研究，（22）：201-205.

王小林，Sabina，2009 . 中国多维贫困测量：估计和政策含义[J]. 中国农村经济，（12）：4-23.

王艳慧，钱乐毅，段福洲，等，2014. 村级贫困人口多维测算及其贫困特征分析——以河南省内乡县为例[J]. 人口与经济，（5）：114-120.

王艳慧，王小林，等，2015. 基于GIS的多维贫困精准识别与评价[M]. 北京：科学出版社.

王英志，2012. 大力提高领导干部的执行力[J]. 领导科学，（7）：17.

王卓，2007. 扶贫资金政府管理中的公有地悲剧[J]. 农村经济，（7）：3-7.

文建龙，2007. 城市弱势群体权利贫困问题及治理研究[D]. 同济大学.

吴国宝，1996. 对中国扶贫战略的简评[J]. 中国农村经济，（8）：29-33.

吴国宝，2004. 新时期我国农村扶贫解"困"出路初探[J]. 红旗文稿，（16）：16-19.

吴海涛，丁士军，2013. 贫困动态性：理论与实证[M]. 武汉：武汉大学出版社.

吴明隆，2009. 结构方程模型——AMOS的操作与应用[M]. 重庆：重庆大学出版社：17.

吴孙沛璟，赵雪梅，2016. 多维视角下的拉美贫困及扶贫政策[J]. 拉丁美洲研究，38(3)：15-30.

吴雄周，丁建军，2015. 精准扶贫：单维瞄准向多维瞄准的嬗变——兼析湘西州十八洞村扶贫调查[J]. 湖南社会科学，（6）：162-166.

吴忠，曹洪明，林万龙，等，2008. 扶贫互助资金仪陇模式与新时期农村反贫困[M]. 北京：中国农业大学出版社.

西奥多·W. 舒尔茨，1987. 改造传统农业[M]. 梁小民译. 北京：商务印书馆.

习近平，2014. 绿水青山就是金山银山[R]. 人民日报[2014-07-11].

邢成举，葛志军，2013. 集中连片扶贫开发：宏观状况、理论基础与现实选择——基于中国农村贫困监测及相关成果的分析与思考[J]. 贵州社会科学，（5）：123-128.

徐金海，蒋乃华，秦伟伟，2011. 农民农业科技服务需求意愿及绩效的实证研究[J]. 农业经济问题，（12）：66-72.

徐玖平，杨春燕，2008. 四川汶川特大地震灾后重建的产业集群调整分析[J]. 中国人口资源与环境，18(6)：142-151.

徐君，2011. 割舍与依恋——西藏及其他藏区扶贫移民村考察[J]. 西藏大学学报(社会科学版)，(12)：12-19.

徐万里，孙海法，王志伟，等，2008. 中国企业战略执行能力维度结构及测量[J]. 中国工业经济，(10)：97-109.

严江，2006. 贫困的相关重要范畴与推进我国农村扶贫开发[J]. 软科学，20(1)：105-107.

阎坤，2008. 中国农村减贫财税政策研究[M]. 北京：中国财政经济出版社.

阎坤，于树一，2006. 农村财政[M]. 北京：中国社会出版社.

阎坤，于树一，2008. 公共财政减贫的理论分析与政策思路[J]. 财贸经济，(4)：61-67.

杨道波，2006. 对口支援和经济技术协作法律对策研究[J]. 中央民族大学学报，(1)：23-25.

杨继文，2014. "戒杀生"与藏区生态法律秩序[J]. 贵州民族研究，35(2)：21-24.

杨文静，2016. 生态扶贫：绿色发展视域下扶贫开发新思考[J]. 华北电力大学学报(社会科学版)，(04)：47.

杨艳，2014. 四川藏区非宗教文化消费增长趋势及对策研究[J]. 西南民族大学学报(人文社科版)，(9)：98-102.

杨占国，于跃洋，2009. 当代中国农村扶贫 30 年(1979—2009)述评[J]. 北京社会科学，(5)：80-87.

姚迈新，2011. 对以政府为主导的扶贫行为的思考——扶贫目标偏离与转换及其制度、行动调整[J]. 行政论坛，18(1)：29-33.

叶初升，邹欣，2012. 扶贫瞄准的绩效评估与机制设计[J]. 华中农业大学学报：社会科学版，(1)：63-69.

叶敬忠，陆继霞，2002. 论农村发展中的公众参与[J]. 中国农村观察，(2)：52-60.

余游，2012. 分税制以来公共财政资金配置效率的测度与分解——基于云南省的实证分析[J]. 经济问题探索，(4)：103-110.

俞可平，2000. 治理与善治[M]. 北京：社会科学文献出版社：270-271.

原锁社，冯耀明，2012. 努力探索扶贫开发新途径[J]. 中共山西省委党校学报，(6)：51-53.

袁晓玲，张跃胜，2015. 中国基础设施与城市化发展水平耦合度分析[J]. 城市问题，(3)：18-24.

约翰·弗里德曼，1997. 再思贫困：赋权与公民权[J]. 国际社会科学杂志(中文版)，(2)：10-20.

张楚晗，2008. 从贫困大国到小康社会：中国如何消除四类贫困——中科院-清华大学国情研究中心主任胡鞍钢谈21世纪多维贫困[J]. 中国老区建设，12：14-15.

张钢，段澈，2006. 我国地方财政支出结构与地方经济增长关系的实证研究[J]. 浙江大学学报(人文社会科学版)，36(2)：88-94.

张鸣鸣，2010. 我国农村公共产品效率评价——基于DEA方法的时间单元检验[J]. 经济体制改革，(1)：107-111.

张培刚，张建华，2009. 发展经济学[M]. 北京：北京大学出版社.

张馨，1999. 公共财政论纲[M]. 北京：经济科学出版社：1-20.

张永丽，王虎中，2007. 新农村建设：机制、内容与政策——甘肃省麻安村参与式整村推进扶贫模式及其启示[J]. 中国软科学，(4)：24-31.

赵亮，张欢，2016. 甘南藏区6~12岁儿童体质健康状况与多维空间影响因素研究[J]. 吉林体育学院学报，32(1)：72-76.

赵曦，熊理然，肖丹，2009. 中国农村扶贫资金管理问题研究[J]. 农村经济，(1)：47-50.

郑广怀，2005. 伤残农民工：无法被赋权的群体[J]. 社会学研究，(3)：99-118.

郑卫荣，2009. 浙江农村医疗卫生服务评价与对策：基于卫生公平的视角[J]. 中国医学伦理学，(01)：56-59.

周怡，2002. 贫困研究：结构解释与文化解释的对垒[J]. 社会学研究，(3).

朱长才，2014. 新形势下财政职能的重新定位[J]. 财政研究，(7)：44-46.

庄天慧，2011. 西南少数民族贫困县的贫困和反贫困调查与评估[M]. 北京：中国农业出版社.

庄天慧，2016. 四川藏区农牧民收入水平、结构及差距研究[J]. 西南民族大学学报（人文社科版），37(01)：152-155.

庄天慧，杨宇，2010. 民族地区扶贫资金投入对反贫困的影响评价——以四川省民族国家扶贫重点为例[J]. 西南民族大学学报（人文社科版），31(08)：164-166.

庄天慧，陈光燕，蓝红星，2015. 精准扶贫主体行为逻辑与作用机制研究[J]. 广西民族研究，(12)：138-146.

庄天慧，杨帆，曾维忠，2016. 精准扶贫内涵及其与精准脱贫的辩证关系探析[J]. 内蒙古社会科学，37(03)：6-12.

左停，杨雨鑫，钟玲，2015. 精准扶贫：技术靶向、理论解析和现实挑战[J]. 贵州社会科学，(8)：156-162.

Alkire S, 2007. Choosing dimensions: the capability approach and multidimensional poverty[J]. Ssrn Electronic Journal, 76(5): 89-119.

Alkire S, Foster J, 2008. Counting and multidimensional poverty measurement[R]. OPHI Working Paper Series.

Asian Development Bank, 1999. Reducing poverty: major findings and implications Asian Development Bank[R]. Asian Development Bank Report.

Dang S H, Yan S, Yamamoto, 2008. High altitude and early childhood growth retardation: new evidence from Tibet[J]. European Journal of Clinical Nutrition, (62): 342-348.

Garcia A B, Gruat J V, 2003. Social Protection: a Life Cycle Continuum Investment for Social Justice, Poverty Reduction and Development[M]. Geneva: Social Protection Sector.

Garner T, et al. , 2003. Personal assessments of minimum income and expense: what do they tell us about minimum living thresholds and measurement[J]. Research on Economic Inequality, (9): 191-243.

Hagenaars A, 1987. A class of poverty indices[J]. International Economic Review, 28(3): 583-607.

Morris M D, 1979. Measuring the Condition Of the World's Poor : the Physical Quality of Life Index[M]. New York: Pergamon Press.

Sen A K, 1985. Commodities and Capabilities[M]. Amsterdam: North-Holland.

Sen A K, 1999. Development as Freedom[M]. Oxford: Oxford University Press.

Silver H, 1994. Social exclusion and social solidarity: three paradigms[J]. International Labour Review, 133(5).

Townsend P, 1993. The International Analysis of Poverty[M]. New York: Harvester.

UNDP, 1997. Human Development Report 1997[OL]. http: //hdr. undp. org.

UNDP, 2010. Human development Report 2010[R]. New York: UNDP.

United Nations, 1995. The copenhagen declaration and program of action: world summit for social development[R]. New York: UNDP.